何志简介

何志， 河南淅川人，首届全国审判业务专家，河南省十大中青年法学家，西南政法大学民商法学院兼职教授，河南省南阳高新技术产业开发区人民法院分党组书记、院长。从事民商事审判工作30余年，致力于民商事审判理论和实务的研究与传播，先后发表文章150余篇，获奖30余篇，其中，《顾此不能失彼：裁判与民意的博弈与衡平》荣获全国法院系统第二十四届学术讨论会一等奖。致力于民商法学理论和实务的研究与传播，先后出版了《民法典·总则判解研究与适用》、《物权法判解研究与适用》（荣获中国法学会民法学研究会2006年度优秀科研成果奖）、《担保法判解研究与适用》、《合同法总则判解研究与适用》、《合同法分则判解研究与适用》、《侵权责任判解研究与适用》、《婚姻法判解研究与适用》、《最高人民法院合同法司法解释精释精解》、《婚姻案件审理要点精释》等30余部法学专著。担任《民商事纠纷裁判依据新释新解丛书》（一套8本）、《民商事司法解释精释精解丛书》（一套13本、再版7本）的总主编。

民法典判解研究与适用丛书

民法典·继承
判解研究与适用

首届全国审判业务专家
何　志◎著

中国法制出版社
CHINA LEGAL PUBLISHING HOUSE

总 序

首届全国审判业务专家、河南省十大中青年法学家、河南南阳高新技术开发区人民法院分党组书记、院长何志同志的力作——《民法典判解研究与适用丛书》即将付梓之际，托我为之作序，欣然应允。

走近何志

认识何志同志二十余年了。

何志同志业精于勤。他长期在法院审判一线工作，积累了丰富的审判实践经验，并善于从司法实践中发现法律问题，提出立法、司法建议，形成司法智慧。在 2009 年最高人民法院评选首届全国审判业务专家时，他在全国法院系统推举的 160 余名候选人中脱颖而出，成功入选 45 名首届全国审判业务专家之一，是难能可贵的，足见其审判理论的深厚，这也是对他的审判业务能力、理论研究能力的最高“奖赏”。

何志同志行成于思。他并非法学科班出身，而是自学成才的“土专家”。三十年如一日，笔耕不辍，对民法表现出极大的兴趣，对民法通则、合同法、物权法、担保法、侵权责任法、婚姻家庭法等进行了深入研究，并出版了不少专著。其中，《物权法判解研究与适用》（人民法院出版社 2004 年版）荣获中国法学会民法学研究会 2006 年度优秀科研成果奖（青年学术成果奖）；《顾此不能失彼：裁判与民意的博弈与衡平》荣获全国法院系统第二十四届学术讨论会一等奖，他也因此被评为《判解研究》“十周年庆典三名杰出作者”之一。这些荣誉表明何志同志的理论研究成果得到了学界的肯定和赞誉。

何志同志传道解惑。他被西南政法大学民商法学院、南阳师范学院法学院等聘为兼职教授，长期在河南法院系统、律师系统、金融系统、部分高校讲授民商法理论与实务，听课人数累计超过 30 万人次。他还作为全国“双千计划”首批入选者，挂职于河南科技大学法学院。因而在社会上人们称之为老师、教授，在法院同事们称之为学者、专家。

走进丛书

法律是治国之重器，良法是善治之前提。《中华人民共和国民法典》被誉为“社会生活的百科全书”，以保护民事权利为出发点和落脚点，切实回应人民的法治需求，更好地满足人民日益增长的美好生活需要，是新时代切实保障人民合法权益的法典。

《民法典判解研究与适用丛书》以民法典为主线，以单个编章为载体，分为《民法典 · 总则判解研究与适用》《民法典 · 物权判解研究与适用》《民法典 · 合同通则判解研究与适用》《民法典 · 典型合同判解研究与适用》《民法典 · 人格权判解研究与适用》《民法典 · 婚姻家庭判解研究与适用》《民法典 · 继承判解研究与适用》《民法典 · 侵权责任判解研究与适用》。丛书采用他擅长的判解研究方法（从案例入手——提出问题——理论阐释——简要评析），博百家理论之精华，集司法实践之案例，以案说法，以法释案，做到了研究实务问题而不乏深入的理论分析，探讨理论问题而不脱离具体的司法实践，从而使民法典判解研究与适用紧密结合。

因此，何志同志的著作，具有很强的理论性、实践性、指导性和可读性。相信本套丛书的出版，对学术界深入研究民法典具有重要的参考价值；对实务界适用民法典具有重要的借鉴意义；对社会大众学习民法典具有重要的指导作用。

走向未来

习近平总书记指出，民法典在中国特色社会主义法律体系中具有重要地位，是一部固根本、稳预期、利长远的基础性法律。民法典的研习，是为了使民法典更好地贯彻实施，但愿何志同志百尺竿头更进一步，为繁荣我国的民法学研究做出更大的贡献。

尊其嘱，是为序。

[1]

2020 年 9 月 6 日

---

① 王轶，中国人民大学党委常委、副校长，中国法学会民法学研究会副会长兼秘书长，中国法学会民法典编纂项目领导小组成员、秘书长。

前言

《民法典·继承判解研究与适用》是我从事民商事审判三十余年首次将相关研究单独成书，也是笔者拙著《民法典判解研究与适用丛书》之一。过去在笔者拙著《民法典·婚姻家庭判解研究与适用》《婚姻继承法原理精要与实务指南》《婚姻案件审理要点精释》等中零碎研习了继承法律制度。

继承制度是关于自然人死亡后财富传承的基本制度，也是一项古老的法律制度。中华人民共和国成立后，于1950年通过的第一部法律是《婚姻法》，该法明确规定夫妻之间有相互继承遗产的权利、父母子女之间有相互继承遗产的权利。这是第一次在婚姻家庭法律制度中规定夫妻之间、父母子女之间的继承权，为处理继承纠纷提供了法律依据。1985年4月10日，第六届全国人民代表大会第三次会议通过了《继承法》，并自同年10月1日起实施。该法共分为5章37条，主要是总则、法定继承、遗嘱继承和遗赠、遗产的处理等。同年8月，最高人民法院发布《继承法意见》。至此，处理继承纠纷的法律制度可谓完备，直到《民法典》颁布之前，《继承法》及其司法解释一直没有修订过。

随着人民群众生活水平的不断提高，个人和家庭拥有的的财富日益增多，因继承引发的纠纷也越来越多。根据我国社会家庭结构、继承观念等方面的发展变化，《民法典》继承编在《继承法》的基础上，吸收了司法解释的有关规定，修改完善了继承制度。继承编共计4章，45个条文，包括一般规定、法定继承、遗嘱继承和遗赠、遗产的处理。在一般规定中，增加了相互继承的数人在同一事件中死亡且难以确定死亡时间的继承规则，增加规定对继承人的宽恕制度，完善了继承权法定丧失制度；在法定继承中，完善了代位继承制度，增加规定被继承人的兄弟姐妹先于被继承人死亡的，由被继承人的兄弟姐妹的子女代位继承；在遗嘱继承和遗赠中，增加了打印、录像等新的遗嘱形式，删除了公证遗嘱效力优先的规定；在遗产处理中，增加了遗产管理人制度，明确了转继承规则，完善了遗赠扶养协议制度以及无人继承遗产的归属制度。

《民法典》于 2021 年 1 月 1 日起实施，最高人民法院发布的《继承编解释（一）》等几部与《民法典》相关的司法解释亦同步实施。《继承编解释（一）》回应了人民群众关切的热点问题，其突出亮点是：注重弘扬社会主义核心价值观，明确遗产无人继承又无人受遗赠的情况下，如果有继承人以外对被继承人扶养较多或者依靠被继承人扶养的，应当分给适当遗产，引导全社会形成尊老爱幼、互帮互助的良好风尚；满足养老形式多样化需求，妥善处理实践中的相关纠纷；切实尊重遗嘱人的真实意愿；确保遗产顺利分割，为使遗产管理人制度能够有效地对接实践，在司法解释相关条文中增加规定了继承人放弃继承可以书面形式向遗产管理人表示，以保障遗产管理人制度的顺利运转。

《民法典 · 继承判解研究与适用》，依据《民法典》继承编的规定，融百家之长，以司法实践和现实生活中的具体案例为依托，采用判解研究的方法（从案例入手——提出问题——法理阐释——简要评析），全面、系统地阐述了《民法典》继承编，力争做到判解研究与适用紧密结合，力争做到为审判实践和现实生活服务。

《民法典 · 继承判解研究与适用》作为笔者《民法典判解研究与适用丛书》中的一部，该丛书总序承蒙中国人民大学党委常委、副校长，中国法学会民法学研究会副会长兼秘书长，中国法学会民法典编纂项目领导小组成员、秘书长王轶老师作序，笔者表示最衷心的感谢！拙著的出版发行，得到了中国法制出版社周琼妮女士的大力支持与辛勤付出，笔者表示最诚挚的谢意！

何　志

电子邮箱：nyfyhezhi@126.com

2022 年 10 月

本书主要法律文件名称及缩略语对照表

缩略语	全　　称
《宪法》	《中华人民共和国宪法》
《立法法》	《中华人民共和国立法法》
《民法典》	《中华人民共和国民法典》
《民法总则》	《中华人民共和国民法总则》
《婚姻法》	《中华人民共和国婚姻法》
《继承法》	《中华人民共和国继承法》
《民法通则》	《中华人民共和国民法通则》
《民事诉讼法》	《中华人民共和国民事诉讼法》
《民事诉讼法解释》	《最高人民法院关于适用〈中华人民共和国民事诉讼法〉的解释》
《刑法》	《中华人民共和国刑法》
《刑事诉讼法》	《中华人民共和国刑事诉讼法》
《民法典时间效力规定》	《最高人民法院关于贯彻执行〈中华人民共和国民法典〉时间效力的若干规定》
《婚姻家庭编解释（一）》	《最高人民法院关于适用〈中华人民共和国民法典〉婚姻家庭编的解释（一）》

续表

缩略语	全　称
《诉讼时效规定》	《最高人民法院关于审理民事案件适用诉讼时效制度若干问题的规定》
《继承编解释（一）》	《最高人民法院关于适用〈中华人民共和国民法典〉继承编的解释（一）》
《婚姻法解释（一）》	《最高人民法院关于适用〈中华人民共和国婚姻法〉若干问题的解释（一）》
《婚姻法解释（二）》	《最高人民法院关于适用〈中华人民共和国婚姻法〉若干问题的解释（二）》
《婚姻法解释（三）》	《最高人民法院关于适用〈中华人民共和国婚姻法〉若干问题的解释（三）》
《继承法意见》	《最高人民法院关于贯彻执行〈中华人民共和国继承法〉若干问题的意见》
《民事诉讼证据规定》	《最高人民法院关于民事诉讼证据的若干规定》

目　录
CONTENTS

附录

第一章
一般规定

本章概要

继承制度是关于自然人死亡后财富传承的制度。[①]《民法典》继承编共分为四章，依次是一般规定、法定继承、遗嘱继承和遗赠、遗产的处理，其基本内容来自《继承法》。最高人民法院结合我国继承纠纷的司法实践，吸纳了《继承法意见》的成功经验，遵循“与《民法典》抵触的予以废止，已经被《民法典》吸收的不再纳入”的原则，于 2020 年 12 月 29 日发布了《继承编解释（一）》。

本章共 7 条，是针对继承制度的一般规定，其内容包括继承编的调整范围、继承开始的时间、死亡推定、继承权的丧失和恢复等。本章与《继承法》第一章“总则”的规定基本相同，根据现实生活和司法实践

---

① 黄薇主编:《中华人民共和国民法典释义（下）》，法律出版社 2020 年版，第 2131 页。

的需要，增加了有关死亡时间推定的规定，修改了遗产范围的规定，增加了宽恕制度。同时，基于《民法典》总则编的相关规定，删除了《继承法》关于无民事行为能力人和限制民事行为能力人继承权、受遗赠权代理的规定、继承权纠纷诉讼时效的规定。

第一节 继承概说

一、问题的提出

继承是指自然人死亡后，按照法律规定或者遗嘱处理分配其所遗留的个人财产的制度。继承是一种古老的法律制度，可以说自从财产私有制起，就涉及自然人死亡后其生前所积累财产的分割与处理问题。[①]我国单行的《继承法》自1985年4月10日颁布，并自同年10月1日起施行。同年9月，最高人民法院发布《继承法意见》。至此，处理继承纠纷的法律依据可谓完备，直到《民法典》颁布，《继承法》一直未修订过，《继承法意见》补充的司法解释也仅仅3件[②]。可见，涉及继承方面的法律、司法解释还是相当稳定的。虽然《民法典》继承编相比《继承法》仅仅增加了7个条文，但内容变化还是比较大的。

在研究继承概说之前，先看一则案例：

案例1：非婚生子女能否享有继承权？[③]

1998年3月3日，原告李某与郭某顺登记结婚。2002年，郭某顺以自

---

① 黄薇主编：《中华人民共和国民法典释义（下）》，法律出版社2020年版，第2132页。

② 最高人民法院《关于保险金能否作为被保险人遗产的批复》（〔1987〕民他字第52号）、《关于被继承人死亡后没有法定继承人，分享遗产人能否分得全部遗产的复函》（〔1992〕民他字第25号）、《关于如何处理农村五保对象遗产问题的批复》（法释〔2000〕23号），现均已失效。

③ 详见最高人民法院指导案例50号。为了还原本案的法律事实，原则上没有作更多的更改。该案裁判要点：1.夫妻关系存续期间，双方一致同意利用他人的精子进行人工授精并使女方受孕后，男方反悔，而女方坚持生出该子女的，不论该子女是否在夫妻关系存续期间出生，都应视为夫妻双方的婚生子女。2.如果夫妻一方所订立的遗嘱中没有为胎儿保留遗产份额，因违反《继承法》第十九条规定，该部分遗嘱内容无效。分割遗产时，应当依照《继承法》第二十八条的规定，为胎儿保留继承份额。

己的名义购买了涉案建筑面积为45.08平方米的306室房屋，并办理了房屋产权登记。2004年1月30日，李某和郭某顺共同与南京某医院生殖遗传中心签订了人工授精协议书，对李某实施了人工授精，后李某怀孕。2004年4月，郭某顺因病住院，其在得知自己患了癌症后，向李某表示不要这个孩子，但李某不同意人工流产，坚持要生下孩子。5月20日，郭某顺在医院立下自书遗嘱，在遗嘱中声明他不要这个人工授精生下的孩子，并将306室房屋赠与其父母郭某和、童某某。郭某顺于5月23日病故。李某于当年10月22日产下一子，取名郭某阳。原告李某无业，每月领取最低生活保障，另有不固定的打工收入，并持有夫妻关系存续期间的共同存款18705.4元。被告郭某和、童某某系郭某顺的父母，居住在同一个住宅小区的305室，均有退休金。2001年3月，郭某顺为开店，曾向童某某借款8500元。2006年3月，经有关部门对涉案306室房屋评估价值为193000元。

法院生效裁判认为：本案争议焦点主要有两个方面：一是郭某阳是否为郭某顺和李某的婚生子女？二是在郭某顺留有遗嘱的情况下，对306室房屋应如何析产继承？

关于争议焦点一。《最高人民法院关于夫妻离婚后人工授精所生子女的法律地位如何确定的复函》（现相关规定见《最高人民法院关于适用〈中华人民共和国民法典〉婚姻家庭编的解释（一）》第四十条）中指出："在夫妻关系存续期间，双方一致同意进行人工授精，所生子女应视为夫妻双方的婚生子女，父母子女之间权利义务关系适用《婚姻法》的有关规定。"郭某顺因无生育能力，签字同意医院为其妻子即原告李某施行人工授精手术，该行为表明郭某顺具有通过人工授精方法获得其与李某共同子女的意思表示。只要在夫妻关系存续期间，夫妻双方同意通过人工授精生育子女，所生子女均应视为夫妻双方的婚生子女。《民法通则》第五十七条（现相关规定见《民法典》第一百三十六条）规定："民事法律行为从成立时起具有法律约束力。行为人非依法律规定或者取得对方同意，不得擅自变更或者解除。"因此，郭某顺在遗嘱中否认其与李某所怀胎儿的亲子关系，是无效民事行为，应当认定郭某阳是郭某顺和李某的婚生子女。

关于争议焦点二。《继承法》第五条（《民法典》第一千一百二十三条）规定："继承开始后，按照法定继承办理；有遗嘱的，按照遗嘱继承或者遗赠办理；有遗赠扶养协议的，按照协议办理。”被继承人郭某顺死亡后，继承开始。鉴于郭某顺留有遗嘱，本案应当按照遗嘱继承办理。《继承法》第二十六条（《民法典》第一千一百五十三条）规定：“夫妻在婚姻关系存续期间所得的共同所有的财产，除有约定的以外，如果分割遗产，应当先将共同所有的财产的一半分出为配偶所有，其余的为被继承人的遗产。”《继承法意见》第三十八条（《继承编解释（一）》第二十六条）规定：“遗嘱人以遗嘱处分了属于国家、集体或他人所有的财产，遗嘱的这部分，应认定无效。”登记在被继承人郭某顺名下的306室房屋，已查明是郭某顺与原告李某夫妻关系存续期间取得的夫妻共同财产。郭某顺死亡后，该房屋的一半应归李某所有，另一半才能作为郭某顺的遗产。郭某顺在遗嘱中，将306室全部房产处分归其父母，侵害了李某的房产权，遗嘱的这部分应属无效。此外，《继承法》第十九条（《民法典》第一千一百四十一条）规定：“遗嘱应当对缺乏劳动能力又没有生活来源的继承人保留必要的遗产份额。”郭某顺在立遗嘱时，明知其妻子腹中的胎儿而没有在遗嘱中为胎儿保留必要的遗产份额，该部分遗嘱内容无效。《继承法》第二十八条（《民法典》第一千一百五十五条）规定：“遗产分割时，应当保留胎儿的继承份额。”因此，在分割遗产时，应当为该胎儿保留继承份额。综上，在扣除应当归李某所有的财产和应当为胎儿保留的继承份额之后，郭某顺遗产的剩余部分才可以按遗嘱确定的分配原则处理。

综上，法院判决：涉案的306室房屋归原告李某所有；李某于本判决生效之日起30日内，给付原告郭某阳33442.4元，该款由郭某阳的法定代理人李某保管；李某于本判决生效之日起30日内，给付被告郭某和33442.4元、被告童某某41942.4元。

上述案例，涉及继承的相关法律问题。试问：如何理解继承、继承权？继承编调整哪些法律关系？继承编应当遵循哪些原则？

二、继承、继承法律关系

继承有广义与狭义之分。广义的继承是指生者对死者生前权利和义务的承受，包括财产继承和身份继承。狭义的继承仅仅指财产继承。其中，身份继承是指生者承袭死者的身份如继承王位、爵位、家长身份等，中国古代的继承即以身份继承为主。财产继承是指生者对死者所遗财产权利和义务的承受。现代社会中，绝大多数国家已经没有身份继承，仅有狭义上的财产继承。因此，通常所说的继承，是指财产继承。

《民法典》第一千一百一十九条规定："本编调整因继承产生的民事关系。"该条为新增条文，相较于《继承法》"继承人中心主义"的立法思想，本条从法律关系的维度，划定了继承编条款适用范围的规范模式，有助于更为全面地反映出与继承相关的民事关系的全貌。[①]《民法典》将继承法律关系作为家庭关系和亲属关系的重要组成部分，必将对稳固家庭关系、亲属关系，促进社会生活和谐发挥重要作用。[②]

继承编调整因继承所产生的民事法律关系。根据民事法律关系的"三要素"，继承法律关系的主体是依法享有继承权利、承担相应义务的人，主要包括被继承人、继承人、受遗赠人；继承法律关系的客体是遗产，即被继承人死亡时所遗留的个人合法财产；继承法律关系的内容是当事人之间的权利义务关系，继承人享有继承权，同时也要承担相应的法律义务。详言之，继承法律关系具体特征表现如下：

1. 继承法律关系的发生以被继承人死亡事实为原因。被继承人死亡是财产继承法律关系发生的前提，该事实属于法律事实，包括自然人的自然意义上的死亡和法律上宣告的死亡，没有自然人死亡事实即不发生继承问题。因买卖、夫妻离婚分割财产、家庭分家析产、企业法人消灭所致剩余财产归属、确定等均不属于继承编调整范围。继承法律关系以被继承人死亡的法律事实为根据，这与一般民事法律关系以民事主体的民事法律行为为发生原因有所不同。

2. 继承法律关系有身份关系属性。所谓身份关系属性，即继承仅发生于一定的亲属关系人之间。对于何种民事主体可为继承人，虽然各国的风俗习惯不同，立法上也存在差异，但在各国的现代继承立法中，继承一般仅限于特定亲属关系人，这不仅包括法定继承，也包括遗嘱继承，而亲属关系人原

① 陈甦、谢鸿飞主编：《民法典评注：继承编》，中国法制出版社 2020 年版，第 3 页。

② 参见最高人民法院民法典贯彻实施工作领导小组主编：《中华人民共和国民法典婚姻家庭编继承编理解与适用》，人民法院出版社 2020 年版，第 475 页。

则上包括配偶和血亲。对此，我国例外地承认符合条件的姻亲也可以作为继承人，即《民法典》第一千一百二十九条规定的丧偶儿媳对公婆，丧偶女婿对岳父、岳母，尽了主要赡养义务的，可以作为第一顺序继承人。为处理相关财产而由继承编所调整的遗赠纠纷和遗赠扶养协议纠纷，在《民事案件案由规定》中虽规定在“继承纠纷”[①]之下，但因为其并不以一定的亲属关系为前提，故严格意义上不属于继承法律关系；同时，国家或集体所有制组织依照法律规定取得无人继承又无人受遗赠的遗产并非继承法律关系。

3. 继承法律关系对继承遗产权利和义务的概括承受性。按《民法典》继承编的规定，继承法律关系中的权利主体即继承人，既享有继承遗产的权利，又承担在遗产实际价值范围内清偿被继承人生前所负债务的义务，或附义务遗嘱继承可能必须履行的行为义务，这就是概括承受性，其中有积极财产即遗产，也有消极财产即个人债务、应缴纳的税款和有关行为等。这与单务民事法律关系的权利主体只享有财产权利有较大差异。

4. 继承人取得遗产所有权的无偿性。继承作为财产所有权转移的一种方式，继承人获得遗产所有权是无偿的，并不需要支付对价，这与有偿民事法律关系需给付相应的对价有明显区别，同时也不同于赠与财产关系是自然人生前赠与其个人所有的财产，使受赠人无偿取得该财产所有权，继承属继承人依法或依据遗嘱无偿取得的遗产。

三、继承权

继承权是指自然人依照法律的规定或被继承人遗嘱的指定，承受被继承人遗产的权利。《民法典》第一百二十四条规定：“自然人依法享有继承权。自然人合法的私有财产，可以依法继承。”第一千一百二十条规定：“国家保护自然人的继承权。”前者从权利享有角度规定，后者突出的是继承权的保护，二者的立法目标不同。[②]一般理解，立法保护继承权，实际上就是保护自然人财

---

① 根据2020年12月14日最高人民法院审判委员会第1821次会议通过的《最高人民法院关于修改〈民事案件案由规定〉的决定》（法〔2020〕346号）的规定，继承纠纷下设案由为：法定继承纠纷（转继承纠纷、代位继承纠纷）、遗嘱继承纠纷、被继承人债务清偿纠纷、遗赠纠纷、遗赠扶养协议纠纷、遗产管理纠纷。

② 黄薇主编：《中华人民共和国民法典继承编释义》，法律出版社2020年版，第6页。

产流转的安全性、稳定性，从而保护经济社会的基本规则和秩序，并以之为基础促进社会健康发展，此所谓“有恒产者有恒心”。[①] 继承权是以私有财产所有权的存在为前提条件的，没有自然人个人财产私有权，也就无所谓继承权。在继承开始前，它是一种期待权、专属权。在继承开始后，它是既得权。所以继承权可以分为客观意义上的继承权和主观意义上的继承权两种。

客观意义上的继承权是指继承开始前继承人的法律地位，实质上是继承人所具有的继承遗产的权利能力，是一种法律资格。在被继承人死亡前，继承权仅是一种期待权，继承人不能实现继承权。继承权具有显著的身份属性，继承权是以一定的身份为前提的权利，继承人只能是被继承人近亲属的自然人。但是客观意义上的继承权的意义仅在于赋予继承人取得被继承人遗产的资格，而且在于让继承人取得被继承人的某种人身利益。因此，它不能转让或者放弃。

主观意义上的继承权是指当具备法定条件时，继承人实际享有的继承被继承人遗产的具体权利。这里的法定条件是指留有遗产的被继承人死亡，并且继承人未丧失继承权。主观意义上的继承权是由客观意义上的继承权在法定条件发生时转化而来的，是继承人在继承法律关系中享有的实际权利，是一种既得权。主观意义上的继承权主体是继承人，义务主体是不特定的除继承人外的一切人，它一旦为继承人享有，也就排斥他人享有，因此它属于绝对权，具有排他性。它以财产利益为内容，是一种财产权。继承人可以实际取得，也可以放弃。

继承权作为一种法律权利，在法律上表现的特征为：一是继承权是一项仅为自然人所享有的权利。继承权的主体只能是自然人。自然人以外的民事主体法人、非法人组织只能作为受遗赠人取得死者的遗产，而不能享有继承权。二是继承权是一种发生在具有一定身份关系的自然人之间的财产权利。继承权一般都是以继承人和被继承人存在婚姻、血缘关系为前提条件的；如继承编规定法定继承权存在于配偶、子女、父母、兄弟姐妹、祖父母、外祖父母之间。继承权是继承人取得被继承财产所有权的一种权利，以财产利益

---

① 参见最高人民法院民法典贯彻实施工作领导小组主编：《中华人民共和国民法典婚姻家庭编继承编理解与适用》，人民法院出版社 2020 年版，第 481 页。

为内容，只有被继承人生前所有的合法财产，才能作为继承权的客体。三是继承权的实现要有一定的法律事实出现。客观意义上的继承权只是继承人享有的一种期待权；只有留有遗产的被继承人死亡这一法律事实出现以后，继承权才能成为既得权，开始遗产继承，继承权才从可能性变为现实性。四是继承权是被继承人合法遗嘱的指定或自然人依照法律的规定而享有的权利。继承可以分为遗嘱继承和法定继承。继承权的取得有两种途径：一是按照被继承人合法有效的遗嘱取得；二是依据法律的规定直接取得，即由法律规定的法定继承人取得继承权。

继承权的具体内容包括三个方面：一是接受和放弃继承的权利。继承权作为一种财产性权利，继承人有权接受继承，也有权放弃继承。任何人不能强迫继承人接受、放弃继承。根据《民法典》第一千一百二十四条的规定，继承开始后继承人放弃继承的，应当在遗产处理前，以书面形式作出放弃继承的表示，没有作出放弃表示的即视为接受继承。因此说，继承人可以根据自己的意志决定接受还是放弃继承权，其他人不得干涉。继承权的放弃要用明示方式，默示则不发生法律效力。继承权的接受和放弃取决于继承人的意志。二是取得遗产的权利。继承人如果不放弃继承，即可以依法取得被继承人所遗留的遗产。继承权的实现必须以自然人死亡这一特定的法律事实为前提，只有被继承人死亡这一法律事实发生以后并且被继承人拥有合法财产，继承权才从可能性变为现实性。三是继承权的标的只能是遗产。自然人的人身权利随着其死亡而消失，不能作为继承权的标的转移给他人，只有被继承人生前所有的个人合法财产，才能作为继承权的标的。四是继承权受到侵害时获得救济的权利。继承人的继承权作为财产权利，在受到不法侵害时当然有权依法寻求救济，可以根据侵权责任编的有关规定主张权利。

在司法实践中，要保障继承人的继承权能够得到充分行使。除具有完全民事行为能力的继承人本人可以行使继承权外，如果本人是无民事行为能力人或者限制民事行为能力人，其继承权可以由代理人代为行使或者征得代理人同意后行使。《民法典》继承编虽将《继承法》第六条有关无民事行为能力人、限制民事行为能力人可由法定代理人代为行使或征得法定代理人同意后行使之规定删除，但并不意味着无民事行为能力和限制民事行为能力的继承人的继承权不能代为行使，而应理解为该民事权利与其他民事权利一样适用《民法典》总则编民事代理制度之规定。[①]

保护自然人的继承权不仅是《民法典》的重要内容，也是《民法典》继承编的基本原则之一，继承权同样是《宪法》规定的公民基本权利之一。《宪法》第十三条第二款规定，国家依照法律规定保护公民的私有财产权和继承权。《民法典》继承编关于保护继承权的规定，是落实《宪法》规定的具体体现。当然，在诸多相关的单行法如《妇女权益保障法》《未成年人保护法》《老年人权益保障法》等均作了相关规定。

特别值得注意的是胎儿利益的保护。《民法典》第十六条规定，涉及遗产继承、接受赠与等胎儿利益保护的，胎儿视为具有民事权利能力。但是，胎儿娩出时为死体的，其民事权利能力自始不存在。同时，继承编明确规定了胎儿是预留份，即《民法典》第一千一百五十五条规定："遗产分割时，应当保留胎儿的继承份额。胎儿娩出时是死体的，保留的份额按照法定继承办理。"这是继承编再次宣示了胎儿利益的保护，与《民法典》第十六条规定的保护胎儿利益不受侵害是一脉相承的。

四、继承编应当遵循的基本原则

一般认为，我国《民法典》继承编主要体现为四项基本原则，即保护自然人私有财产继承权原则，继承权平等原则，养老育幼、照顾病残原则，互谅互让、团结和睦原则。

1. 保护自然人私有财产继承权的原则。一方面，法律确认自然人的私有财产继承权，保护其不受非法侵害。另一方面，在自然人的继承权受到侵害时，继承人有权请求人民法院依法保护。该原则为《民法典》第一千一百二十条所规定，即"国家保护自然人的继承权"。保护自然人的私有财产继承权，既是继承编的立法原则，也是国家对继承立法的目的。

2. 继承权平等原则。该原则主要体现为《民法典》第一千一百二十六条的规定，即"继承权男女平等"。继承权男女平等原则是指公民作为继承权的主体，不因性别的差异而影响其权利的享有与行使。首先，女子与男子有

---

① 参见最高人民法院民法典贯彻实施工作领导小组主编：《中华人民共和国民法典婚姻家庭编继承编理解与适用》，人民法院出版社 2020 年版，第 486 页。

平等的继承权。早在中华人民共和国成立前，中国共产党领导的各革命根据地、解放区人民政府就有许多关于男女享有平等继承权的规定。中华人民共和国成立后，无论在法律上还是在司法实践中，都强调和重视贯彻继承权的男女平等。其次，夫妻享有平等的继承权，有相互继承遗产的权利。夫妻对夫妻共同财产有平等的权利。丈夫可以继承妻子的遗产，妻子也可以继承丈夫的遗产，任何人不得干涉。最后，在继承范围和继承顺序上，男女平等相同。继承人不分男女平等地处于其应在的继承范围和顺序中。而且在代位继承中，代位继承人可以是父系亲等，也可以是母系亲等。

3. 养老育幼、照顾病残原则。养老育幼、照顾病残是中华民族的传统美德，也是我国整个法律体系共同倡导和坚持的原则。它体现了社会主义精神文明建设的内在要求，也是社会主义核心价值观的价值追求，继承编确定这一原则，是家庭职能的客观要求，是人类社会延续的需要。这一原则主要体现在以下几个方面：首先，有扶养能力和扶养条件的继承人，如果不尽扶养义务，被继承人生前可以立遗嘱取消他们继承遗产的权利。继承人故意杀害被继承人、为争夺遗产杀害其他继承人、遗弃被继承人或虐待被继承人情节严重的，依法丧失继承权。其次，丧偶儿媳对公、婆，丧偶女婿对岳父、岳母尽了主要赡养义务的，作为第一顺序继承人。继承人以外的人，如果对被继承人生前所尽义务较多的，可以适当分得遗产。在分割遗产时，应当保留胎儿的继承份额。再次，自然人可以与扶养人订立遗赠扶养协议，以保障其老有所养。最后，在法定继承中，应当对生活有特殊困难又缺乏劳动能力的继承人予以照顾。在遗嘱继承中，遗嘱人应当为缺乏劳动能力又没有生活来源的继承人保留必要份额。

4. 互谅互让、团结和睦原则。该原则源自《民法典》第一千一百三十二条规定的："继承人应当本着互谅互让、和睦团结的精神，协商处理继承问题。遗产分割的时间、办法和份额，由继承人协商确定；协商不成的，可以由人民调解委员会调解或者向人民法院提起诉讼。"该条是中华民族传统美德的继承，也是发扬社会主义道德风尚和建设社会主义精神文明的要求，是建立社会主义新型家庭关系的基本准则。这一原则在继承立法中表现为，各继承人要按照家庭身份关系处理继承问题，注意个人的具体情况，对幼弱少助、生活困难、缺乏劳动能力的继承人要体恤、关照，对尽了主要抚养义务的继承人要适当倾斜；同时，倡导在继承事实发生后各继承人要尽可能以协商、友好的方式解决被继承人的身后事宜和继承财产的分割问题，以弘扬中华民族的传统美德和良好社会风尚。[①]

五、对案例1的简要评析

在案例1中，涉及下列法律问题：

因人工授精怀孕与夫妻间的权利义务关系。夫妻双方一致同意利用人工生殖技术进行人工授精，由此怀孕并出生的子女，与亲生子女具有同样的法律地位，是婚生子女。在本案中，郭某顺死亡时所留的夫妻共同财产——房屋，该房屋的一半属于其遗产。由于郭某顺设立了遗嘱，遗嘱继承人为其父母，但是，基于夫妻双方同意人工授精的胎儿利益应当受到法律的保护，胎儿亦应当属于法定继承人，享有继承权。

如果妻子因人工授精怀孕，怀孕期间，丈夫一方死亡，分割遗产时，应当按照《民法典》第一千一百五十五条"遗产分割时，应当保留胎儿的继承份额。胎儿娩出时是死体的，保留的份额按照法定继承办理"的规定处理，给该胎儿保留必要的份额；丈夫在死亡之前立遗嘱的，遗嘱不得剥夺胎儿应预留的份额。如果遗嘱没有给胎儿保留必要份额的，遗嘱的效力分两种情况：被继承人的遗产扣除胎儿预留份后无剩余，遗嘱全部无效；被继承人的遗产扣除胎儿预留份后还有剩余，涉及处理胎儿预留份额的遗产的部分遗嘱无效，其余部分可以继续发生效力。

在本案中，夫妻关系存续期间，双方一致同意利用他人的精子进行人工授精并使女方受孕后，男方反悔，而女方坚持生出该子女的，不论该子女是否在夫妻关系存续期间出生，都应视为夫妻双方的婚生子女；如果夫妻一方所订立的遗嘱中没有为胎儿保留遗产份额，因违反法律的规定，该部分遗嘱内容无效。分割遗产时，应当为胎儿保留继承份额。本案中，郭某顺身患重病后反悔，不想要经过人工授精怀孕的孩子，设立遗嘱时就没有预留胎儿应当继承的份额，显然侵害胎儿利益部分的遗嘱内容当属无效。这样，本案就

---

① 参见最高人民法院民法典贯彻实施工作领导小组主编：《中华人民共和国民法典婚姻家庭编继承编理解与适用》，人民法院出版社2020年版，第478页。

应当结合遗嘱继承和法定继承进行处理。夫妻共同财产中的一半归其配偶李某，另一半作为郭某顺的遗产进行处理，即其父、母和胎儿（出生后是活体即郭某阳）共同均等分割。

人工授精子女出生后，与生母和生母之夫具有亲生父母子女关系，且系婚生父母子女关系。其父母子女关系适用婚姻法和其他相关法律的规定，即父母有抚养教育未成年子女的义务，成年子女有赡养年老父母的义务，父母子女之间有相互继承遗产的权利。如果父母离婚，则不与未成年子女共同生活的父或母应当给付相应的抚养费，同时不与子女共同生活的父或母有探望子女的权利，另一方有协助的义务。如果父亲对人工授精生育子女反悔，不承认该子女的婚生地位，请求法院确认没有父母子女关系，并要求亲子鉴定的，法院不予准许，并应判决驳回诉讼请求。如果父亲对人工授精生育子女反悔，离婚后，不予支付必要的生活费或抚养费的，该人工授精出生的子女可以起诉要求父亲承担抚养费支付义务，承担抚养责任。

第二节　继承开始时间

一、问题的提出

继承法律关系的产生，与其他法律关系的产生一样，需要以一定的法律事实为根据。能够引起继承法律关系产生的法律事实，在《民法典》继承编上只有被继承人的死亡。换言之，被继承人死亡是继承法律关系产生的原因，即法律事实。

在研究继承开始时间的司法认定之前，先看两则案例：

案例 2：如何确定本案继承开始时间的合法财产？①

贾某4与刘某系夫妻，二人婚内育有子女三人，即贾某1、贾某2、贾某3。

---

① 详见北京市海淀区人民法院（2020）京0108民初30332号民事判决书。

刘某于2005年11月3日死亡，贾某4于2020年4月26日死亡，二人生前均无遗嘱。位于北京市丰台区的房屋登记在贾某4名下，房屋性质为经济适用房。2004年2月29日，贾某4与开发公司签订《商品房买卖合同》购买了该房屋。2010年12月30日，贾某4委托贾某3之夫曹某办理房屋所有权登记手续并领取房屋权属证书。贾某3主张房屋系其夫妻二人借贾某4之名购买，全部手续均为曹某代为办理，贾某4未参与购房。贾某2称房是贾某3要买的，所有手续也是他们夫妇办理的，购房过程不清楚，曾听贾某4说过买房钱是贾某3出的，但房屋是贾某3买的还是贾某4借款购买后还款的尚不清楚。贾某1认为房屋应为贾某4的遗产。

2005年12月16日，贾某4在朝阳区的房屋被拆迁，获得补偿款合计299605.16元；拆迁补助费共计69595.4元，其中含停产停业费42403.2元。同日，贾某2获得拆迁补助费共计91000元。贾某2称其应得的拆迁补助费91000元和停产停业费42403.2元均支付给了贾某4。贾某3称，贾某4和贾某2系各自领取的补偿款，且其中停产停业补助费应该是给贾某3的。另查，贾某4名下在中国工商银行账户内留有存款共计29011.14元，北京银行账户内留有定期存款319458.29元，中国建设银行内留有存款3842.06元。贾某4生前单独居住，生活费、医疗费均由其退休收入自行负担。

法院认为，民法典施行前的法律事实引起的民事纠纷案件，适用当时的法律、司法解释的规定，但是法律、司法解释另有规定的除外。本案继承开始时间在民法典施行前，适用当时的法律，即继承法的相关规定。继承从被继承人死亡时开始。遗产是公民死亡时遗留的个人合法财产。继承开始后，按照法定继承办理。同一顺序继承人继承遗产的份额，一般应当均等。对被继承人尽了主要扶养义务或者与被继承人共同生活的继承人，分配遗产时，可以多分。本案中，涉案房屋虽登记在贾某4名下，但贾某3主张房屋系借名买房，不属于贾某4的遗产，并提交房屋购买相关凭证，贾某1、贾某2对购房相关证据认可，但认为房屋应作为遗产分割。考虑到各方对购房过程陈述基本一致，且贾某3提交了其交纳购房款的相关证据，现房屋所有权归属尚存在争议，本案中不宜直接处理。故对于贾某1要求继承分割房屋的请求，不予支持。对于停产停业费，贾某2、贾某3均表示款项应归自己所有，但二人未提交相应证据，不予采信。贾某2、贾某3均主张其对贾某4尽了较多赡养义务，要求多分遗产，但二人均未提交充分有效的证据，故贾某2、贾某3要求多分遗产的请求，不予支持。对于贾某4遗留的存款，应由贾某1、贾某2、贾某3三人各继承三分之一份额。据此判决贾某4名下在中国工商银行、北京银行、中国建设银行内的全部存款及利息由贾某1、贾某2、贾某3按份继承所有，三人各继承三分之一份额。

案例3：本案应按照法定继承还是遗嘱继承处理？①

被继承人田某芹与郭某余系夫妻关系，二人共育有二子二女，即长子郭某明、次子郭某声、长女郭某3、次女郭某4。被告田某1系郭某明和田某2婚生女，被告郭某5系郭某明与刘某军婚生女。田某芹的父母、丈夫郭某余以及长子郭某明先于田某芹死亡。郭某余于1998年12月10日死亡，田某芹于2018年1月1日死亡，郭某声于2020年9月18日死亡。被继承人田某芹于2014年10月28日个人购买了唐山市古冶区住房一套，该房产所有权属于田某芹个人所有。2017年9月29日田某芹立自书遗嘱一份，内容为："我与丈夫郭某余一生育有俩男、俩女。长子于2014年病亡，丈夫于1998年12月10病故。我年岁已大但头脑清醒，为防止我百年后因房产发生纠纷，特立遗嘱。我现住某小区303楼–1–101号房子是我自己买的，我百年后房子由次子郭某声继承。其他人不准干涉。还有死后由次子郭某声发送，因为我生前已经给郭某声伍万元（2017年10月28日建设银行办理过手续），叁万元发送我足以，剩两万元给长孙上学用。另外我死后丧葬费由次女郭某4领取，因她没有收入，其他人不得干涉。2017年9月29日田某芹笔。"郭某声的第一顺序继承人为配偶吴某、长子郭某1、长女郭某2。

法院认为：自然人的继承权受法律保护。继承开始后，按照法定继承办理，有遗嘱的，按照遗嘱继承。本案诉争房产为被继承人田某芹个人所有，田某芹生前立有一份自书遗嘱，遗嘱对坐落于唐山市古冶区的房产进行了处分，且该遗嘱不违反法律法规的规定，故对该房产应按照遗嘱内容进行处理，该房产应由郭某声继承。因郭某声后于田某芹死亡，且郭某声没有放弃继承，

① 详见河北省唐山市古冶区人民法院（2021）冀0204民初701号民事判决书。

郭某声的第一顺序继承人为配偶吴某、长子郭某1、长女郭某2，故郭某声应当继承的该房产转给其继承人即吴某、郭某1、郭某2继承。据此判决坐落于唐山市古冶区的房产由原告吴某、原告郭某1、原告郭某2继承。

上述案例，均涉及继承开始时间的认定问题。试问：如何理解继承开始时间的法律效果？如何确定死亡时间？

二、继承开始时间的法律效果

继承编各条款的规定，均是围绕继承法律关系展开，而继承法律关系真正形成实际法律效果，则大多数始于继承开始。[①]《民法典》第一千一百二十一条第一款规定："继承从被继承人死亡时开始。"据此，被继承人的死亡标志着继承开始，意味着继承法律关系的形成，并产生如下法律效果：

1. 继承人、受遗赠人范围的确定。这涉及继承法律关系的主体问题。只有继承开始，继承的主体才能确定，没有继承的开始，则就没有继承主体。一个民事主体是否享有继承权或者受遗赠权，需要根据被继承人死亡之时该民事主体的法律状态具体判断。[②]具体来说：一是只有当继承人死亡时生存且未丧失继承权的继承人（包括胎儿），才享有遗产继承权。二是如果被继承人子女先于其死亡的，由被继承人子女的直系晚辈血亲代位继承；被继承人的兄弟姐妹先于被继承人死亡的，由被继承人的兄弟姐妹的子女代位继承。三是继承开始时已与被继承人解除婚姻关系或扶养关系的人，不能成为继承人。四是如果被继承人死亡时，遗嘱所确定的受遗赠人在此前已经死亡的，则该受遗赠人不能享有受遗赠权。

2. 遗产范围的确定。根据《民法典》第一千一百二十二条第一款的规定，遗产是自然人死亡时遗留的个人合法财产。据此，被继承人死亡的时间是确定被继承人所遗留遗产的时点。只有确定继承开始的时间，遗产范围才能明确，在法律上才能确定为遗产。如继承开始以前，被继承人已经处分的财产则不属于遗产。对于被继承人与他人共有的财产，如夫妻共有财产、家庭共

① 陈甦、谢鸿飞主编：《民法典评注：继承编》，中国法制出版社2020年版，第11页。

② 黄薇主编：《中华人民共和国民法典释义（下）》，法律出版社2020年版，第2135页。

有财产等，只能按继承开始时间确定共有的终止及遗产范围。

3. 遗嘱效力的确定。遗嘱是遗嘱人生前处分其死后遗留财产的一种法律行为。遗嘱人立有合法有效的遗嘱是发生遗嘱继承的法律事实之一。遗嘱订立之后，并不发生法律效力，只有在被继承人死亡时，遗嘱才发生法律效力。因此说，继承开始的时间就是遗嘱生效的时间。当被继承人立有多份遗嘱，各份遗嘱之间存在矛盾之处时，应当以被继承人生前最后所立的遗嘱为准。

4. 继承法律关系相关权利义务的确定。继承开始前，继承法律关系没有产生，也就不产生继承法律关系中的权利和义务，而一旦继承开始，相关的权利和义务即需开始行使或履行。如继承权、受遗赠权即成为现实的既得权利，遗产保管义务人或受遗赠人等的相关义务也需开始履行。与此相关的，继承开始前不能确定的有关接收或放弃继承的权利、接受或放弃遗赠等的行为效力，也因继承开始而具有法律意义（实践中，有的行为表示于继承开始之前）。根据《民法典》继承编的规定，继承人在继承开始后至遗产分割时可以放弃继承权。但继承开始前其放弃继承权则并无效力，因为其在继承开始前并无继承权。但继承开始后，放弃继承权、遗产、遗赠等则具有效力，也即一旦放弃则对遗产不享有任何权利，且可追溯到继承开始的时间。①

5. 遗产所有权转移的确定。被继承人死亡事实一旦发生，其不再具有民事权利能力，也不能成为民事权利主体，所遗留财产的所有权即发生转移给继承人。《民法典》第二百三十条规定，因继承取得物权的，自继承开始时发生效力。因此说，被继承人死亡的时间就是遗产所有权发生转移的时间。

6. 继承人继承份额的确定。根据《民法典》第一千一百三十条的规定，同一顺序法定继承人继承遗产的份额，一般应当均等；但对生活有特殊困难又缺乏劳动能力的继承人、对尽了主要扶养义务或与被继承人共同生活的继承人等，应当予以照顾或可以多分；对有扶养能力和扶养条件而不尽扶养义务的，应当不分或少分等。上述确定继承份额的时间是继承开始的时间，而不是遗产实际分割的时间。其中，对于需要加以特别考虑的继承人的具体情况，也应当以继承开始时的继承人的状况为准。

---

① 参见最高人民法院民法典贯彻实施工作领导小组主编：《中华人民共和国民法典婚姻家庭编继承编理解与适用》，人民法院出版社 2020 年版，第 488—489 页。

7. 继承权诉讼时效起算点的确定。《民法典》第一百八十八条规定："向人民法院请求保护民事权利的诉讼时效期间为三年。法律另有规定的，依照其规定。诉讼时效期间自权利人知道或者应当知道权利受到损害以及义务人之日起计算。法律另有规定的，依照其规定。但是，自权利受到损害之日起超过二十年的，人民法院不予保护，有特殊情况的，人民法院可以根据权利人的申请决定延长。"据此，继承权的请求权受到诉讼时效期间 3 年的约束，自继承人知道或者应当知道其权利被侵害之日起计算，但继承权保护的最长时效为 20 年，其起算点应为继承开始时。

三、确定死亡时间的一般规则

自然人的民事权利能力终于死亡。死亡系导致民事法律关系变动的法律事实，是不以人的意志为转移的自然事件。自然人死亡可分为生理死亡和宣告死亡，生理死亡也称为自然死亡，宣告死亡是一种法律拟制死亡，产生与生理死亡相同的法律后果。既然自然人死亡之后，不能再作为民事主体享有民事权利，承担民事义务，也就不具有作为民事诉讼主体的资格。在裁判文书中，将"死人"列为民事诉讼主体的现象，并不罕见，也往往导致以程序违法而被发还重审，或者启动再审程序纠错。这与民法典的规定相悖，也不符合民事诉讼法原理。

死亡作为法律上的事件，核心问题是死亡时间的判断。死亡，涉及自然人权利义务关系终止和民事主体资格的存废，准确判断自然人死亡时间具有重要的法律价值。自然人的生理死亡的判断时间，存在不同学说：心脏停止跳动说、呼吸停止说、脑死亡说。[①] 依据《民法典》第十五条的规定，自然人的出生时间和死亡时间，以出生证明、死亡证明记载的时间为准；没有出生证明、死亡证明的，以户籍登记或者其他有效身份登记记载的时间为准。有其他证据足以推翻以上记载时间的，以该证据证明的时间为准。据此，确定自然人死亡时间时，客观真实始终是最高标准，死亡证明的证明力高于身份登记，主要是因为死亡证明是有资格的机构如医疗机构、公安机关、死者

---

① 不同学说，参见王利明：《民法总则研究》（第三版），中国人民大学出版社 2018 年版，第 187—188 页；张鸣起主编：《民法总则专题讲义》，法律出版社 2019 年版，第 80 页。

当地居委会等出具，通常更接近于自然人死亡时的真实场景。[①]

对于自然人的死亡，《继承编解释（一）》第一条第一款规定："继承从被继承人生理死亡或者被宣告死亡时开始。"该规定对"死亡"采取一般理解。司法实践中，如何确定自然人死亡的时间，通常有以下几种情况：（1）根据医疗机构出具的死亡证明确定死亡时间。这是我国目前通常的确定方法。（2）根据公民户口簿上登记的死亡时间来确定公民的死亡时间。需要注意的是，户口簿记载死亡的时间与医疗机构记载不一致的，以医疗机构记载的时间为准。（3）根据人民法院查证的时间确定死亡时间。该确定方式是在既无医疗机构死亡证明，也无户籍登记记载的情况下，人民法院根据相关证据确定死亡时间的方法。需要注意的是，在自然死亡中，虽然可以作正常死亡与非正常死亡或者暴力性死亡与非暴力性死亡之类的区分，但在继承法上，则不管其是否属于正常死亡与非正常死亡或者暴力性死亡与非暴力性死亡，都不影响继承的开始，只要确定了死亡时间，即确定了继承开始的时间。[②]

宣告失踪仅是对下落不明的自然人失去音讯的事实状态的认可，而宣告死亡[③]则是对下落不明的自然人死亡的推定。因此，宣告死亡在学理上又称为拟制死亡或者推定死亡。[④]《民法典》第四十六条规定："自然人有下列情形之一的，利害关系人可以向人民法院申请宣告该自然人死亡：（一）下落不明满四年；（二）因意外事件，下落不明满二年。因意外事件下落不明，经有关机关证明该自然人不可能生存的，申请宣告死亡不受二年时间的限制。"[⑤]

---

① 陈甦、谢鸿飞主编：《民法典评注：继承编》，中国法制出版社 2020 年版，第 13 页。

② 参见最高人民法院民法典贯彻实施工作领导小组主编：《中华人民共和国民法典婚姻家庭编继承编理解与适用》，人民法院出版社 2020 年版，第 490 页。

③ 关于宣告死亡的有关问题，请读者参阅拙著：《民法典·总则判解研究与适用》，中国法制出版社 2020 年版，第 90—96 页。

④ 参见杜万华主编：《中华人民共和国民法总则实务指南》，中国法制出版社 2017 年版，第 190 页。

⑤ 该条源自《民事诉讼法》（2017 年修正）第一百八十四条"公民下落不明满四年，或者因意外事故下落不明满二年，或者因意外事故下落不明，经有关机关证明该公民不可能生存，利害关系人申请宣告其死亡的，向下落不明人住所地基层人民法院提出。申请书应当写明下落不明的事实、时间和请求，并附有公安机关或者其他有关机关关于该公民下落不明的书面证明"的规定。

关于宣告死亡时间的确定，《继承编解释（一）》第一条第二款规定："宣告死亡的，根据民法典第四十八条规定确定的死亡日期，为继承开始的时间。"《民法典》第四十八条规定："被宣告死亡的人，人民法院宣告死亡的判决作出之日视为其死亡的日期；因意外事件下落不明宣告死亡的，意外事件发生之日视为其死亡的日期。"该条规定源自《民法通则意见》第三十六条第一款"被宣告死亡的人，判决宣告之日为其死亡的日期。判决书除发给申请人外，还应当在被宣告死亡的人住所地和人民法院所在地公告"的规定，并作了修正，增加了"因意外事件下落不明宣告死亡的，意外事件发生之日视为其死亡的日期"。

四、被继承人的推定死亡时间

在现实生活中，相互享有继承关系的数人在同一事件中死亡，且难以判断各自准确的死亡时间，该如何确定适用继承规则和继承人范围？对此，《民法典》第一千一百二十一条第二款吸收了《继承法意见》第二条的合理规定，对推定死亡时间从立法上作出了推定性规范，即："相互有继承关系的数人在同一事件中死亡，难以确定死亡时间的，推定没有其他继承人的人先死亡。都有其他继承人，辈份不同的，推定长辈先死亡；辈份相同的，推定同时死亡，相互不发生继承。"

在司法实践中，被继承人的推定死亡时间应把握如下规则：一是同一事故中，能够确定实际死亡时间的，按照实际死亡时间确定继承关系，只有在难以确定死亡时间的情况下，才适用该规则推定死亡时间。二是本规则的适用前提是相互具有继承关系的数人在同一事故中死亡，相互没有继承关系的人之间对此不予适用。三是该规则主要是从保护继承人利益出发拟制的，符合继承的顺序和遗产的传承。正如"设置死亡时间推定规则的主要目的，并非探究事实真相，而更多体现的是利益平衡和程序简化的制度需求，因此对该规则的理解与适用并非一个事实问题，而是一个政策选择问题"。[①]

---

① 陈甦、谢鸿飞主编：《民法典评注：继承编》，中国法制出版社2020年版，第14页。

五、对案例 2、案例 3 的简要评析

1. 对案例 2 的简要评析

在本案中，贾某 4 与刘某系夫妻，夫妻之间依法享有继承权。二人婚内育有子女三人，即贾某 1、贾某 2、贾某 3，子女三人依法享有继承权。刘某于 2005 年 11 月 3 日死亡，此时，夫妻共同财产中的一半系配偶贾某 4 的个人财产，另一半财产才能作为遗产，由第一顺序的配偶、子女三人继承。本案关于刘某的遗产继承问题，没有引起争议，无须分配。

贾某 4 于 2020 年 4 月 26 日死亡，此时是继承开始时间。三个子女均没有放弃继承权，也不存在继承权被剥夺问题，因此应当查明贾某 4 死亡时遗留的个人合法财产。一是争议的位于北京市丰台区丰桥路 × 号房屋登记在贾某 4 名下，房屋性质为经济适用房，是否属于贾某 4 的遗产问题。根据相关证据表明，倾向于是贾某 3 出资购买，相关手续均由其保管，法院以权属存在争议为由，本案不作处理。二是贾某 4 名下在中国工商银行账户内留有存款共计 29011.14 元，北京银行账户内留有定期存款 319458.29 元，中国建设银行账户内留有存款 3842.06 元。这些财产属于贾某 4 遗留的个人合法财产，应当作为遗产进行分配。三个子女均不存在多分或者少分、不分的情形，那只能按照法律规定均分。

2. 对案例 3 的简要评析

在本案中，被继承人田某芹与郭某余系夫妻关系，二人共育有二子二女，即长子郭某明、次子郭某声、长女郭某 3、次女郭某 4，在法定继承中，这四个子女均依法享有继承权。郭某余于 1998 年 12 月 10 日死亡，没有因继承问题发生纠纷。田某芹于 2018 年 1 月 1 日死亡，此时继承时间开始。根据《民法典》第一千一百二十三条“继承开始后，按照法定继承办理；有遗嘱的，按照遗嘱继承或者遗赠办理；有遗赠扶养协议的，按照协议办理”的规定，遗嘱继承优先于法定继承。本案中，2017 年 9 月 29 日田某芹立自书遗嘱一份，将其房屋、存款等作了详细的安排，根据《民法典》第一千一百三十三条“自然人可以依照本法规定立遗嘱处分个人财产，并可以指定遗嘱执行人。自然人可以立遗嘱将个人财产指定由法定继承人中的一人或者数人继承”的规定，房屋、存款等应当按照遗嘱处理。同时，因郭某声

后于田某芹死亡，且郭某声没有放弃继承，则郭某声的配偶吴某、长子郭某1、长女郭某2应当继承郭某声应该继承的房产。因此，法院即按照遗嘱内容裁判。

第三节 遗产

一、问题的提出

《民法典》第一千一百二十二条规定："遗产是自然人死亡时遗留的个人合法财产。依照法律规定或者根据其性质不得继承的遗产，不得继承。"该条规定对遗产范围进行了界定，属于"一般规定+除外规则"的概括模式，明确了继承发生时哪些财产可以继承，哪些财产不能继承。遗产范围的确定，是遗产归属和遗产分配的前提与基础。

在研究遗产之前，先看两则案例：

案例4：本案被告应否承担死者债务？[①]

原告某县残疾人联合会与被告李某荣、张某文民间借贷纠纷一案，二被告系母子关系，被告李某荣的丈夫张某祥曾创办残疾人养殖培训基地，为支持其养殖基地的发展，原告协调某市残疾人联合会与张某祥于2009年12月21日签订了一份《借款合同》，合同约定原告借给张某祥100000元，借款期限至2012年12月31日止，到期还清借款不计利息。原告按照借款合同履行出借款义务后，张某祥没有按照约定如期偿还借款。张某祥于2015年因病死亡，原告曾经向被告催要，经某人民调解委员会调解，被告答应在2018年10月23日前作分期偿还计划，但被告至今未予偿还。

生效裁判认为，张某祥生前向原告借款100000元的事实，有原告、被告的陈述和其提供的证据佐证，予以确认。虽然该笔借款未用于家庭生活，

① 详见河北省隆化县人民法院（2021）冀0825民初1327号民事判决书。

但被告应当在继承张某祥遗产范围内偿还。原告要求被告在继承张某祥遗产范围内偿还借款100000元的诉讼请求，符合法律规定，予以支持。如被告李某荣、张某文不继承张某祥的遗产，虽不承担偿还借款责任，但应当承担协助原告在张某祥遗产范围内实现债权的履行义务。据此判决：一、被告李某荣、张某文在继承张某祥遗产范围内偿还原告某县残疾人联合会借款100000元，此款于本判决发生法律效力后15日内给付。二、如被告李某荣、张某文不继承张某祥的遗产，虽不承担偿还借款责任，但应当承担协助原告某县残疾人联合会在张某祥遗产范围内实现债权的履行义务。

案例5：宅基地使用权能否单独继承？[①]

原告张某1与被告张某2系同胞兄弟关系。原告、被告的爷爷张某文和奶奶张某氏共育有两子一女，长子为张某显，次子为张某奎，女儿为张某芳。张某文和张某氏的长子张某显和其妻李某荣共育有两子一女，大儿子张某2，二儿子张某1，女儿张某秀；张某文和张某氏的次子张某奎无配偶、无子女。张某奎先于张某文、张某氏去世，张某文、张某氏均于1990年去世，张某显约于1994年去世。张某文、张某氏生前留有一片宅基地，现上面无任何建筑物，成为一片空地已经二十多年。原告张某1、李某荣、张某秀、张某芳起诉被告张某2要求继承上述宅基地。

生效裁判认为，《民法典》第三百六十三条规定："宅基地使用权的取得、行使和转让，适用土地管理的法律和国家有关规定。"《土地管理法》第九条规定："城市市区的土地属于国家所有。农村和城市郊区的土地，除由法律规定属于国家所有的以外，属于农民集体所有；宅基地和自留地、自留山，属于农民集体所有。"依据上述法律规定，宅基地属于农民集体所有，宅基地使用权不能单独继承，因原告要求继承的宅基地上面无任何建筑物，成为一片空地已经二十多年，故对原告要求继承老宅房产院落东边（靠街）东西宽7.06米，南北长13米的份额的诉讼请求，无事实和法律依据，不予支持。据此判决驳回张某1的诉讼请求。

---

① 详见河北省邯郸经济技术开发区人民法院（2021）冀0491民初640号民事判决书。

上述案例，涉及遗产的认定问题。试问：如何理解遗产的特性？遗产的范围如何界定？司法实践中应当注意哪些问题？

二、遗产的特性

依据《民法典》第一千一百二十二条第一款的规定，遗产是自然人死亡时遗留的个人合法财产。遗产是继承法律关系的客体，也是继承人继承权的标的。遗产与一般的财产有所不同，有其诸多特性：

1. 遗产在内容上的财产性。这一内容包括被继承人死亡时遗留的全部财产权利和财产义务。人身性的客体不能作为遗产，如个人荣誉。随着时代发展，财产权和人身权有融合的趋势，财产权中包含人身权内容，人身权中也包含有财产权利内容。因此，一些通过财产取得的身份属于可继承的客体，如通过金钱购买获得的会员资格，通过投资获得的股东地位。对这类客体需要分辨其中的财产性而作为遗产继承，不能简单地以其表象的身份性而否定其遗产的属性。[①]

2. 遗产在性质上的合法性。《民法典》第一百二十四条规定，自然人依法享有继承权。自然人合法的私有财产，可以依法继承。第一千一百二十二条第一款已明确规定了“合法”财产。言外之意，非法财产不能作为遗产。立法机构认为，有必要从法律上明确遗产的合法性，因此并没有采纳删除“合法”二字的建议。[②]

3. 遗产在范围上的限定性。遗产是自然人死亡时所遗留的所有个人财产。被继承人死亡后的所有个人财产都转化为遗产，他人所有的财产、家庭共有的财产均不属于遗产范围，需要从财产中剥离开来。正如《民法典》第一千一百二十二条第二款规定，依照法律规定或者根据其性质不得继承的遗产，不得继承。

4. 遗产在时间上的特定性。被继承人死亡的时间点是界定遗产的特定时

---

① 参见中国审判理论研究会民事审判理论专业委员会编著：《民法典继承编条文理解与司法适用》，法律出版社2020年版，第14页。

② 参见黄薇主编：《中华人民共和国民法典继承编释义》，法律出版社2020年版，第13页。

间点。当被继承人没有死亡之前，其所有的财产属于个人财产，并不是遗产。只有当被继承人死亡后，其个人合法财产才转化为遗产，由其继承人进行分割。分割完毕，继承人所继承的遗产转化为其财产，不能再称之为遗产。因此说，遗产的存在在时间上具有特定性。

三、遗产的范围

关于遗产的范围，存在不同的立法例：概括式，即通过概括遗产的特征明确遗产的定义，以抽象方式规定遗产的范围；列举式，即通过一一列举的方式写明哪些财产属于遗产；概括式与列举式相结合，在概括规定遗产定义的同时列出遗产的范围。[①]我国《民法典》第一千一百二十二条第一款采取概括式规定了遗产的范围，即遗产是自然人死亡时遗留的个人合法财产。有些财产性权益属于家庭共有，如土地承包经营权、宅基地使用权等属于以户为单位，并不属于某个家庭成员个人所有，不属于遗产。

如何理解遗产，应当从三个方面着手：一是遗产是财产或者财产性权益，非财产性权利（人格权、人身权或相关权益）不得作为遗产继承；二是遗产必须是合法的财产权，非法的财产权不得作为遗产；三是遗产必须是被继承人个人的财产，非个人的财产不得作为遗产。继承编对遗产的规定，在于表达法的宣示意义，这反映了立法的价值观，具有指引、评价、教育、预防功能，甚至具有相当的执行力和强制性。这无论对被继承人生前准备传承个人的财产，还是被继承人死亡后，继承人承受被继承人的财产，都具有规范意义，能够发挥潜在的规范效能。如果遗产不是合法财产，则被继承人遗留的财产即使被继承，也具有不稳定性；而如果继承人知道被继承人遗产有非法性，其自己也需对继承财产承担风险。这种不稳定性或风险与稳定财产流转关系无关，因为即使对遗产的“合法性”不作规定，一旦遗留财产涉及合法性争议，继承人所继受的财产也难言稳定。[②]

---

① 参见黄薇主编：《中华人民共和国民法典继承编释义》，法律出版社 2020 年版，第 14 页。

② 参见最高人民法院民法典贯彻实施工作领导小组主编：《中华人民共和国民法典婚姻家庭编继承编理解与适用》，人民法院出版社 2020 年版，第 498 页。

我国相关法律对特定类型的财产权益作出了可以继承的规定。如《农村土地承包法》第三十二条规定："承包人应得的承包收益，依照继承法的规定继承。林地承包的承包人死亡，其继承人可以在承包期内继续承包。"第五十四条规定："依照本章规定通过招标、拍卖、公开协商等方式取得土地经营权的，该承包人死亡，其应得的承包收益，依照继承法的规定继承；在承包期内，其继承人可以继续承包。"《公司法》第七十五条规定："自然人股东死亡后，其合法继承人可以继承股东资格；但是，公司章程另有规定的除外。"《合伙企业法》第五十条第一款规定："合伙人死亡或者被依法宣告死亡的，对该合伙人在合伙企业中的财产份额享有合法继承权的继承人，按照合伙协议的约定或者经全体合伙人一致同意，从继承开始之日起，取得该合伙企业的合伙人资格。"第八十条规定："作为有限合伙人的自然人死亡、被依法宣告死亡或者作为有限合伙人的法人及其他组织终止时，其继承人或者权利承受人可以依法取得该有限合伙人在有限合伙企业中的资格。"《保险法》第四十二条规定："被保险人死亡后，有下列情形之一的，保险金作为被保险人的遗产，由保险人依照《中华人民共和国继承法》的规定履行给付保险金的义务：（一）没有指定受益人，或者受益人指定不明无法确定的；（二）受益人先于被保险人死亡，没有其他受益人的；（三）受益人依法丧失受益权或者放弃受益权，没有其他受益人的。受益人与被保险人在同一事件中死亡，且不能确定死亡先后顺序的，推定受益人死亡在先。"

四、不得继承的遗产

根据《民法典》第一千一百二十二条第二款"依照法律规定或者根据其性质不得继承的遗产，不得继承"的规定，以下遗产不得继承：一是依照法律规定不得继承的财产不得作为遗产；二是根据其性质不得继承的财产除外。具体来说又有以下几种情形：

1. 依据法律规定不能继承的财产权利。这类权利包括自然资源利用权、宅基地使用权、生前租用或借用他人的财产、指定了受益人的保险某等。如宅基地使用权不得作为遗产继承。宅基地使用权，是指民事主体以修建住宅为目的而利用集体所有土地的权利。该权利因与特定社员身份有关，有一定的福利色彩，具有专属性，只能由特定的民事当事人享有。因此，宅基地使用权不可以转让，也不能成为继承的遗产。但因为宅基地往往与房屋不可分离，而法律并未限制房屋的转让和继承，故基于“地随房走”的原则，在房屋被转让和继承时，宅基地使用权也随之转移；但如果宅基地上尚未建有房屋，该宅基地不能作为遗产予以分配。

2. 农村土地承包人权益的继承。土地承包经营权原则上具有人身专属性，其是以农村集体经济组织成员身份的享有为前提的权利。因此，在承包人死亡时，土地承包经营权本身并不能被继承。但是，承包人生前对土地所投入的资金、所付出的劳动及其增值和孳息，仍然应当移转给承包人的继承人比较合理。因此，《继承编解释（一）》第二条规定：“承包人死亡时尚未取得承包收益的，可以将死者生前对承包所投入的资金和所付出的劳动及其增值和孳息，由发包单位或者接续承包合同的人合理折价、补偿。其价额作为遗产。”

值得注意的是，因农村土地往往是以户为单位承包的，农户家庭中的一人或几人死亡的，承包地仍由该农户的其他家庭成员继续承包经营；只有当承包经营农户家庭的成员全部死亡时，由于承包经营权的取得是以集体成员权为基础，该土地承包经营权才归于消灭，而不能由该农户家庭成员的继承人继续承包经营，更不能作为该农户家庭成员的遗产处理。[①]

3. 依据权利性质不能继承的财产。主要指与被继承人人身有关的专属性债权。这类财产因具有严格的人身专属性和依附性，不能与他人分享。如子女对父母的抚养费请求权、父母对子女的赡养费请求权、夫妻间的扶养费请求权、被继承人的人身损害赔偿请求权及以特别信任关系为前提的财产权利，如因雇佣或者委托合同发生的财产权利等。一旦权利人死亡，因给付义务没有对象，则该权利也即丧失，不能予以转让和继承。在司法实践中，对已经取得的抚养费、赡养费、扶养费、残疾生活费、补助金等，即使权利人已经死亡，关于因此剩余的相关费用是否可以继承，一般认为可以作为遗产予以处理；如果未取得，则不作为遗产处理。

4. 被继承人死亡而发放的死亡赔偿金。死亡赔偿金虽源于被继承人之死

① 参见《最高人民法院公报》2009 年第 12 期（总第 158 期）。

亡，但该赔偿金真正的产生时间是被继承人死亡后，其本质是对死者近亲属的抚恤或赔偿，因此，不属于被继承人遗留的财产范围。对此，虽然法律并无明确规定，但 2004 年最高人民法院在《关于空难死亡赔偿金能否作为遗产处理的复函》(〔2004〕民一他字第 26 号）即已明确空难死亡赔偿金是基于死者死亡对死者近亲属所支付的赔偿，获得空难死亡赔偿金的权利人是死者近亲属，而非死者，故空难死亡赔偿金不宜认定为遗产。从死亡赔偿金产生的法理分析，受害人如没有死亡，便没有死亡赔偿金的发生；受害人一旦死亡，则其民事主体资格消亡。在受害人死亡这一法律事实出现时，便在加害人与受害人亲属之间形成民事法律关系。既然死者不再是权利主体就无须进行救济，近亲属依其与受害人之间的亲属关系，直接享有相关损害赔偿请求权。受害人已经死亡，如果将死亡赔偿金作为遗产，就可能认为死者本人还取得了财产。向不存在的民事主体赔偿，既不符合逻辑，在法学理论上也存在障碍。因此说，死亡赔偿金不属于遗产。

在司法实践中，死亡赔偿金虽然不是遗产，因死亡赔偿金的分配问题实质上是属于在近亲属之间进行的共有物的分割。如何进行分割，需要进行利益平衡，一般是在近亲属之间参照遗产处理方式进行分配。

五、对案例 4、案例 5 的简要评析

1. 对案例 4 的简要评析

案例 4 本不复杂，却让原告残疾人联合会的债权几乎落空。这是因为存在下列问题：

首先，原告残疾人联合会应当依据人民调解委员会的调解，请求被告李某荣、张某文承担还款责任，以调解协议作为行使请求权的事实根据，法院裁判被告承担还款责任是没有任何障碍的。然而，原告残疾人联合会却要求被告在遗产范围内承担还款责任，选错了行使请求权基础的依据，自然对其不利。

其次，法院在裁判时并没有查明死者的遗产，造成判决成了“一纸空文”。父债子不还，但是，有遗产的，要用遗产来承担偿还责任。问题是，法院在裁判时应当查明死者的遗产有哪些。对此，原告应当举证证明死者的遗产都有哪些，被告抗辩的应当提供证据予以证明。但是，在本案中，原告

没有提供证据证明死者的遗产，法院也没有查明是否有遗产，甚至死者配偶、子女是否继承遗产也不予查明，导致当事人不知道该判决当如何执行。

在司法实践中，自然人死亡后，是否有遗产、有没有法定继承人、法定继承人是接受继承还是放弃继承，均应在诉讼活动中查明，切不可出现无法执行的裁判文书。

2. 对案例 5 的简要评析

在本案中，涉及宅基地使用权能否继承的问题。宅基地属于农村集体经济组织成员所有，不属于个人财产。《民法典》第三百六十二条规定："宅基地使用权人依法对集体所有的土地享有占有和使用的权利，有权依法利用该土地建造住宅及其附属设施。"因此说，宅基地使用权是民事主体以修建住宅为目的而利用集体所有土地的权利。该权利因与特定社员身份有关，有一定的福利色彩，具有专属性，只能由特定的民事当事人享有。因此，宅基地使用权不可以转让，也不能成为继承的遗产。本案中，争议的宅基地空闲多年，原告诉请行使继承权是不能支持的。当然，宅基地往往与房屋不可分离，而法律并未限制房屋的转让和继承，基于"地随房走"的原则，在房屋被继承时，宅基地使用权也随之转移。

第四节　遗产处理的法定规则

一、问题的提出

遗产的继承方式可分为遗嘱继承和法定继承，前者是依照被继承人的生前的遗嘱继承，后者是按照法律的直接规定继承。遗赠虽不属继承的方式，但作为解决遗产分配问题的方式与遗嘱继承具有相似性。遗嘱继承、法定继承与遗赠扶养协议之间的适用顺序，是处理遗产时应适用的法定规则。对此，《民法典》第一千一百二十三条规定："继承开始后，按照法定继承办理；有遗嘱的，按照遗嘱继承或者遗赠办理；有遗赠扶养协议的，按照协议办理。"

在研究遗产处理的法定规则之前，先看两则案例：

案例 6：本案补偿款能否按照法定继承处理？[①]

被继承人杨某富系退休工人，育有 6 名子女。被继承人杨某富于 2019 年 10 月 19 日因病去世，被继承人配偶已先于其去世。被继承人杨某富生前长期随其子胡某 6 共同生活于某号房屋（系诉争房屋），后胡某 6 搬新家，杨某富不愿随其搬迁，便独自在此处居住，由其子女轮流到此处照顾其饮食起居。2014 年 4 月 4 日，六子女协商并形成协议，杨某富也在协议上签名捺印，双方约定：每人轮流照顾母亲杨某富 2 个月，因被继承人杨某富多年与胡某 6 居住生活一起，六人商议，用杨某富的存款 2 万元补偿胡某 6 水电气费用。当日，胡某 6 出具收到上述款项的收条。此后，双方按此约定履行。2017 年 4 月 2 日，六子女、杨某富签订《遗嘱及相关扶养协议》。诉争房屋原系被继承人杨某富在 2006 年 6 月自国营七九九厂所购的房改房，2013 年 12 月 10 日，被继承人杨某富与胡某 6 签订《房屋买卖合同》，将诉争房屋以 95000 元出售给了胡某 6，胡某 6 缴纳了契税、土地使用出让金等相关税费。2013 年 12 月 12 日，诉争房屋变更登记至胡某 6 名下。此后诉争房屋被拆除，胡某 6 获得补偿款 359658.68 元。胡某 6 取得该款后，给付胡某 5 其母的照顾、养老费等 162000 元，给付胡某 122000 元。2019 年 4 月 23 日，胡某 5 出具收条，载明其收到胡某 2 保管的其母现金 50000 元，用于老人身上，但胡某 5 实际收到现金为 20000 元，其余 30000 元胡某 2 作为其母的拆迁款抵扣。被继承人胡某 6 获得上述补偿款。杨某富去世时，其医保卡中余额为 1995.1 元。

生效裁判认为，继承开始后，按照法定继承办理；有遗嘱的，按照遗嘱继承或者遗赠办理；有遗赠扶养协议的，按照协议办理。被继承人杨某富生前并未设立合法有效的遗嘱，应按法定继承办理。第一，诉争房屋拆迁后所得补偿款是否为被继承人杨某富的遗产？查明的事实表明，诉争房屋原系被继承人财产，后胡某 6 以买卖的方式取得该房屋产权，变更登记至其名下，根据《物权法》第九条（《民法典》第二百零九条）“不动产物权的设立、变更、转让和消灭，经依法登记，发生效力；未经登记，不发生效力，但法律

① 参见四川省宜宾市中级人民法院（2020）川 15 民终 1420 号民事判决书。

另有规定的除外"之规定，诉争房屋系胡某6的个人财产合法有效。根据《物权法》第四十二条（《民法典》第二百四十三条）第三款"征收单位、个人的房屋及其他不动产，应当依法给予拆迁补偿，维护被征收人的合法权益……"之规定，因拆迁诉争房屋取得的补偿款系胡某6个人财产，并非被继承人杨某富的遗产。第二，被继承人杨某富的遗产范围为何？胡某1、胡某2、胡某3、胡某4提供的证据仅能证明被继承人杨某富死亡时医保卡中尚余1995.1元，该款项属被继承人杨某富遗产。双方当事人均未提供充分证据证明对方存在多分或少分的情形存在，应予平均分割。现被继承人杨某富医保卡由胡某5保管，上述款项应由胡某5向各继承人支付。据此判决：被继承人杨某富遗产1995.1元，胡某1、胡某2、胡某3、胡某4、胡某5、胡某6各继承332.52元，此款由胡某5于本判决生效之日起10日内支付。

案例7：微信发送的遗嘱内容是否具有遗嘱效力？①

刘某英、韩某泉夫妇育有二子，长子韩某杰、次子韩某。韩某杰与周某玉于1987年5月3日登记结婚，生有一子周某（曾用名韩某龙）。1990年6月25日，韩某杰与周某玉经法院调解离婚，周某由周某玉抚养，韩某杰每月给付抚养费20元。韩某泉于1976年10月22日去世，刘某英于2010年11月10日去世，生前未留有遗嘱。2002年7月10日，202号房屋取得房屋所有权证，房屋所有权人登记为韩某杰。韩某杰与刘某英在202号房屋居住生活。刘某英去世后，202号房屋由韩某杰居住使用。2020年2月，韩某杰经检查患有膀胱癌，住院及治疗期间由韩某夫妇进行照顾。2020年2月14日，韩某杰通过手机向韩某微信发送遗嘱一份，内容为"韩某杰哥哥：遗嘱……二、遗嘱事由：因我近期身患重病，为避免今后因遗产继承发生争执，我自愿立遗嘱处分自己的财产……四、行为能力：我虽患重病（膀胱癌），但本人意识清醒，具有完全行为能力。五、遗嘱内容：1.存款处分：我本人的所有存款，全归我弟弟韩某所有，如果我儿子周某找上门来，可以由我弟弟韩某给他50万元人民币，作为补偿。2.房产处分：鉴于我离婚后儿子周某随他母亲周某玉生活，没有跟我取得任何联系，也没有尽到任何赡养我的义务，且姓氏已经变更，又因我

① 参见北京市第二中级人民法院（2021）京02民终5545号民事判决书。

离婚后和病重期间，由我弟弟韩某照料，故我决定：我病故之后，由我弟弟韩某继承该套房产，其他任何人均不得继承，不得干预。六、以上遗嘱是我的真实意思表示，不存在任何欺诈和胁迫等行为。七、本遗嘱的遗嘱执行人为弟弟韩某。立遗嘱人：韩某杰。日期：2020年2月14日”。2020年2月16日，韩某杰将名下所有银行存款交给韩某夫妇，并告知密码。2020年3月，韩某杰与周某取得联系。周某于2020年4月12日到医院探望韩某杰，于2020年4月26日、5月24日到202号房屋探望韩某杰。韩某杰于2020年7月5日去世。现韩某分别以法定继承纠纷、遗嘱继承纠纷为由诉至法院。

生效裁判认为，继承开始后，按照法定继承办理；有遗嘱的，按照遗嘱继承或者遗赠办理；有遗赠扶养协议的，按照协议办理。对继承人以外的依靠被继承人扶养的人，或者继承人以外的对被继承人扶养较多的人，可以分给适当的遗产。对被继承人生活提供了主要经济来源，或者在劳务等方面给予了主要扶助的，应当认定其尽了主要赡养义务或主要扶养义务。可以分给适当遗产的人，在分给他们遗产时，按具体情况可以多于或者少于继承人。当事人以电子数据作为证据的，应当提供原件。电子数据的制作者制作的与原件一致的副本，或者直接来源于电子数据的打印件或者其他可以显示、识别的输出介质，视为电子数据的原件。本案中，结合双方自述及韩某提交手机记载与韩某杰的微信、短信、通话记录，可以认定韩某对韩某杰尽了主要扶助义务，即使生前未有遗嘱，韩某也有权继承韩某杰遗产。立有数份遗嘱，内容相抵触的，以最后的遗嘱为准。韩某杰与韩某之间微信往来，涉及遗嘱内容进行了几次表述，应以2020年2月14日微信表述为准。韩某杰对名下银行存款在生前通过电子信息形式进行了处分。虽然生前未立有纸质书面遗嘱，但2020年2月14日韩某杰发送给韩某微信中含有遗嘱继承的意思表示，符合电子证据形式，可以认定该微信中遗嘱内容为韩某杰生前意思表示，韩某杰名下存款应按遗嘱继承办理。虽然韩某杰生前已将名下银行存款交付给韩某，该遗嘱中注明“如果我儿子周某找上门来，可以由我弟弟韩某给他50万元人民币，作为补偿”。韩某杰订立遗嘱后与周某取得联系，韩某应按遗嘱约定给付周某50万元作为补偿。周某要求过高部分，法院不予支持。

上述案例，均涉及法定继承与遗嘱继承问题。试问：如何理解继承的方式？如何理解遗产处理的法定规则？

二、继承的方式

根据《民法典》第一千一百二十三条的规定，继承的方式分为法定继承、遗嘱继承、遗赠和遗赠扶养协议。

（一）法定继承

法定继承，又称为无遗嘱继承，即在被继承人无遗嘱的情况下按照法律规定的继承人范围、继承人顺序、遗产分配原则等进行的遗产继承方式。法定继承是相对于遗嘱继承而言，是排除了被继承人立有遗嘱或者所立遗嘱无效及出现遗嘱继承人拒绝接受遗产等情况下的遗产继承。因此说，法定继承又称为无遗嘱继承。

法定继承的显著特征表现为：一是法定继承人的主体范围、继承顺序和遗产分配的原则均由法律明确规定。这些规定属强制性规范，除可由被继承人生前依法以遗嘱方式改变外，任何人都无权改变。二是法定继承需满足一定的人身关系。法律上，法定继承人要依据继承人和被继承人之间的婚姻关系、血缘关系和家庭关系予以确定。根据《民法典》第一千一百二十七条①、第一千一百二十九条②的规定，配偶、子女、父母、兄弟姐妹、祖父母和外祖父母，以及对公婆尽了主要赡养义务的丧偶儿媳和对岳父母尽了主要赡养义务的丧偶女婿均为法定继承人。

在司法实践中，继承开始后，存在下列情形时可以适用法定继承：（1）被继承人生前没有留下遗嘱对其名下财产予以处分；（2）被继承人所立遗嘱全

① 《民法典》第一千一百二十七条规定："遗产按照下列顺序继承：（一）第一顺序：配偶、子女、父母；（二）第二顺序：兄弟姐妹、祖父母、外祖父母。继承开始后，由第一顺序继承人继承，第二顺序继承人不继承；没有第一顺序继承人继承的，由第二顺序继承人继承。本编所称子女，包括婚生子女、非婚生子女、养子女和有扶养关系的继子女。本编所称父母，包括生父母、养父母和有扶养关系的继父母。本编所称兄弟姐妹，包括同父母的兄弟姐妹、同父异母或者同母异父的兄弟姐妹、养兄弟姐妹、有扶养关系的继兄弟姐妹。"

② 《民法典》第一千一百二十九条规定："丧偶儿媳对公婆，丧偶女婿对岳父母，尽了主要赡养义务的，作为第一顺序继承人。"

部无效；（3）被继承人所立遗嘱部分无效；（4）遗嘱所涉继承人依法丧失继承权；（5）遗嘱所涉继承人、受遗赠人先于遗嘱人死亡；（6）遗嘱继承人放弃继承或者受遗赠人放弃受遗赠的；（7）遗嘱未处分的遗产。

（二）遗嘱继承

遗嘱继承，即指继承人按照被继承人生前所立的合法有效的遗嘱进行继承的一种方式。在遗嘱继承中，订立遗嘱的人为遗嘱人，遗嘱指定的继承遗产的人为遗嘱继承人。因遗嘱人在遗嘱中可能指定继承人，指定继承遗产的种类、数额等，故遗嘱继承又称为指定继承。

遗嘱继承的显著特征表现为：一是遗嘱继承必须同时具备的法律事实是被继承人（遗嘱人）死亡和所立遗嘱合法，缺一不可，否则遗嘱继承不能发生。而相对于法定继承来说，法定继承的发生仅仅需要被继承人死亡的法律事实。二是遗嘱继承中有关继承人的选择，继承遗产的份额、多少，继承的顺序等都是遗嘱人自己意思的表示，反映了被继承人的意志。而作为法定继承来说，继承人的确定、继承遗产的份额与数额等均有相关法律规定，体现了法的意志。

在司法实践中，适用遗嘱继承时需要注意下列问题：（1）遗嘱继承人只能在法定继承人之中选择一人或者数人。《民法典》第一千一百三十三条第二款规定："自然人可以立遗嘱将个人财产指定由法定继承人中的一人或者数人继承。"因此说，遗嘱继承人仅仅是法定继承人中的一人或数人。（2）遗嘱继承人为数人时，数个继承人之间不再受法定继承顺序的限制，即不存在各遗嘱继承人之间继承先后顺序的问题。遗嘱对数人的遗产份额有明确意思表示的，按遗嘱份额继承；没有遗嘱份额的，在遗嘱的财产范围内，各遗嘱继承人均等分配。（3）遗嘱继承不存在代位继承的问题。也就是说，如果遗嘱继承人先于遗嘱人死亡，遗嘱又未变更的，遗嘱继承人的晚辈直系血亲主张代位继承的，人民法院不予支持。该部分的遗产份额，按照无遗嘱继承处理，即按照法定继承办理。

（三）遗赠

遗赠，即指自然人以遗嘱的方式将个人合法财产的一部分或全部赠送给法定继承人以外的其他人或国家、集体组织的一种遗产处理方式。遗赠和遗嘱继承一样，作为法律行为，都是在自然人死亡后才发生法律效力。在遗赠中，立遗嘱人称为遗赠人，遗嘱所指定接受遗赠财产的人称为受遗赠人，又称为遗赠受领人。

遗赠的显著特征表现为：一是遗赠是单方的、要式的民事法律行为。遗赠人以遗嘱的方式将其个人财产赠送给他人时，不需要征得受遗赠人和任何他人同意；该法律行为在遗赠人死亡后发生法律效力。遗赠行为必须以遗嘱的方式进行，需要符合遗嘱的法定形式。遗赠人死亡后，受遗赠人可以接受遗赠，也可以不接受遗赠。二是遗赠是无偿地给予遗产的行为。遗赠人通过遗赠给予他人的财产利益多为无偿行为，鲜有附有某种义务（若有也无须对等性质）。三是遗赠是以死亡事实发生为生效条件的法律行为。遗赠虽是遗赠人生前在遗嘱中所作出的意思表示，但必须在遗赠人死亡后才发生法律效力。因此说，遗赠属于附条件的民事法律行为。遗赠人作出遗赠未死亡之前，其可以随时依法定程序变更或撤销自己的意思表示，因为遗赠还没有生效。四是遗赠生效时受遗赠人必须生存。如果受遗赠人先于遗赠人死亡，或与遗赠人同时死亡，则因为遗嘱尚未生效而不能成为受遗赠人，法人在遗赠人死亡时已经撤销或解散的，也不能成为受遗赠人。五是受遗赠人须是国家、集体或法定继承人以外的人。法定继承人不能作为遗赠受领人，只能作为遗嘱继承人。对此，《民法典》第一千一百三十三条第三款规定："自然人可以立遗嘱将个人财产赠与国家、集体或者法定继承人以外的组织、个人。"

（四）遗赠扶养协议

遗赠扶养协议，即指遗赠人生前与扶养人订立的关于扶养人承担遗赠人生养死葬义务，并于遗赠人死亡后享有按约取得其遗产权利的协议。遗赠扶养协议是一种平等、有偿和互为权利义务的民事法律关系。《民法典》第一千一百五十八条规定："自然人可以与继承人以外的组织或者个人签订遗赠扶养协议。按照协议，该组织或者个人承担该自然人生养死葬的义务，享有受遗赠的权利。"遗赠扶养协议制度是具有中国特色的一种法律制度，其源自我国农村地区的"五保户"制度。[①]

---

① 黄薇主编：《中华人民共和国继承编释义》，法律出版社 2020 年版，第 146 页。

遗赠扶养协议的显著法律特征表现为：一是遗赠扶养协议是一种双方法律行为的协议，需要双方当事人意思表示一致才能成立的协议。因此说，遗赠扶养协议与遗赠、遗嘱的本质区别在于是双方法律行为还是单方法律行为。遗赠、遗嘱均为单方法律行为，遗赠人、遗嘱人单方作出意思表示即可。而遗赠扶养协议需要双方当事人意思表示一致，一旦成立生效，则双方当事人均应当按照约定履行各自的义务，否则要承担违约责任。二是遗赠扶养协议是双方有偿法律行为。扶养人负有扶养受扶养人的义务，受扶养人负有按照协议约定将自己的遗产赠与扶养人的义务。因此说，遗赠扶养协议中双方均需要向对方支付对价，是双务有偿法律行为。三是遗赠扶养协议是要式法律行为。遗赠扶养协议需要当事人以书面方式作出。这是基于当事人双方达成遗赠扶养协议后，该协议的履行期限待定，且扶养人在受扶养人死亡后才能取得遗产，若是“君子协议”则多产生纷争，故需要书面协议为之。

在司法实践中，应当注意的是：（1）遗赠扶养协议是双务、有偿的法律行为。遗赠扶养协议是一种民事合同，反映的是民事生活中的互帮互助，虽然有偿、双务，但难以衡量是否等价，也并非一种纯粹的交易，因此与一般的商事合同不同。当然，随着养老的产业化，部分机构和组织作为扶养人的遗赠扶养协议，已具有较强的商事性，但因为扶养的情感因素，作为民事合同予以考量更符合该种合同的性质。作为特殊的民事合同，其特点是，一经签订，任何一方都应遵守协议的内容，不得单方面解除协议；其虽有偿，但代价并不一定能够与遗产的价值相当，它可能大于、等于或小于所取得遗产的价值。同时，赡养义务不能仅理解为物质供养，精神支持或陪伴等均可作为扶养人履行遗赠扶养协议义务的方式，关键看协议如何约定，法定继承人等不能简单以扶养人未尽到物质供养即否认遗赠扶养协议中的受遗赠人未尽到扶养义务。如何才能视为尽到扶养义务，需视遗赠人与受遗赠人的约定及义务履行状况等确定。（2）遗赠扶养协议的遗赠人是自然人，而扶养人必须是法定继承人以外的自然人或组织。实际生活中，扶养人有的是遗赠人的本族晚辈亲属或者其他亲友，有的却和遗赠人根本无亲友关系。需要注意的是，虽然遗赠扶养的遗赠人多为孤寡老人或没有法定赡养人，但有子女而不在身边或即使在身边，没有尽到、不能尽到赡养义务时，也可以与法定继承人以外的自然人或组织签订遗赠扶养协议。

三、遗产处理的法定规则

《民法典》第一千一百二十三条“继承开始后，按照法定继承办理；有遗嘱的，按照遗嘱继承或者遗赠办理；有遗赠扶养协议的，按照协议办理”的规定，是意思自治原则在继承领域的具体体现，为自然人的遗赠自由。[①] 依据此规定，遗产处理的法定规则是：

1. 继承开始后，遗赠扶养协议、遗嘱或遗赠、法定继承，一般按先后顺序处理遗产，也即遗赠扶养协议优先考虑，遗嘱或遗赠次之，法定继承最后考虑。

2. 遗嘱继承和法定继承的并存。《民法典》第一千一百二十三条规定：“继承开始后，按照法定继承办理；有遗嘱的，按照遗嘱继承或者遗赠办理；有遗赠扶养协议的，按照协议办理。”据此，继承编确立了“遗嘱在先原则”。《继承编解释（一）》第四条进一步明确规定：“遗嘱继承人依遗嘱取得遗产后，仍有权依照民法典第一千一百三十条的规定取得遗嘱未处分的遗产。”依据本条规定，如果遗嘱继承人同时也是法定继承人，在存在遗嘱未处分遗产的情况下，其仍然可以因法定继承而取得遗产。该条尤其明确了遗嘱继承人在进行法定继承时，有权依据《民法典》第一千一百三十条的规定取得其应得到的遗产份额。尤其是要依据《民法典》的规定，进行法定继承时可以多分或者少分遗产，而不受其是否已经通过遗嘱取得遗产的影响。而依据《民法典》第一千一百三十条的规定，遗产可以不均分的规则包括：一是对生活有特殊困难又缺乏劳动能力的继承人，分配遗产时，应当予以照顾。例如，死者的父母年事已高，没有劳动能力且生活困难，分配遗产时就应当予以照顾。二是对被继承人尽了主要扶养义务或者与被继承人共同生活的继承人，分配遗产时，可以多分。例如，被继承人有两个女儿，大女儿与其共同生活，长期照顾被继承人，分配遗产时大女儿就可以多分。三是有扶养能力和有扶养条件的继承人，不尽扶养义务的，分配遗产时，应当不分或者少分。四是继承人协商同意的，可以不均等分配遗产。

3. 遗赠扶养协议与遗嘱并存的，两种方式所涉遗产没有抵触的，遗产分

---

① 黄薇主编：《中华人民共和国民法典继承编释义》，法律出版社 2020 年版，第 19 页。

别按协议和遗嘱处理；有抵触的，优先按遗赠扶养协议处理，与协议相抵触的遗嘱全部或部分无效。

4. 遗赠扶养协议与遗赠并存的，同上述遗赠扶养协议与遗嘱并存的处理方式。

5. 遗嘱和遗赠并存的，两种方式均有效，并无哪种方式优先的问题；一旦发生冲突，如对同一财产既有遗嘱也有遗赠，则要从被继承人所立遗嘱或遗赠的时间、证据的形式判断其真实意思表示，无法判断真实意思表示的，需考虑案件的具体情况和公平性因素，可以认定共有或平均分配所涉财产等。

在实践中，被继承人可能既立了遗嘱，又与他人订立了遗赠扶养协议。《民法典》第一千一百二十三条规定："继承开始后，按照法定继承办理；有遗嘱的，按照遗嘱继承或者遗赠办理；有遗赠扶养协议的，按照协议办理。"本条明确了在遗产分配方面，首先执行遗赠扶养协议，其次执行遗嘱，最后进行法定继承。按照这一规定，遗赠扶养协议具有优先于遗嘱的效力。这主要是考虑到遗赠扶养协议实际上是一个双务有偿的合同，而通过遗嘱获得利益的人（包括遗嘱继承人和受遗赠人）都是无偿取得遗产，所以，遗赠扶养协议的效力优先。

《继承编解释（一）》第三条的适用前提是"被继承人生前与他人订有遗赠扶养协议，同时又立有遗嘱"，这里所说的"同时"不应当机械地理解为两者的成立或生效时间同一，而应当理解为在被继承人死亡后，同时存在有效的遗赠扶养协议和遗嘱。即使遗赠扶养协议的订立时间晚于立遗嘱的时间，也应当属于此处所说的"同时"。当然，本条中"同时"一词易引起误解，在实践中应注意把握。

《继承编解释（一）》第三条主要适用于遗赠扶养协议和遗嘱"有抵触"的情形。这里的"有抵触"的典型形态是，遗赠扶养协议中希望给予扶养人的权利与遗嘱中希望给予遗嘱继承人或受遗赠人的权利不能同时并存。例如，遗赠扶养协议要给予扶养人某套房屋的所有权，遗嘱又要给予被继承人子女该房屋的所有权，两者就属于"有抵触"。问题在于，如果遗赠扶养协议中希望给予扶养人的权利与遗嘱中希望给予遗嘱继承人或受遗赠人的权利，可以并存，是否应当解释为"有抵触"？只要遗嘱的内容损害了遗赠扶养协议中约定的扶养人应获得的权利，就应当认定为“有抵触”。例如，遗赠扶养协议中要给予扶养人房屋所有权，而遗嘱中又为继承人设定了居住权，虽然所有权和居住权本身可以并存，但在具体案件中也应认定为“有抵触”。

四、对案例 6、案例 7 的简要评析

在案例 6 中，双方争议的焦点是房屋拆迁补偿款是否属于遗产，是否存在其他遗产。本案中，登记在胡某 6 名下的案涉房屋是否属于杨某富遗产的问题，该房屋原系杨某富所有，杨某富与胡某 6 签订《房屋买卖合同》，将诉争房屋以 95000 元出售给了胡某 6，胡某 6 缴纳了契税、土地使用出让金等相关税费后，该房屋已变更登记时至胡某 6 名下，胡某 6 已经取得该房屋的所有权，该房屋拆迁补偿款应当属于胡某 6 的个人财产，不属于杨某富的遗产。虽然《遗嘱及相关扶养协议》约定房屋属于杨某富，但该房屋登记在胡某 6 名下，《遗嘱及相关扶养协议》不能证明杨某富基于何种法律关系取得该房屋，故仅凭《遗嘱及相关扶养协议》记载的内容，不足以证明杨某富是案涉房屋的所有权人且与房屋登记的权利人不一致。因此说，胡某 1 等人主张案涉房屋的拆迁补偿款系杨某富的遗产的理由不足，不应得到人民法院的支持。胡某 1、胡某 2、胡某 3、胡某 4 主张胡某 5 持有杨某富的现金 50000 元，胡某 2 实际仅向胡某 5 交付了 20000 元现金，胡某 5 主张该 20000 元已经用于杨某富的生活和医疗开支，结合胡某 5 于 2017 年 6 月开始与杨某富共同生活并照顾杨某富的生活起居的实际情况，胡某 5 主张 20000 元已经使用，符合客观实际，于情于理于法有据。因此说，属于杨某富的遗产仅仅是医保卡中的余额 1995.1 元，该款项在继承人胡某 1 等六人之间均等分割。

在案例 7 中，本案争议焦点是微信遗嘱内容是否具有遗嘱的效力及被继承人韩某杰的存款应如何继承。根据《民法典》第一千一百二十三条的规定，继承开始后，按照法定继承办理；有遗嘱的，按照遗嘱继承或者遗赠办理；有遗赠扶养协议的，按照协议办理。当事人以电子数据作为证据的，应当提供原件。电子数据的制作者制作的与原件一致的副本，或者直接来源于电子数据的打印件或者其他可以显示、识别的输出介质，视为电子数据的原件。

我国法律规定的遗嘱形式有自书遗嘱、代书遗嘱、打印遗嘱、录音录像遗嘱、口头遗嘱及公证遗嘱，本案韩某所提交的证据并不足以认定韩某杰生前留有符合法定形式的遗嘱。但韩某向法庭提交了微信记录的原始载体，且其中有韩某杰与韩某的语音沟通内容，符合电子证据形式。根据韩某提交微信通信记录显示，2020 年 2 月 14 日韩某杰发送给韩某的微信中含有对遗产进行处分的意思表示。从微信记录的内容来看，韩某杰对其财产的继承进行了明确的安排，存款由韩某继承，并表示如果周某找来，可以由韩某给予周某 50 万元，结合其他证据材料足以认定韩某杰生前有将其遗产分配给韩某的主观意愿，以及韩某杰生前主要由韩某照顾、陪伴，法院认定韩某对韩某杰尽了主要扶助义务适当。《民法典》第一千一百三十条第四款规定，有扶养能力和有扶养条件的继承人，不尽扶养义务的，分配遗产时，应当不分或者少分。第一千一百三十一条规定，对继承人以外的依靠被继承人扶养的人，或者继承人以外的对被继承人扶养较多的人，可以分给适当的遗产。对于韩某杰存款的具体继承，考虑韩某对韩某杰生前扶助情况、韩某杰本人的意愿、周某对韩某杰的生前赡养照顾情况，法院对存款的分配是符合本案实际的，也符合公平原则，法院的裁判并无不当。

第五节　继承、遗赠的接受与放弃

一、问题的提出

继承、遗赠的接受和放弃制度，是继承开始后，继承人和受遗赠人有取自主选择是否接受继承或遗赠的制度。对此，《民法典》第一千一百二十四条规定："继承开始后，继承人放弃继承的，应当在遗产处理前，以书面形式作出放弃继承的表示；没有表示的，视为接受继承。受遗赠人应当在知道受遗赠后六十日内，作出接受或者放弃受遗赠的表示；到期没有表示的，视为放弃受遗赠。"立法者创设该项制度的目的是，强调继承人和受遗赠人拥有自主选择是否接受继承和遗赠的权利，体现法律对权利人意思自治的尊重。

同时尽快确定继承人和受遗赠人的范围，避免其他继承人和受遗赠人以及遗产债权人的合法权益因继承法律关系长期处于不稳定状态而受到影响。[①]

在研究继承、遗赠的接受与放弃之前，先看两则案例：

案例 8：本案继承人放弃继承权的认定[②]

被继承人吴某华于 2015 年 12 月 24 日死亡，其与原告刘某 1 系夫妻关系，二人育有一子即本案被告刘某 2。被继承人吴某华母亲张某贤先于其死亡，被继承人吴某华父亲吴某山于 2019 年 4 月 24 日死亡。吴某山父母均先于其死亡。除本案被继承人吴某华外，吴某山还育有被告吴某 1、吴某 2、吴某 3、吴某 4、吴某 5 五名子女。被继承人吴某华名下留有企业年金 55270.57 元及住房公积金 162448.41 元。

生效裁判认为，公民的合法继承权受法律保护。本案被继承人去世，原告及六被告作为合法继承人有权继承分割其合法遗产。被告吴某 1 当庭表示放弃继承遗产；被告刘某 2、吴某 2、吴某 3、吴某 4、吴某 5 亦提交了声明，表示放弃继承遗产，以上意思表示真实合法，予以确认。据此判决：一、被继承人吴某华名下的个人住房公积金账户余额 162448.41 元由刘某 1 继承；二、被继承人吴某华名下企业年金 55270.57 元，由刘某 1 继承。

案例 9：本案能否认定受遗赠人放弃接受遗赠？[③]

陈某 9 是位于广州市番禺区石碁镇某村 5 队的 175 号的土地使用者及房产的产权人。2012 年 2 月 7 日，陈某 9 在公证处公证《遗赠》，内容为："我与黎某 1 是夫妻关系，涉案土地及房产虽以我的名义登记，但该房产权是在我与黎某 1 婚姻存续期间取得的，依法应是我与黎某 1 的夫妻共有财产，现我立下遗嘱，于我去世后，将上述房地产权中属于我所有的份额遗赠给陈某 1。若日后上述房屋拆建、改建或加建的，仍按上述遗嘱内容进行分配。"同

---

① 参见陈苇主编：《中华人民共和国继承法评注：遗产的处理》，厦门大学出版社 2019 年版，第 78 页。

② 详见黑龙江省大庆市让胡路区人民法院（2021）黑 0604 民初 2757 号民事判决书。

③ 详见广东省广州市中级人民法院（2021）粤 01 民终 363 号民事判决书。

时，黎某1将上述内容在公证处作了公证《遗赠》。2017年2月17日，陈某9过世。2018年10月15日，广州市番禺区石碁镇某村民委员会出具《证明》，证实陈某9生前共有一段婚姻，合法妻子黎某1，双方共有七名子女，分别为陈某2、陈某3、陈某4、陈某5、陈某6、陈某7、陈某8。陈某9的妻子及子女至今健在，陈某9父母先于其本人去世。2019年8月30日，黎某1过世。

生效裁判认为，《民法典》第一千一百二十一条第一款规定："继承从被继承人死亡时开始。"第一千一百二十四条第二款规定："受遗赠人应当在知道受遗赠后六十日内，作出接受或者放弃受遗赠的表示；到期没有表示的，视为放弃受遗赠。"遗赠属于广义继承的一种，根据上述规定，遗赠应从被继承人死亡时开始；受遗赠人作出接受遗赠的表示的，应在知道受遗赠后六十日内作出。关于上述法条中的"六十日内"应从何时起算的问题，因遗赠应属遗赠人死亡后生效的法律行为，将财产赠与他人的意思表示虽然是在生前作出的，但只有在遗赠人死亡后该遗赠才发生法律效力，即遗赠人死亡前，不发生财产所有权的转移。因此，上述规定中六十日时间的最早起算点应从被继承人死亡之日起算。被继承人陈某9、黎某1于2012年2月7日在广州市番禺区公证处公证《遗赠》，载明其二人是夫妻关系，坐落在某村的房屋及土地使用权虽以陈某9的名义登记，但该房产权是在陈某9与黎某1婚姻存续期间取得的，依法应是二人的夫妻共有财产。陈某9、黎某1去世后，上述房地产权中属于二人所有的份额遗赠给陈某1。若日后上述房屋拆建、改建或加建的，仍按上述遗嘱内容进行分配。上述《遗赠》系陈某9、黎某1的真实意思表示，合法有效。本案中，部分继承人表示陈某1在被继承人陈某9去世前后有表示接受遗赠；此外，陈某1在知晓被继承人黎某1去世后六十日内向法院提起诉讼，要求确认遗赠内容有效。上述行为应当认定陈某1作为受遗赠人作出了接受遗赠的表示。据此判决位于广州市番禺区石碁镇某村的房产及土地使用权为被继承人陈某9、黎某1的遗产，由陈某1一人继承。

上述案例，涉及继承、遗赠的接受与放弃问题。试问：接受与放弃继承、遗赠的法律性质如何？如何理解继承的接受与放弃、遗赠的接受与放弃？

二、接受与放弃继承、遗赠的法律性质

《民法典》第一百三十四条第一款规定："民事法律行为可以基于双方或者多方的意思表示一致成立，也可以基于单方的意思表示成立。"由此可见，民事法律行为可分为单方法律行为、双方法律行为和多方法律行为。该条的规定采纳了我国民法理论的通说，将法律行为的行为人人数或者意思表示的主体数量，作为单方法律行为、双方法律行为和多方法律行为的区分依据。[①]

单方法律行为，又称为一方行为，即指基于一方的意思表示而成立的民事法律行为。换言之，单方法律行为就是民事主体依据自己的意志而从事的能够发生法律效果的行为。单方法律行为大致分为两类：一是民事主体行使自己的权利所实施的单方行为，导致民事权利发生变动。如物的所有权人抛弃该物，导致所有权消灭的法律效果。二是该行为涉及他人权利的发生、变更或者消灭等。如授予代理权、立遗嘱和放弃继承、委托代理权的撤销、行使法律行为解除权等。双方法律行为或多方法律行为，即指基于双方或多方意思表示一致而成立的民事法律行为。如法律行为的民事主体涉及双方或者是多方，法律行为的成立必须是双方或者多方意思表示一致时方可成立。《民法典》第一百三十四条第二款所规定的"法人、非法人组织依照法律或者章程规定的议事方式和表决程序作出决议的，该决议行为成立"应当属于多方民事法律行为。

区分单方法律行为、双方法律行为和多方法律行为的意义在于：法律行为的民事主体不同，法律行为的成立是不同的。单方法律行为仅有一方主体，其意思表示作出时即成立。双方法律行为和多方法律行为的民事主体是双方或多方，民事法律行为的成立则需要双方或多方意思表示一致方可成立。

根据上述原理，接受与放弃继承、遗赠的法律性质显然属于单方法律行为，是否接受继承、遗赠，完全由继承人、受遗赠人自主决定，无须与他人达成合意。

---

① 参见李适时主编：《中华人民共和国民法总则释义》，法律出版社 2017 年版，第 418 页。

三、继承的接受与放弃

继承的接受，就是继承开始后继承人同意接受被继承人遗产分配的意思表示。在司法实践中，继承的接受需要把握以下两点：一是接受继承的意思表示，可以是继承人本人，也可以是其代理人。二是接受继承的形式可以是明示的，也可以是默示的。明示的表示，可以采取书面形式，也可以采取口头形式；默示接受，是遗产接受的主要形式，因为继承开始后，非纠纷或遗产状态不明的场合，继承者的继承权是清楚、明确的，一般无须声明和作出明确的意思表示，故立法表述也反映为"没有表示的，视为接受继承"，这种默示，可以理解为消极表示，如不表示自己继承或不明确表示自己是否继承或明确表示自己不放弃，也可理解为通过行为可推定，如实际分配遗产。总之，无论有无明示或默示，只要没有明确地放弃继承，即可推定其接受继承。推定其接受继承，根本目的是保护继承人应享有的法定权利，其法律依据是继承开始后，继承人享有的继承权是一种法定权利，非经明确放弃，任何人不能予以剥夺。[①]

继承的放弃，就是继承开始后继承人不接受被继承人遗产的意思表示。继承人放弃继承的时间，应当在继承开始后、遗产分割前作出。《民法典》第一千一百二十四条第一款规定："继承开始后，继承人放弃继承的，应当在遗产处理前，以书面形式作出放弃继承的表示；没有表示的，视为接受继承。"在司法实践中，继承的放弃需要把握以下几点：一是放弃继承的时间为继承开始后，放弃继承的意思表示须在继承开始后遗产处理前这一期间作出。二是放弃继承的形式应予明确表示，不能以默示的方式作出。明确表示，也就是说，原则上应为书面形式；非书面形式的，可以为其他形式，但需能确定其表示的明确性；同时，无论书面还是非书面形式，该表示需传达给其他继承人。三是放弃继承的意思表示应当由具有民事行为能力的继承人亲自作出。法定代理人一般不能代理无民事行为能力人或限制民事行为能力人作出放弃继承的意思表示，除非不放弃继承对继承人有利益损害。四是继承人放弃继承后，就

---

① 参见最高人民法院民法典贯彻实施工作领导小组主编：《中华人民共和国民法典婚姻家庭编继承编理解与适用》，人民法院出版社2020年版，第510—511页。

不再参与遗产分配。若是遗嘱继承的继承人放弃继承，则所涉遗产按照法定继承办理；若是法定继承人放弃继承，则该继承人应该所得份额的遗产应当由其他继承人分割。继承人放弃继承，放弃的效力溯及继承开始之时。

四、遗赠的接受与放弃

《民法典》第一千一百二十四条第二款规定："受遗赠人应当在知道受遗赠后六十日内，作出接受或者放弃受遗赠的表示；到期没有表示的，视为放弃受遗赠。"据此，将受遗赠人表示接受或放弃受遗赠的期限从"两个月内"改为"六十日内"，以配合总则编中对于期间计算规则的调整。[①]同时，受遗赠人应当在知道受遗赠后六十日内作出接受或放弃的意思表示。该六十日计算期间是从自知道受遗赠事实后开始计算，该"知道受遗赠事实"应理解为"知道或应该知道"，但实践中，认定"应当知道"必须有充分的证据予以证明，也即需严格掌握，否则容易侵害受遗赠人的合法权利。

接受或放弃遗赠的表示形式。接受或放弃遗赠，必须有明确的意思表示，所谓明确的意思表示，即该表示行为必须能够确认为有接受或放弃遗赠的意思表示。表示的形式，可以是书面，也可以是其他形式，可以直接，也可以间接，但要满足能够确认接受或放弃遗赠的程度。如受遗赠人虽未以书面或口头表示接受，但其特定行为能够反映其接受遗赠，也应认定为接受继承，不能简单以未作出书面表示等即否认其接受遗赠的权利。正如立法机关所言，接受遗赠属于行使权利的行为，不宜对当事人要求过高。在形式上法律不宜作硬性规定，只要受遗赠人作出意思表示即可，不必非得以书面方式作出。[②]

五、对案例 8、案例 9 的简要评析

在案例 8 中，被继承人吴某华死亡时所留遗产是吴某华名下留有企业年金 55270.57 元及住房公积金 162448.41 元。被继承人吴某华的第一顺序法定继承人有配偶刘某 1 及父亲吴某山，吴某山自吴某华处继承的财产份额在吴某山死后再由其子女继承分割。因此，本案的合法继承人包括吴某山的其他

---

① 陈甦、谢鸿飞主编：《民法典评注：继承编》，中国法制出版社 2020 年版，第 36 页。

② 黄薇主编：《中华人民共和国民法典继承编释义》，法律出版社 2020 年版，第 26 页。

5 个子女，即吴某华的兄弟、姐妹吴某 1、吴某 2、吴某 3、吴某 4、吴某 5。在继承诉讼过程中，吴某华的兄弟、姐妹均明确表示放弃继承，则被继承人吴某华的遗产只能由其配偶刘某 1 继承。

在案例 9 中，本案争议的焦点是陈某 1 作为受遗赠人作出接受遗赠的意思表示是否超过了法律规定的期限问题。我们知道，继承是从被继承人死亡时开始。《民法典》第一千一百二十四条第二款规定："受遗赠人应当在知道受遗赠后六十日内，作出接受或者放弃受遗赠的表示；到期没有表示的，视为放弃受遗赠。"据此，受遗赠人作出接受遗赠的表示的，应在知道受遗赠后六十日内作出。该"六十日"应从何时起算的问题，从立法目的解释来看，作出接受或者放弃受遗赠的期限"六十日"应当从受遗赠人知道受遗赠后开始计算。本案中，部分继承人表示陈某 1 在被继承人陈某 9 去世前后有表示接受遗赠。同时，陈某 1 在知晓被继承人黎某 1 去世后两个月内向法院提起诉讼，要求确认遗赠内容有效，用一种积极作为作出了接受遗赠的表示。因此说，法院的裁判合法合理。

第六节 继承权的丧失与恢复

一、问题的提出

继承权的丧失，又称为继承权的剥夺，是指在发生法定事由时依法取消继承人原来享有的继承被继承人遗产的权利。继承权的丧失，意味着继承人不再享有继承被继承人遗产的权利。继承权的恢复，是指继承人虽然实施了某些丧失继承权的行为，但只要被继承人对其表示宽恕或者事后在遗嘱中仍将其列为被继承人，其丧失的继承权即可以恢复。[①] 对此，《民法典》第一千一百二十五条规定："继承人有下列行为之一的，丧失继承权：（一）故意杀害被继承人；（二）为争夺遗产而杀害其他继承人；（三）遗弃被继承人，

① 黄薇主编：《中华人民共和国民法典释义（下）》，法律出版社 2020 年版，第 2150 页。

或者虐待被继承人情节严重；（四）伪造、篡改、隐匿或者销毁遗嘱，情节严重；（五）以欺诈、胁迫手段迫使或者妨碍被继承人设立、变更或者撤回遗嘱，情节严重。继承人有前款第三项至第五项行为，确有悔改表现，被继承人表示宽恕或者事后在遗嘱中将其列为继承人的，该继承人不丧失继承权。受遗赠人有本条第一款规定行为的，丧失受遗赠权。”继承编完善的继承权丧失制度有利于规范继承人的合法继承行为，维护社会的道德人伦和家庭秩序，维持良好的遗产继承秩序、维护被继承人的遗嘱自由。①

在研究继承权的丧失与恢复之前，先看两则案例：

案例 10：能否认定本案原告未尽赡养义务而剥夺其继承权？②

被继承人吴某某与王某某系夫妻关系，婚后共同生育子女三人，即本案原告吴某 3，被告吴某 1、吴某 2。吴某某与王某某婚姻关系存续期间，共同参加房改，购买了涉案房产，并于 2001 年 8 月 10 日取得涉案房屋所有权证，所有权人为吴某某，共有权人为王某某。吴某某于 2015 年 11 月 8 日去世，王某某于 2015 年 12 月 24 日去世。被告提交王某某授权书一份，载明：“我百年后一切都交给二女吴某 1 处理。”原告对该授权书有异议，称该授权书不是遗嘱，仅仅是委托被告吴某 1 处理，并非明确由其继承。被告提交光盘视频、吴某某与王某某火化证及殡葬费收费票据、墓碑刻字款等证据，称其父母去世后的花费均是其出资，两被告尽了赡养义务，原告并未尽任何赡养义务。原告称仅凭上述证据不能证明被告对其父母尽了全部赡养义务，也不能证明原告对其父母没有尽到赡养义务。庭审中，被告吴某 1、吴某 2 申请证人徐某某出庭作证，以证明证人作为护工于 2014 年至 2015 年近一年时间在医院护理照顾吴某某，被告对其父母尽了主要赡养义务。原告吴某 3 称证人的陈述是虚假的，证人受雇于被告吴某 1，与吴某 1 之间存在利益关系，其陈述原告未在医院看望老人是不真实的，不能证明原告没有尽赡养义务。原告、被告均称吴某某与王某某的父母均早于两被继承人去世。上述房屋尚未继承。

---

① 最高人民法院民法典贯彻实施工作领导小组主编：《中华人民共和国民法典婚姻家庭编继承编理解与适用》，人民法院出版社 2020 年版，第 516 页。

② 参见山东省济南市中级人民法院（2021）鲁 01 民终 3922 号民事判决书。

生效裁判认为，本案中，因吴某某、王某某去世时未留有合法有效遗嘱，故涉案房产应按照法定继承原则处理，因原告、被告未能就涉案房产的分割方式协商一致，故本案仅确定原告、被告在涉案房产中的份额。吴某3、吴某1、吴某2作为第一顺序继承人应均等继承涉案房产，各继承人分别获得涉案房屋1/3的份额。对于被告所提原告未尽赡养义务，应剥夺原告的继承权，由两被告法定继承的主张，被告提交的视频及出庭证人的证言，充分展现了被告在其父母住院期间尽心照顾，并聘请护工精心护理的情况，孝敬老人是中华民族的传统美德，被告的孝行值得称赞，但不能据此证明原告未尽赡养义务，亦不能因此剥夺原告的继承权，故对其主张不予支持。判决：涉案房产由原告吴某3，被告吴某1、吴某2按份继承所有，每人各占上述房产1/3的产权份额。

案例11：本案能否剥夺法定继承人的继承权？①

申请人鲍某1申请再审称，其承担了父母全部赡养义务，虽然申请人的父亲没有留下形式上的遗嘱，但申请人在诉讼中提供的大量证据足以证明其母亲的遗嘱代表了父母的共同意愿，即父母的继承人仅有申请人；鲍某2、鲍某3拒绝赡养父母，鲍某2故意侵占、精神虐待父母。申请人根据民事诉讼法之规定，请求法院依法再审。

法院经审查认为，从鲍某1在提供的证据来看，鲍某1在其父母生前，承担了主要的赡养义务，鲍某2、鲍某3所尽赡养父母之义务远不及鲍某1。《继承法》第七条（《民法典》第一千一百二十五条）规定，遗弃被继承人或者虐待被继承人情节严重的，继承人丧失继承权。此处的“遗弃被继承人”指的是继承人故意对被继承人不尽扶养、赡养义务，致使被继承人处于危难或困境之中；此处的“虐待被继承人”指的是对共同生活的被继承人精神或肉体上的折磨和摧残。而本案中，从2003年开始，父母即与鲍某1共同生活，正是由于鲍某1承担了赡养义务，使其父母不至于处于危难与困境之中。从现有证据来看，鲍某2、鲍某3的行为还达不到丧失继承权的程度。同时，《继承法》第十三条（《民法典》第一千一百三十条）规定，对被继承人尽了

① 详见安徽省六安市中级人民法院（2020）皖15民申54号民事裁定书。

主要赡养义务或者与被继承人共同生活的继承人，分配遗产时，可以多分。本案中，鲍某1承担了其父母主要的赡养义务，原审在分配其父亲的遗产时，本可以适当多分给鲍某1一部分，但原审考虑到当事人母亲将其所有遗产通过遗嘱的方式确定由鲍某1继承，鲍某1尽的主要赡养义务在其母亲所有的遗产的分配中，已经有所体现。因此，原审判决鲍某1、鲍某2、鲍某3按均等的份额继承其父亲的遗产，并无不当。

本案系由继承纠纷所引起，双方当事人也系同胞兄妹，应本着相互谅解、合理避让的精神，善意解决分歧。综上，鲍某1的再审申请不符合民事诉讼法规定的再审情形，再审申请理由不能成立，应予驳回。

上述案例，涉及继承人能否达到丧失继承权的情形。试问：继承权丧失之诉的性质如何？继承权丧失的法定情形有哪些？继承权丧失之后能否恢复？

二、继承权丧失系确认之诉

继承权丧失是继承人因对被继承人或者其他继承人实施了法律所禁止的行为，而依法被取消继承被继承人遗产的权利。继承权丧失意味着继承人不再享有获得被继承人遗产的权利。继承人在继承开始后可以自主决定放弃继承权，但继承权丧失是基于法律规定取消其继承权。

根据继承人的继承权丧失后，继承人是否能够恢复继承权，可以将继承权的丧失可分为绝对丧失与相对丧失。继承权的绝对丧失，又称继承权的终局丧失，是指因发生某种法定事由，继承人的继承权丧失的结果具有绝对性，永无挽回的可能。继承权的相对丧失，是指因发生某种法定事由，继承人的继承权丧失，但在具备一定条件时，如其有悔过表现，且得到被继承人宽恕，其继承权还可再恢复。

一般认为，在出现可以导致继承权丧失的事由之后，继承人当然地丧失继承权。但是，考虑到司法实践中，当事人往往对继承权是否丧失发生争议，因此，《继承编解释（一）》第五条基本沿用了原来的规定，即“在遗产继承中，继承人之间因是否丧失继承权发生纠纷，向人民法院提起诉讼的，由人民法院依据民法典第一千一百二十五条的规定，判决确认其是否丧失继承权。”该诉在性质上属于确认之诉。确认之诉不同于形成之诉，不引起民事法律关系的变动或消灭，只是对某种民事法律关系的确认或否认。因此，如果人民法院经过审理，认为该继承人符合《民法典》第一千一百二十五条规定的某项情形而确认其丧失继承权的，则该继承人丧失继承权的时点不是判决生效之时，而是法律规定的继承开始之时。此外，《民法典》第一千一百二十五条增加了受遗赠人丧失受遗赠权的规定，与继承人丧失继承权的情形相同。继承人与受遗赠人或者受遗赠人之间因是否丧失受遗赠权发生纠纷的，亦应当作同一理解，根据本条的处理思路进行处理。[①]

三、继承权丧失的法定事由

根据《民法典》第一千一百二十五条第一款的规定，继承权丧失的法定情形包括：

1. 故意杀害被继承人的。继承人故意杀害被继承人是一种严重的犯罪行为，不论这种杀害的动机是否为夺取遗产，也不论既遂还是未遂，都应当确认其丧失继承权。即使这种继承权是被继承人在被害前用遗嘱方式指定的，或者在杀人未遂的情况下，被继承人生前表示宽恕的，都丧失继承权。但是，如果继承人杀死被继承人是由于过失、意外事件或者是正当防卫的行为所致，则不丧失继承权。

所谓故意杀害就是故意剥夺他人生命。《刑法》第二百三十二条规定："故意杀人的，处死刑、无期徒刑或者十年以上有期徒刑；情节较轻的，处三年以上十年以下有期徒刑。"据此，在主观上，继承人存在杀人的故意。即不包括过失犯罪，也不包括意外事件或者因正当防卫导死亡。在犯罪动机上，无论继承人是否为了取得被继承人的遗产。继承人故意犯罪的对象必须是被继承人。在客观上实施了杀害行为，只要继承人实施了故意杀害被继承人的犯罪行为，无论犯罪既遂还是未遂，均丧失继承权。因此说，故意杀害被继承人，是继承人丧失继承权的法定事由。在实践中，继承人在被继承人的食物中投毒，但继承人事后及时且成功地抢救了被继承人，该继承人是否丧失继承权？对此，《继承编解释（一）》第七条明确规定："继承人故意杀害被继

---

① 参见郑学林、刘敏、王丹：《〈关于适用民法典继承编的解释（一）〉若干重点问题的理解与适用》，载《人民司法》2021 年第 16 期。

承人的，不论是既遂还是未遂，均应当确认其丧失继承权。”

2. 为争夺遗产而杀害其他继承人的。一是继承人在主观上必须有杀害的故意，且动机是为了争夺遗产。二是继承人在主观上所侵害的必须是其他继承人的生命。三是继承人在客观上实施了杀害行为，包括既遂和未遂。由于继承人为了争夺遗产，杀害其他继承人，直接危害其他继承人的人身安全，属于十分严重的犯罪行为，必须予以惩罚，剥夺其继承遗产的资格。

3. 遗弃被继承人，或者虐待被继承人情节严重的。所谓遗弃被继承人，是指继承人对年老、病残、年幼或者没有独立生活能力的被继承人，依法负有扶养义务，但拒绝履行扶养义务的行为。如父母将年幼的子女弃置于路旁或者其他地方；子女对其年老、生活不能自理的父母置之不理。遗弃行为是一种置被继承人于危险境地而不顾的严重的不道德行为、违法行为。所谓虐待被继承人，是指继承人以各种手段对被继承人进行肉体摧残或者精神折磨的行为。继承人虐待被继承人情节是否严重，可以从实施虐待行为的时间、手段、后果和社会影响等方面认定。遗弃或者虐待被继承人，如果情节严重，不论是否追究刑事责任，继承人将丧失继承权。

《民法典》第一千一百二十五条第一款规定的丧失继承权的法定事由之一是“虐待被继承人情节严重”。如何认定“情节严重”？《继承编解释（一）》第六条专门作出了规定。该条第一款规定：“继承人是否符合民法典第一千一百二十五条第一款第三项规定的‘虐待被继承人情节严重’，可以从实施虐待行为的时间、手段、后果和社会影响等方面认定。”考虑到“情节严重”的认定属于综合性判断，所以，该条仅给出了认定时的考量因素，法官可以据此结合个案进行判断。一般来说，继承人对被继承人的虐待具有长期性、经常性，手段比较恶劣，社会影响很坏的，可认定为情节严重。该条第二款规定：“虐待被继承人情节严重的，不论是否追究刑事责任，均可确认其丧失继承权。”依据我国《刑法》第二百六十条的规定，虐待罪以“情节恶劣”为前提。《刑法》中的“情节恶劣”和《民法典》中的“情节严重”存在一定的交叉，所以，虐待被继承人情节严重的行为，往往也可能构成虐待罪。不过，按照《刑法》第二百六十条第三款的规定，虐待罪原则上属于“告诉才处理”的犯罪，所以，在实践中，被虐待人可能基于亲情等各种考虑而没有要求追究虐待人的刑事责任。考虑到继承权丧失制度的立法目的，即使继承人没有被追究刑事责任，或者其行为没有达到刑法上“情节恶劣”的程度，只要法院认定其虐待被继承人情节严重，都应当丧失继承权。

4. 伪造、篡改、隐匿或者销毁遗嘱，情节严重的。遗嘱是被继承人在其生前作出的对自己财产进行处分并于其死亡后发生法律效力的法律行为，是被继承人按照自己的意愿处置合法财产的法律形式，任何人不能代替被继承人生前的真实意思。所谓伪造遗嘱，是指继承人以被继承人的名义制作假的遗嘱；所谓篡改遗嘱，是指继承人擅自改变被继承人所立遗嘱的内容；所谓隐匿遗嘱，是指继承人隐瞒、藏匿被继承人所立的遗嘱；所谓销毁遗嘱，是指继承人破坏、毁灭被继承人所立的遗嘱。伪造、篡改、隐匿或者销毁遗嘱的行为，违背了被继承人生前的真实意愿，侵犯了被继承人生前对其财产的处分权，侵害了其他继承人的继承权，为自己谋取不正当利益，破坏正常的财产继承秩序。情节严重的，则丧失继承权。

在司法实践中，继承人伪造、篡改、隐匿或者销毁遗嘱，情节严重的，丧失继承权。但是，如何认定“情节严重”？《继承编解释（一）》第九条规定：“继承人伪造、篡改、隐匿或者销毁遗嘱，侵害了缺乏劳动能力又无生活来源的继承人的利益，并造成其生活困难的，应当认定为民法典第一千一百二十五条第一款第四项规定的‘情节严重’。”

5. 以欺诈、胁迫手段迫使或者妨碍被继承人设立、变更或者撤回遗嘱，情节严重的。遗嘱，是指遗嘱人生前在法律允许的范围内，按照法律规定的方式对其遗产或其他事务所作的个人处分，并于遗嘱人死亡时发生法律效力的法律行为。被继承人设立、变更或者撤回是支配自己身后财产的自主意愿，符合民法意思自治的基本原则。所谓欺诈，是指继承人故意隐瞒真实情况或者故意告知虚假的情况，欺骗被继承人，诱使被继承人作出设立、变更或者撤回遗嘱的错误意思表示。所谓胁迫，是指继承人以将要发生的损害或者以直接实施损害相威胁，使被继承人产生恐惧而听从继承人的指示设立、变更或者撤回遗嘱。继承人实施上述行为，损害其他继承人的合法权益，侵害遗嘱人的遗嘱自由权，破坏正常的遗产流转执行，情节严重的，应剥夺其继承权。

6. 受遗赠人有上述规定行为的，丧失受遗赠权。遗赠，是指自然人以遗嘱的方式表示在其死后将其遗产的一部分或全部赠给国家、集体或者法定继承人以外的人的法律行为。接受遗赠的人称为受遗赠人，其与继承人一样，存在上述犯罪或其他严重违法行为时，应依法剥夺其继承遗赠人遗产的资格，使其丧失受遗赠权。

四、继承权的恢复

继承权的恢复，是指继承人存在“遗弃被继承人，或者虐待被继承人情节严重”“伪造、篡改、隐匿或者销毁遗嘱，情节严重”“以欺诈、胁迫手段迫使或者妨碍被继承人设立、变更或者撤回遗嘱，情节严重”的行为，确有悔改表现，被继承人表示宽恕或者事后在遗嘱中将其列为继承人的，该继承人不丧失继承权。言外之意，继承人虽然实施了某些丧失继承权的行为，但只要被继承人对其表示宽恕或者事后在遗嘱中仍将其列为继承人，其丧失的继承权即可恢复。

继承法中针对继承人丧失继承权的情形，没有规定被继承人宽恕制度，但是《继承法意见》基于社会生活实践，确立了该项制度，其中第十三条规定，继承人虐待被继承人情节严重的，或者遗弃被继承人的，如以后确有悔改表现，而且被虐待人、被遗弃人生前又表示宽恕，可不确认其丧失继承权。《民法典》第一千一百二十五条吸收了该条司法解释的规定，并拓展至“伪造、篡改、隐匿或者销毁遗嘱，情节严重”以及“以欺诈、胁迫手段迫使或者妨碍被继承人设立、变更或者撤回遗嘱，情节严重”两种情形，同时，将“事后在遗嘱中将其列为继承人”也作为宽恕的一种形式，对继承权法定丧失制度予以完善，从而更好地尊重被继承人处分自己财产的自由意志，也进一步弘扬了尊老爱幼的中华传统美德。但是，从《民法典》第一千一百二十五条规定来看，如果继承人故意杀害被继承人或者为争夺遗产而杀害其他继承人的，属于继承权的绝对丧失，不适用被继承人宽恕制度。该继承权不仅包括法定继承的情形，也应当包括遗嘱继承的情形。因此，《继承编解释（一）》第八条保留了《继承法意见》第十二条规定精神，明确如果存在《民法典》第一千一百二十五条规定的第（一）项和第（二）项的情形，而被继承人立遗嘱将遗产指定由该继承人继承的，可以确认遗嘱无效，并确认该继承人丧失继承权。此处被继承人立遗嘱的行为包括上述法定情形发生之前，也包括相关情形发生之后。

继承权恢复的前提条件是：一是继承人是因为实施了《民法典》第一千一百二十五条第一款所规定的第（三）、（四）、（五）项的行为而丧失继承权，即继承人丧失继承权是因为遗弃被继承人，或者虐待被继承人情节严重，伪造、篡改、隐匿或者销毁遗嘱，情节严重，以欺诈、胁迫手段迫使或者妨碍被继承人设立、变更或者撤回遗嘱，情节严重。如果继承人因为实施了故意杀害被继承人或者为争夺遗产而杀害其他被继承人而丧失继承权的，则为永久丧失继承权，不存在恢复继承权的问题。二是继承人确有悔改。所谓确有悔改，就是继承人在实施了上述行为后，从内心认识到自己的错误，并积极主动改正自己的错误。[①] 三是被继承人作出了恢复继承权的意思表示。被继承人表示宽恕，即被继承人原谅继承人所犯的错误，并予以饶恕。被继承人宽恕的意思表示既可以书面形式作出，也可以是口头形式作出，还可以用实际行为作出。被继承人可以在事后的遗嘱中仍然将丧失继承权的继承人列为继承人，表明对丧失继承权的继承人的宽恕。

需要注意的是，《继承编解释（一）》第八条应当仅适用于继承权丧失的认定。如果被继承人通过生前赠与的方式给予继承人遗产，对于此种赠与行为，法律、行政法规没有禁止性规定，也不宜认定为违反公序良俗。所以，即使继承人实施了故意杀害被继承人或者为争夺遗产而杀害其他继承人的行为，被继承人也可以通过生前赠与的方式给予继承人遗产。

五、对案例 10、案例 11 的简要评析

在案例 10 中，《民法典》第一千一百二十五条第一款规定："继承人有下列行为之一的，丧失继承权：（一）故意杀害被继承人；（二）为争夺遗产而杀害其他继承人；（三）遗弃被继承人，或者虐待被继承人情节严重；（四）伪造、篡改、隐匿或者销毁遗嘱，情节严重；（五）以欺诈、胁迫手段迫使或者妨碍被继承人设立、变更或者撤回遗嘱，情节严重。"被告吴某 1、吴某 2 主张吴某 3 对父母未尽赡养义务，应剥夺其继承权或者少分遗产，但其并未提供充分证据证明吴某 3 存在以上几种丧失继承权的法定情形，自然应当承担举证不能的法律后果。同时，被继承人王某某书写的书面材料一份，载明：我百

---

① 黄薇主编：《中华人民共和国民法典继承编释义》，法律出版社 2020 年版，第 32 页。

年后一切都交给二女吴某 1 处理。该份材料具有王某某委托吴某 1 处理遗产的意思，但内容无法显示出被继承人将所有财产全部交由吴某 1 继承的意思，即该份材料不具有处理个人遗产的意思表示，并非被继承人王某某的遗嘱。因此说，法院判决认定涉案房产按照法定继承原则由三人继承分割并无不当。

案例 11 是一起申请再审案件。《民事诉讼法》第二百条（2021 年修正后为第二百零七条）规定："当事人的申请符合下列情形之一的，人民法院应当再审：（一）有新的证据，足以推翻原判决、裁定的；（二）原判决、裁定认定的基本事实缺乏证据证明的；（三）原判决、裁定认定事实的主要证据是伪造的；（四）原判决、裁定认定事实的主要证据未经质证的；（五）对审理案件需要的主要证据，当事人因客观原因不能自行收集，书面申请人民法院调查收集，人民法院未调查收集的；（六）原判决、裁定适用法律确有错误的；（七）审判组织的组成不合法或者依法应当回避的审判人员没有回避的；（八）无诉讼行为能力人未经法定代理人代为诉讼或者应当参加诉讼的当事人，因不能归责于本人或者其诉讼代理人的事由，未参加诉讼的；（九）违反法律规定，剥夺当事人辩论权利的；（十）未经传票传唤，缺席判决的；（十一）原判决、裁定遗漏或者超出诉讼请求的；（十二）据以作出原判决、裁定的法律文书被撤销或者变更的；（十三）审判人员审理该案件时有贪污受贿，徇私舞弊，枉法裁判行为的。"由此可以看出，当事人申请再审是有严格条件的。在本案中，鲍某 1 申请再审称，其承担了父母全部赡养义务，鲍某 2、鲍某 3 拒绝赡养父母，鲍某 2 故意侵占、精神虐待父母。但是，遗弃被继承人或者虐待被继承人情节严重的，继承人丧失继承权。此处的"遗弃被继承人"指的是继承人故意对被继承人不尽扶养、赡养义务，致使被继承人处于危难或困境之中；此处的"虐待被继承人"指的是对共同生活的被继承人精神或肉体上的折磨和摧残。而鲍某 2、鲍某 3 的行为还达不到丧失继承权的程度，不能剥夺其继承权。同时，鲍某 1 承担了其父母主要的赡养义务，在其母亲所有的遗产的分配中，已经有所体现。因此，法院驳回了鲍某 1 的再审申请。

第二章

法定继承

本章概要

本章是处理继承法律关系中法定继承所应遵循的基本规定与依据。本章共计 7 个条文，是在继承法的基础上，总结实践经验，回应现实需求，对法定继承作了修改与完善。本章规定了法定继承中的继承权男女平等、法定继承人的范围与继承顺序、代位继承、尽了主要赡养义务的丧偶儿媳或者丧偶女婿的继承地位、遗产分配的原则、酌给遗产制度、处理继承问题的精神与遗产分割方式等。

第一节　法定继承人的范围与继承顺序

一、问题的提出

法定继承，又称为“无遗嘱继承”，是指继承人范围、继承顺序、继承份额等均由法律直接规定的继承方式。[①] 法定继承与遗嘱继承是继承制度的两种继承方式，在没有遗嘱继承、遗赠扶养协议的情况下，适用法定继承。法定继承制度最能体现一个国家的伦理亲缘观念，主要包括继承人范围和继承顺序两大方面的规定。[②] 对此，《民法典》第一千一百二十七条规定：“遗产按照下列顺序继承：（一）第一顺序：配偶、子女、父母；（二）第二顺序：兄弟姐妹、祖父母、外祖父母。继承开始后，由第一顺序继承人继承，第二顺序继承人不继承；没有第一顺序继承人继承的，由第二顺序继承人继承。本编所称子女，包括婚生子女、非婚生子女、养子女和有扶养关系的继子女。本编所称父母，包括生父母、养父母和有扶养关系的继父母。本编所称兄弟姐妹，包括同父母的兄弟姐妹、同父异母或者同母异父的兄弟姐妹、养兄弟姐妹、有扶养关系的继兄弟姐妹。”

在研究法定继承人的范围与继承顺序之前，先看两则案例：

案例 12：本案应当按照遗嘱继承还是法定继承处理？[③]

孟某 3、孟某 1 申请再审称，本案系遗嘱继承，而非法定继承。一是案涉口头遗嘱具有真实性，被继承人在突发肺部感染进入手术室前，在医护人

---

① 黄薇主编：《中华人民共和国民法典继承编释义》，法律出版社 2020 年版，第 37 页。

② 最高人民法院民法典贯彻实施工作领导小组主编：《中华人民共和国民法典婚姻家庭编继承编理解与适用》，人民法院出版社 2020 年版，第 526 页。

③ 最高人民法院（2020）最高法民申 4941 号民事裁定书。

员看护下对吴某说“我快不行了，把我的财产都留给我的两个儿子，你一定照顾好他们”。其完全能意识到自己马上要离开人世，该口头遗嘱系其真实意思表示。二是案涉口头遗嘱的订立符合法律规定的紧急情况。被继承人立口头遗嘱之时至凌晨去世一直处于危急情况之下，无法用书面或者录音形式立遗嘱，且二审法院认为被继承人本人对遗嘱的问题有所考虑，并非没有考虑过立遗嘱的问题，这一点恰恰更能证明被继承人在情急之下作出口头遗嘱的行为是完全符合常理的。三是案涉口头遗嘱订立时有两个以上无利害关系的见证人。孟某3、孟某1与主治医生王某、护士长任某娜、护工东某芳三位见证人并无利害关系，吴某与主治医生、护工之间即使具有所谓的利害关系，也不是法律上的利害关系。三位见证人具有较高的职业道德，对口头遗嘱内容的陈述基本一致，积极配合出庭作证，接受质证并且对证人证言进行了公证，该证明具有较高的证明效力。同时，见证人并非邀请见证，是能够见证特定情况事实的人，三位证人完全符合见证人的条件。

最高人民法院经审查认为，继承方式分为法定继承和遗嘱继承，尊重被继承人的遗嘱意愿亦必须以符合法律规定、社会伦理等为前提，特别是在危急情况下作出的口头遗嘱，由于其内容容易被伪造、篡改、变更，要严格审查其作出方式、遗嘱内容、见证人证言等情况。经原审查明，孟某3、孟某1主张被继承人孟某岐在其去世前的危急情况下作出了“把我的财产都留给我的两个儿子”的口头遗嘱，并指认主治医生王某、护士长任某娜、护工东某芳作为该口头遗嘱的见证人。该口头遗嘱内容及三位见证人的证言对于孟某3、孟某1继承孟某岐的遗产至关重要。但是，孟某3、孟某1并未在第一时间对该口头遗嘱及见证人的证言进行证据固定，在原一审第一次开庭中，孟某3、孟某1也未提及存在该口头遗嘱，只是质疑了孟某2并非孟某岐的亲生女，而在重审一审中，三位见证人亦未对该口头遗嘱的作出时间、具体内容、前因后果等细节进行合理的解释和说明。同时，孟某岐的父母在原一审中认可孟某2的诉讼请求及事实理由，要求平等继承其应得的份额，孟某岐的哥哥对于口头遗嘱的真实性表示怀疑，孟某3、孟某1主张依照口头遗嘱继承财产的依据并不充分。孟某岐的每一位子女均有继承遗产的权利，继承权男女平等，原审法院综合考虑上述因素，判定孟某3、孟某1、孟某2按照份额法定继承孟某岐的遗产，并无不当。综上，裁定驳回孟某3、孟某1的再审申请。

案例13：本案周某能否享有法定继承权？周某应否多分遗产？①

刘某、周某申请再审称，一是周某符合吴某仕法定继承人资格：刘某与吴某仕结婚时，周某虽已年满18周岁，但因在读大学一年级无独立生活能力，故接受刘某、吴某仕家庭扶助完成学业，就业后又将工资和单位福利反哺家庭，并在吴某仕生病住院期间尽了较多看护义务，吴某仕的儿子吴某在另案起诉时认可此事实。故从周某与吴某仕共同生活情况综合判断，周某与吴某仕完全形成了成年继子女与继父母之间事实上的相互扶养关系，应当作为吴某仕遗产的法定继承人参与遗产继承。二是刘某应多分20%的遗产：吴某未兑现双休日和节假日照顾病重父亲的承诺，连工作之余50%的时间都没有用来尽到为人子的义务，而刘某在吴某仕生病期间、工作之余全时照顾陪伴，比吴某多尽了陪伴照顾义务，故要求多分20%的遗产，符合社会倡导的公序良俗。

四川省高级人民法院经审查认为，一是关于周某的法定继承人资格问题。根据法律规定，只有在一起共同生活并形成教育扶养关系的继父母与继子女之间才能形成法律上的拟制血亲关系，才产生继承法规定的父母与子女之间的权利义务。刘某与吴某仕结婚时，周某已年近20周岁，具备独立生活的能力和条件。周某提供的证据不足以证明其与吴某仕形成了法律上的扶养关系，且已经生效的民事判决对周某的法定继承人资格亦不予确认。故原审法院对周某请求确认其继承案涉遗产的权利主体资格不予支持并无不当。二是关于刘某应否多分遗产的问题。本案原审查明，吴某一直随吴某仕共同生活，因此刘某和吴某均是与吴某仕共同生活的继承人，吴某作为儿子亦尽到了一定的陪伴、照顾义务，刘某的证据不能证明其尽了主要扶养义务而吴某有扶养能力和扶养条件却未尽扶养义务，且已经生效的民事判决亦未认定刘某更多地尽了陪伴、照顾义务。故原审对刘某多分遗产的请求不予支持并无不当，刘某该项申请再审理由亦不能成立。

---

① 参见四川省高级人民法院（2021）川民申1264号民事裁定书。

上述案例，均涉及继承人范围的认定问题。试问：如何确定法定继承人范围？如何确定法定继承人顺序？

二、法定继承人范围

法定继承人范围由法律直接规定，一经确定即产生身份权的法律效果，因此被继承人不能根据自己的意愿，任意改变法定继承人范围，剥夺法定继承人的继承人资格。根据《民法典》第一千一百二十七条的规定，法定继承人的范围包括配偶、父母、子女、兄弟姐妹、祖父母、外祖父母。

1. 配偶。配偶是基于婚姻关系而产生的身份关系，夫妻间互为配偶，它是处于合法婚姻关系中的夫妻相互间的称谓。法定继承人中的“配偶”，专指被继承人死亡时尚生存着的夫或妻，而且是被继承人生前婚姻关系仍存续的夫或妻。夫妻间有相互继承的权利，即丈夫对亡妻的遗产有继承权，妻子对亡夫的遗产有继承权。对此，《民法典》第一千零六十一条明确规定：“夫妻有相互继承遗产的权利。”合法的婚姻关系，是配偶继承权的基础。根据《民法典》第一千零四十九条的规定，完成结婚登记，即确立婚姻关系。并非依法登记结婚并且取得结婚证，因为由于个中原因会存在完成结婚登记与取得结婚证存在“时间差”，所以《民法典》婚姻家庭编改变了《婚姻法》的规定，把完成结婚登记即作为婚姻关系合法成立。

未办理结婚登记的男女以夫妻名义共同生活，一方死亡另一方能否以配偶身份享有继承权？对此问题，应当区分情形而定。《婚姻家庭编解释（一）》第八条规定：“未依据民法典第一千零四十九条规定办理结婚登记而以夫妻名义共同生活的男女，一方死亡，另一方以配偶身份主张享有继承权的，依据本解释第七条[①]的原则处理。”也就是说，1994 年 2 月 1 日民政部《婚姻登记管理条例》公布实施以前，男女双方已经符合结婚实质要件的，

---

① 《婚姻家庭编解释（一）》第七条规定：“未依据民法典第一千零四十九条规定办理结婚登记而以夫妻名义共同生活的男女，提起诉讼要求离婚的，应当区别对待：（一）1994 年 2 月 1 日民政部《婚姻登记管理条例》公布实施以前，男女双方已经符合结婚实质要件的，按事实婚姻处理。（二）1994 年 2 月 1 日民政部《婚姻登记管理条例》公布实施以后，男女双方符合结婚实质要件的，人民法院应当告知其补办结婚登记。未补办结婚登记的，依据本解释第三条规定处理。”

按事实婚姻处理，一方死亡时另一方享有继承权；1994 年 2 月 1 日民政部《婚姻登记管理条例》公布实施以后，补办结婚登记的，婚姻关系的效力从双方均符合《民法典》所规定的结婚的实质要件时起算，一方死亡时另一方享有继承权；1994 年 2 月 1 日民政部《婚姻登记管理条例》公布实施以后，未补办结婚登记，则男女双方只能是同居关系，不享有继承权。但是，可以根据《民法典》第一千一百三十一条“对继承人以外的依靠被继承人扶养的人，或者继承人以外的对被继承人扶养较多的人，可以分给适当的遗产”的规定处理。

在司法实践中应当注意以下两点：一是若男女双方的婚姻关系存在法定无效情形，但是没有经过人民法院审判宣告婚姻无效时，一方死亡另一方当然享有继承权，除非利害关系人申请人民法院宣告婚姻无效，且经过人民法院判决确认婚姻无效。二是在协议登记离婚冷静期内或者离婚诉讼过程中，一方死亡时作为夫妻的另一方是否享有继承权？有学者认为，在遗产份额分配方面，结合离婚诉讼的具体情况或者离婚协议中财产分配的约定，根据其他继承人的请求，对配偶的继承份额作酌情调整。[①] 笔者认为，夫妻双方虽然在离婚诉讼过程中或者登记离婚冷静期内，此时夫妻双方仍然是合法婚姻关系，当一方死亡时另一方当然是第一顺序的法定继承人，依法享有继承权。

2. 父母。父母是子女最近的直系尊亲属，互相扶养的关系极为密切，因而有继承子女遗产的权利。根据《民法典》第一千一百二十七条第四款的规定，父母包括生父母、养父母和有扶养关系的继父母。生父母对亲生子女的遗产有继承的权利；养父母对养子女的遗产有继承的权利；有扶养关系的继父母有继承继子女遗产的权利。

3. 子女。子女是被继承人最近的晚辈直系亲属，父母与子女之间存在最为特殊的人身关系和财产关系。根据《民法典》第一千一百二十七条第三款的规定，子女包括婚生子女、非婚生子女、养子女和有扶养关系的继子女。

（1）婚生子女，是指在合法婚姻关系期间受孕或生育的子女。婚生子女，不论儿子还是女儿，不论随父姓还是随母姓，不论已婚还是未婚，都有继承

① 陈甦、谢鸿飞主编：《民法典评注：继承编》，中国法制出版社 2020 年版，第 61 页。

父母遗产的权利。婚生子女包括遗腹子，即怀孕妻子在丈夫死后所生的孩子。《民法典》第十六条规定，涉及遗产继承、接受赠与等胎儿利益保护的，胎儿视为具有民事权利能力。因此说，涉及遗产继承时应当特别注意胎儿利益的保护。

人工授精子女同样拥有第一顺序的法定继承权。夫妻双方在婚姻关系存续期间人工授精所生子女同婚生子女，即便是双方事先同意人工授精所生子女，事后另一方反悔的，所生子女是无辜的，同样享有法定继承权。对此，最高人民法院指导案例50号“李某、郭某阳诉郭某和、童某某继承纠纷案”的裁判要点是：夫妻关系存续期间，双方一致同意利用他人的精子进行人工授精并使女方受孕后，男方反悔，而女方坚持生出该子女的，不论该子女是否在夫妻关系存续期间出生，都应视为夫妻双方的婚生子女。如果夫妻一方所订立的遗嘱中没有为胎儿保留遗产份额，因违反《继承法》第十九条[①]规定，该部分遗嘱内容无效。分割遗产时，应当依照《继承法》第二十八条[②]规定，为胎儿保留继承份额。

（2）非婚生子女，是指不具有合法婚姻关系的男女所生育的子女。婚生子女与非婚生子女的区别在于父母的婚姻关系是否合法，合法的婚姻关系所生子女则称之为婚生子女，不合法的婚姻关系所生的子女称之为非婚生子女。《民法典》第一千零七十一条规定，非婚生子女享有与婚生子女同等的权利。因此说，对非婚生子女与婚生子女的继承权应当一视同仁，杜绝歧视非婚生子女的继承权。

（3）养子女，是指因收养关系成立而与养父母发生拟制血亲的父母子女关系的子女。《民法典》第一千一百一十一条规定了“自收养关系成立之日起，养父母与养子女间的权利义务关系，适用本法关于父母子女关系的规定”，收养关系成立后，养子女因其被收养而取得与亲生子女同等的法律地

---

① 《继承法》第十九条规定：“遗嘱应当对缺乏劳动能力又没有生活来源的继承人保留必要的遗产份额。”《民法典》第一千一百四十一条作出了同样的规定。

② 《继承法》第二十八条规定：“遗产分割时，应当保留胎儿的继承份额。胎儿出生时是死体的，保留的份额按照法定继承办理。”《民法典》第一千一百五十五条略作了改动，规定：“遗产分割时，应当保留胎儿的继承份额。胎儿娩出时是死体的，保留的份额按照法定继承办理。”

位，二者的继承权没有区别。但是，收养关系在法律上称为拟制血亲，不同于自然血亲，拟制血亲既可以依法建立，也可以依法终止，当养父母子女之间的关系解除以后，原养子女就不属继承人的范围。

《民法典》第一千一百一十一条第二款规定："养子女与生父母以及其他近亲属间的权利义务关系，因收养关系的成立而消除。"因此，被收养人无法对其生父母的遗产享有继承权。但是，在实践中，被收养人对其生父母扶养较多，也是人之常情。从权利义务对等的原则考虑，被收养人也应当享有分得一定遗产的权利。对此，《继承编解释（一）》第十条规定："被收养人对养父母尽了赡养义务，同时又对生父母扶养较多的，除可以依照民法典第一千一百二十七条的规定继承养父母的遗产外，还可以依照民法典第一千一百三十一条的规定分得生父母适当的遗产。"其实，《民法典》第一千一百三十一条明确规定："对继承人以外的依靠被继承人扶养的人，或者继承人以外的对被继承人扶养较多的人，可以分给适当的遗产。"该条完全可以作为养子女对生父母因扶养较多时主张继承遗产的请求权基础。

（4）继子女，是指妻与前夫或夫与前妻所生的子女。继子女与继父母的关系，是因为父母一方死亡后另一方再婚，或者父母离婚后一方或双方再婚，子女与父亲或母亲的再婚配偶共同生活而形成的。继父母与继子女之间并不存在拟制血亲关系，其成为法定继承人的法理基础是二者之间形成的事实扶养关系。也就是说，继父母与继子女之间没有形成扶养关系，继子女不能仅凭姻亲关系而成为法定继承人。只有在继父母与继子女之间形成了扶养关系，继子女才有权利继承继父母的遗产。同时，继父母与继子女之间因扶养关系而形成的拟制亲子关系，并不因继父母与生父母之间婚姻关系的解除而终止。

继父母子女关系的存在，是否对亲生父母子女关系产生影响？对此，《继承编解释（一）》第十一条第一款规定："继子女继承了继父母遗产的，不影响其继承生父母的遗产。"第二款规定："继父母继承了继子女遗产的，不影响其继承生子女的遗产。"因此说，继父母子女关系的存在，对亲生父母子女关系并不产生任何影响。

4. 兄弟姐妹。兄弟姐妹是最近的旁系血亲。兄弟姐妹一般都在家庭中共同生活，相互照顾。《民法典》第一千零七十五条第一款规定："有负担能力的兄、姐，对于父母已经死亡或者父母无力抚养的未成年弟、妹，有扶养的义务。”因此，兄弟姐妹之间互有继承权是理所应当的。同父母的兄弟姐妹、同父异母或同母异父的兄弟姐妹均为亲生的兄弟姐妹，他们之间享有继承权。

养子女与养父母的近亲属之间形成近亲属关系，而养子女与其亲生父母的近亲属之间的权利义务关系则归于消灭。例如，王某被他人收养，王某与养父母家中的兄弟姐妹是法律上的兄弟姐妹关系，王某与自己的亲生兄弟姐妹则不是法律上的兄弟姐妹关系。因此，《继承编解释（一）》第十二条第一款规定：“养子女与生子女之间、养子女与养子女之间，系养兄弟姐妹，可以互为第二顺序继承人。”第二款规定：“被收养人与其亲兄弟姐妹之间的权利义务关系，因收养关系的成立而消除，不能互为第二顺序继承人。”

根据《民法典》第一千一百二十七条第五款的规定，作为第二顺序法定继承人的兄弟姐妹包括“有扶养关系的继兄弟姐妹”。此处的“扶养关系”是指继子女与继父母之间的“扶养关系”，还是继兄弟姐妹之间的“扶养关系”？理解不一。对此，《继承编解释（一）》第十三条第一款明确规定：“继兄弟姐妹之间的继承权，因继兄弟姐妹之间的扶养关系而发生。没有扶养关系的，不能互为第二顺序继承人。”同时，第二款规定：“继兄弟姐妹之间相互继承了遗产的，不影响其继承亲兄弟姐妹的遗产。”

5. 祖父母、外祖父母。根据《民法典》第一千零七十四条的规定，有负担能力的祖父母、外祖父母，对于父母已经死亡或者父母无力抚养的未成年孙子女、外孙子女，有抚养的义务。有负担能力的孙子女、外孙子女，对于子女已经死亡或者子女无力赡养的祖父母、外祖父母，有赡养的义务。因此说，祖父母、外祖父母与孙子女、外孙子女之间是除父母子女外最近的直系血亲，祖父母、外祖父母应享有对孙子女、外孙子女遗产的继承权。

同时，根据《民法典》第一千一百二十九条的规定，丧偶儿媳对公婆，丧偶女婿对岳父母，尽了主要赡养义务的，作为第一顺序继承人。法定继承是以继承人与被继承人之间的血缘关系和婚姻关系为前提和依据的。儿媳与公婆、女婿与岳父母之间没有血缘关系，两者属于姻亲关系。从婚姻家庭法律关系上讲，他们之间并无扶养、赡养的权利和义务，在一般情况下，彼此之间不发生法定继承关系，即无论丧偶与否都不能使儿媳、女婿成为公婆或岳父母遗产的法定继承人。但在现实生活中，有些儿媳或女婿不仅与其配偶共同赡养公婆或岳父母，而且在丧偶以后甚至再婚以后仍然继续赡养、照料公婆或岳父母。《继承法》第十二条规定对公、婆尽了主要赡养义务的丧偶儿媳或对岳父、岳母尽了主要赡养义务的丧偶女婿为第一顺序法定继承人可以参加继承获得遗产的做法，被认为是我国《继承法》在继承人顺序上的一个重要特色。《民法典》继续沿用了该规定，既符合情理，又符合法理。

二、法定继承人的范围能否再增加

在《民法典》继承编立法过程中，针对法定继承人范围能否增加，存在下列争议：

1. 是否将孙子女、外孙子女列为法定继承人，存在赞成和反对两种意见。立法机构认为，将孙子女、外孙子女规定为法定继承人，与代位继承制度相冲突。此外，如果将孙子女、外孙子女列为法定继承人，还需要考虑其列入哪一个顺序的问题。如果将其列为第一顺序继承人，孙子女、外孙子女如何与同为第一顺序继承人的子女相协调则需要法律作出进一步规定，如果孙子女、外孙子女同时与子女作为第一顺序继承人继承遗产，那么可能会造成被继承人子女之间的不公平；如果孙子女与外孙子女不能同时与子女作为第一顺序继承人继承遗产，那么需要规定先由子女继承，子女不继承的，才由其子女继承，这不符合“亲等”含义的规定（《民法典》没有“亲等”规定），不便于老百姓理解适用。如果将孙子女、外孙子女列为第二顺序继承人，反倒是削弱了孙子女、外孙子女的继承权。因此说，《民法典》没有将孙子女、外孙子女列为法定继承人。①

2. 是否将侄子女、甥子女、叔伯姑舅姨列为法定继承人，存在不同意见。立法机关认为，法定继承人范围的确定，既要考虑保护公民的私有财产权和发挥遗产养老育幼的功能，又要考虑节约社会资源，因此法定继承人的范围不宜过窄，也不宜过宽。《民法典》继承编在规定法定继承人的范围时还是保留了《继承法》的规定，没有扩大法定继承人的范围，但是在代位继承制

① 参见黄薇主编：《中华人民共和国民法典继承编释义》，法律出版社2020年版，第40—41页。

度中，将侄子女、甥子女列为代位继承人，即在被继承人的兄弟姐妹先于被继承人死亡时，被继承人的侄子女、甥子女可以代位继承，从而解决了侄子女、甥子女的继承问题，起到了实质上扩大法定继承人范围的效果。①

三、法定继承人顺序

法定继承人顺序，是指法律规定法定继承人继承遗产的先后次序。当法定继承人为一个人时，就不存在法定继承人的顺序问题；当法定继承人为多数人时，就需要法律明确规定法定继承人之间应当优先取得继承权的人选。而这种法定继承人顺序的确定是依据继承人和被继承人之间的血缘、姻亲关系的亲疏及生活关系的依赖程度。②

根据《民法典》第一千一百二十七条第一款的规定，法定继承人划分为两种继承顺序：第一顺序为配偶、子女和父母；第二顺序为兄弟姐妹、祖父母、外祖父母。继承开始后，由第一顺序继承人继承，第二顺序继承人不继承；没有第一顺序继承人继承的，由第二顺序继承人继承。据此，同一顺序内，各继承人的继承权平等。不同顺序的继承人不能同时继承，当被继承人有第一顺序继承人时，先由第一顺序继承人继承，只有在没有第一顺序继承人或者第一顺序继承人全部放弃或丧失继承权时，第二顺序继承人方能继承。

当然，丧偶儿媳对公婆，丧偶女婿对岳父母，尽了主要赡养义务的，同样作为第一顺序继承人。如何认定"尽了主要赡养义务"？对此，《继承编解释（一）》第十九条规定："对被继承人生活提供了主要经济来源，或者在劳务等方面给予了主要扶助的，应当认定其尽了主要赡养义务或主要扶养义务。"在审判实践中，认定"尽主要赡养义务"一般从两个方面综合考虑：一是在经济上对公婆或岳父母生活提供了主要经济来源，或者在生活上对公婆或岳父母提供了主要劳务帮助；二是对公婆或岳父母尽赡养义务具有长期

---

① 参见黄薇主编：《中华人民共和国民法典继承编释义》，法律出版社2020年版，第41—42页。

② 参见最高人民法院民法典贯彻实施工作领导小组主编：《中华人民共和国民法典婚姻家庭编继承编理解与适用》，人民法院出版社2020年版，第531页。

性、经常性。法院在认定时，可以采取适当宽松的标准，以鼓励孝敬老人的善举。[①] 例如，在一起案件中，丈夫意外死亡后，儿媳坚持生下遗腹子且没有改嫁，她还帮着公公处理部分家庭事务，法院就采取相对宽松的标准认定是否“尽了主要赡养义务”，这一做法值得肯定。另外，如果丧偶儿媳和丧偶女婿被认定为尽了赡养义务，而没有尽到主要赡养义务，也应当依据《民法典》第一千一百三十一条的规定，认定其属于“继承人以外的对被继承人扶养较多的人”而给予其遗产酌给请求权，以实现良好的社会效果。

在《民法典》继承编立法过程中，一些专家建议将父母列在配偶和子女之后作为第二顺序继承人。对此，立法机构认为，继承方面的法律深受民族传统和价值理念的影响，在中华民族的传统美德中占据重要地位，先于父母死亡的人一般都希望能为父母留下一笔财产以供他们安度晚年，而法定继承制度是对被继承人财产处分意愿的推定，在确定法定继承顺序时，父母的重要性不容忽视。《继承法》施行三十多年来，父母作为第一顺序继承人的规定得到民众的普遍认可，应当慎重考虑是否修改，以免引起更多的争议。为此，《民法典》继承编保留了《继承法》的规定，仍然将父母列为第一顺序的法定继承人。[②]

四、对案例 12、案例 13 的简要评析

在案例 12 中，当事人双方争议的焦点是是否存在口头遗嘱的问题，涉及当事人的利益重大。根据《民法典》第一千一百三十八条的规定，遗嘱人在危急情况下，可以立口头遗嘱。口头遗嘱应当有两个以上见证人在场见证。危急情况消除后，遗嘱人能够以书面或者录音录像形式立遗嘱的，所立的口头遗嘱无效。在本案中，孟某岐是否在危机情况下作出了“把我的财产都留给我的两个儿子”的口头遗嘱，在法院第一次开庭审理时，孟某岐的两个儿子并没有提及至关重要的口头遗嘱，仅仅是质疑了孟某 2 并非孟某岐的亲生女儿，所提及的三个见证人并不能对孟某岐的口头遗嘱消息说明情况，从民

---

① 参见周友军:《民法典继承编司法解释（一）逐条解读》，载中国民商法律网。

② 参见黄薇主编:《中华人民共和国民法典继承编释义》，法律出版社 2020 年版，第 45 页。

事诉讼证据的高度盖然性来看，不宜认定孟某岐的口头遗嘱客观存在。既然不能认定有口头遗嘱存在，就不能按照遗嘱继承，而只能按照法定继承来处理本案的遗产，即孟某岐的三个子女均享有继承权，在没有特殊情况下，实行均等继承份额。

在案例 13 中，一是根据《民法典》第一千一百二十七条第三款的规定，子女包括婚生子女、非婚生子女、养子女和有扶养关系的继子女。在本案中，周某不是被继承人吴某仕的婚生子女、非婚生子女、养子女，也没有形成具有扶养关系的继子女。刘某与吴某仕结婚的时候，周某已经年满 18 周岁，具有独立的生活能力，没有形成拟制血亲关系，不能产生继承法律关系。二是根据《民法典》第一千一百三十条“同一顺序继承人继承遗产的份额，一般应当均等。对生活有特殊困难又缺乏劳动能力的继承人，分配遗产时，应当予以照顾。对被继承人尽了主要扶养义务或者与被继承人共同生活的继承人，分配遗产时，可以多分。有扶养能力和有扶养条件的继承人，不尽扶养义务的，分配遗产时，应当不分或者少分。继承人协商同意的，也可以不均等”的规定，刘某并不能举证证明其尽到了主要扶养、陪伴和照顾义务，则就不能多分遗产份额。同时，法定继承人之间应当互谅互让，和睦共处，方是家族兴旺、社会和谐之道。

第二节　代位继承

一、问题的提出

代位继承，又称间接继承、承租继承，是相对于本位继承而言，是指具有法定继承权的人因主客观原因不能继承时，由其直系晚辈血亲按照该继承人的继承地位和顺序，继承被继承人遗产的制度。[①] 先于被继承人死亡

① 参见黄薇主编:《中华人民共和国民法典继承编释义》，法律出版社 2020 年版，第 50 页。

的继承人，称被代位继承人，简称被代位人。代替被代位人继承遗产的人称代位继承人，简称代位人。代位人代替被代位人继承遗产的权利，称为代位继承权。代位继承旨在解决法定继承人先于被继承人死亡时，如何确定继承人范围和遗产份额分配的问题。代位继承规则的法理基础和主要功能在于维持被继承人家族各支脉之间的利益平衡，使各个支脉家庭能够相对公平地分配被继承人的遗产，不会因某一子女的死亡而使孙辈之间的继承利益发生严重失衡。①

在研究代位继承之前，先看一则案例：

案例 14：被继承人的孙子女能否行使代位继承权？②

被继承人苑某甲、杨某甲系原配夫妻关系，二人婚姻存续期间共生育三名子女，分别为苑某 1、苑某乙、苑某丙。苑某乙于 1994 年 11 月 1 日去世，其生前育有一女即苑某 2。苑某丙于 2004 年 1 月 5 日去世，生前育有一女系苑某 3。被继承人杨某甲于 2014 年 8 月 16 日去世，被继承人苑某甲于 2020 年 6 月 1 日去世，被继承人苑某甲、杨某甲之父母均已先于其本人去世。苑某乙与崔某某于 1992 年 12 月 11 日离婚。被继承人苑某甲、杨某甲生前共同参加房改，取得位于济南市房产一套，现由苑某 1 占有使用，无查封抵押情况。案件审理过程中，苑某 2、苑某 3、苑某 1 经协商一致，确认上述房产价值为 100 万元。苑某甲去世后在银行留有存款 50 万元，该款项已被苑某 1 领取。原告、被告均认可苑某甲去世后，苑某 1 为处理其后事垫付丧葬费 78193 元，原告、被告表示同意平均分担。

苑某 2、苑某 3 主张其二人作为代位继承人，苑某 2 自幼一直与被继承人生活，直至被继承人去世，已经尽到了相关的赡养义务。苑某 3 的父亲去世时，苑某 3 仅 6 岁，其父亲生前已经尽到了相关赡养义务，其父亲去世后，苑某 3 也经常探望被继承人，由于年幼，只能从精神上对两位老人进行抚慰，因此，苑某 2、苑某 3 均已经尽到了赡养义务，苑某 1、苑某 2、苑某 3 三方

---

① 参见陈甦、谢鸿飞主编：《民法典评注：继承编》，中国法制出版社 2020 年版，第 66 页。

② 详见山东省济南市中级人民法院（2021）鲁 01 民终 4772 号民事判决书。

享有同等的继承权，三方应均等继承被继承人的遗产。

苑某1主张，两被继承人无论生前的赡养还是死后安葬，其作为两被继承人的唯一健在的子女，承担了较多的责任和义务，故如按法定继承理应分得较多的继承份额。鉴于苑某1年老无房，且生活困窘，故要求涉案房产归苑某1所有，由苑某1分得遗产份额的60%，苑某2享有遗产份额的40%，苑某3不应分得遗产。

生效裁判认为，遗产是指公民死亡时遗留的个人合法财产，继承从被继承人死亡时开始，继承开始后按照法定继承办理，有遗嘱的按照遗嘱继承办理。因苑某乙、苑某丙均先于两被继承人去世，其遗产份额由其各自子女代位继承，即苑某乙应继承的份额由苑某2代位继承，苑某丙应继承的份额由苑某3代位继承。在本案中，苑某1为证实其对两被继承人尽到了主要赡养义务提交了丧葬费单据、证人证言等证据，但仅凭上述证据不足以证实其对被继承人尽到了主要赡养义务，故对其要求对两被继承人遗产予以多分的主张不予采信，涉案遗产应在原告、被告间平均予以分割，即原告、被告各享有涉案遗产的三分之一份额。在案件审理过程中，各方当事人均认可上述房产价值为100万元，苑某1主张上述房产所有权，故上述房产归苑某1所有，由苑某1给付苑某2、苑某3房屋继承补偿款333333.33元。关于被继承人苑某甲在银行存款50万元，因苑某1自认已由其领取，因此苑某1应在限定的期限内向原告苑某2、苑某3支付各自应得部分166666.66元。关于苑某1为苑某甲垫付的丧葬费用78193元，原告、被告均同意平均分担26064.33元。

上述案例，涉及代位继承的相关问题。试问：如何理解代位继承的法律性质？代位继承的发生原因如何？代位继承人的范围如何界定？如何理解代位继承人的应继份额？

二、代位继承的法律性质

《民法典》第一千一百二十八条对代位继承作了规定，即第一款规定：“被继承人的子女先于被继承人死亡的，由被继承人的子女的直系晚辈血亲代位继承。”第二款规定：“被继承人的兄弟姐妹先于被继承人死亡的，由被继承人的兄弟姐妹的子女代位继承。”第三款规定：“代位继承人一般只能继承被代位继承人有权继承的遗产份额。”该条第一款、第三款源自《继承法》第十一条对代位继承的规定，第二款系新增内容，立法把被继承人的兄弟姐妹纳入被代位继承范围，并将其子女纳入代位继承人范围，旨在解决目前家庭独生子女结构状态下遗产无人继承的问题，最大限度地保护私有财产的继承流转。

代位继承的法律性质，素有代表权说与固有权说。代表权说认为：代位继承是代位继承人代表被代位继承人参加继承，行使被代位继承人的权利，取得被代位继承人应当继承的遗产份额。因此说，代位继承权是基于被代位继承人享有的继承权而派生的权利，在被代位继承人丧失或者放弃继承权的情况下，不能再由他人继承。固有权说认为：代位继承权是法律赋予代位继承人的固有权利，并不是基于被代位继承人的继承权而继承。因此说，只要被代位继承人不能继承，代位继承人就可以代位继承。①

代表权说与固有权说的根本差异在于，是否将被代位继承人的直系晚辈血亲视为被继承人的法定继承人，该种差异作为直观的表现就是在被代位人丧失继承权的情况下，其晚辈直系血亲能否获得代位继承权。② 根据全国人大法工委的解释，《民法典》最终没有采纳固有权说，而是采用代表权说，主要理由是：确定代位继承发生原因时，要综合考虑被继承人的意愿、遗产应发挥的功能、公序良俗等多方面因素，允许继承人在丧失继承权时可以由其直系晚辈血亲代位继承，违背丧失继承权制度的目的，容易引发道德风险，也不符合社会公众关于公平正义的期待。③

三、代位继承的发生原因——被代位继承人先于被继承人死亡

代位继承的发生原因，就是引发代位继承的法律事实。依据《民法典》

---

① 参见黄薇主编：《中华人民共和国民法典继承编释义》，法律出版社 2020 年版，第 50—51 页。

② 参见陈甦、谢鸿飞主编：《民法典评注：继承编》，中国法制出版社 2020 年版，第 68 页。

③ 郑学林、刘敏、王丹：《〈关于适用民法典继承编的解释（一）〉若干重点问题的理解与适用》，载《人民司法》2021 年第 16 期。

第一千一百二十八条的规定，被代位继承人先于被继承人死亡主要有两种情形：一是被继承人的子女先于被继承人死亡；二是被继承人的兄弟姐妹先于被继承人死亡。这里的死亡，既包括自然死亡，也包括宣告死亡。

在司法实践中，继承人丧失继承权能否作为代位继承发生的原因，既有支持的意见，也有反对的意见。立法机构认为，在确定代位继承发生的原因时，要综合考虑被继承人的意愿、遗产应发挥的功能、公序良俗等多方面的因素，允许继承人在丧失继承权时由其直系晚辈血亲代位继承，违背丧失继承权制度的目的，容易引发道德风险，也不符合社会公众关于公平正义的期待。对于丧失继承权的继承人的直系晚辈血亲，还可以通过《民法典》第一千一百三十一条“对继承人以外的依靠被继承人扶养的人，或者继承人以外的对被继承人扶养较多的人，可以分给适当的遗产”的规定实现酌分遗产请求权，以及被继承人立遗嘱的方式分给其一定的遗产。[①]

继承人放弃继承权能否作为代位继承发生的原因？在继承开始之后，继承人放弃继承的，并不是客观上不能行使继承权，而是继承人自愿放弃继承权，法律应当尊重当事人的意思自治。如果再许可代位继承，则违背继承人的意愿，产生不必要的矛盾纠纷。因此说，继承人放弃了继承权，则不宜发生代位继承。

四、代位继承人的范围界定——被继承人的子女或者兄弟姐妹

根据《民法典》第一千一百二十八条第一款“被继承人的子女先于被继承人死亡的，由被继承人的子女的直系晚辈血亲代位继承”和第二款“被继承人的兄弟姐妹先于被继承人死亡的，由被继承人的兄弟姐妹的子女代位继承”的规定，依据被代位人的不同身份，代位继承人的范围界定包括的情形是：

1. 被代位人是被继承人的子女的，代位继承人包括被代位人的所有直系晚辈血亲，且不受代数限制，但应由与被代位人亲等较近者行使代位继承权。根据《民法典》第一千一百二十七条第三款的规定，子女包括婚生子女、非

---

① 参见黄薇主编：《中华人民共和国民法典继承编释义》，法律出版社 2020 年版，第 53 页。

婚生子女、养子女和有扶养关系的继子女。据此，被继承人的子女的直系晚辈血亲，如子女、孙子女、外孙子女、曾孙子女、外曾孙子女都可以代位继承。即子女可以代父或母之位，继承祖父母或者外祖父母的遗产，孙子女亦可以代祖父母或者外祖父母之位，继承曾祖父母或者外曾祖父母的遗产。同时，被继承人的养子女、已形成扶养关系的继子女所生子女可代位继承；被继承人亲生子女的养子女可代位继承；被继承人养子女的养子女可代位继承；与被继承人已形成扶养关系的继子女的养子女也可以代位继承，也即拟制的直系血亲之间也发生代位继承。同时，直系晚辈血亲的子女不受代数限制。对此，《继承编解释（一）》第十四条规定："被继承人的孙子女、外孙子女、曾孙子女、外曾孙子女都可以代位继承，代位继承人不受辈数的限制。"该条司法解释的规定进一步明确了是否受代数限制，既符合代位继承制度的立法目的，又统一了司法裁判。

在司法实践中。如何认定代位继承中"子女"和"子女的直系晚辈血亲"？对此，《继承编解释（一）》第十五条规定："被继承人的养子女、已形成扶养关系的继子女的生子女可以代位继承；被继承人亲生子女的养子女可以代位继承；被继承人养子女的养子女可以代位继承；与被继承人已形成扶养关系的继子女的养子女也可以代位继承。"当然，人工生育的子女，依据《婚姻家庭编解释（一）》第四十条的规定，视为婚生子女，同样享有代位继承权。

值得注意的是，《民法典》第一千一百二十九条规定：丧偶儿媳对公婆，丧偶女婿对岳父母，尽了主要赡养义务的，作为第一顺序继承人。此时，不会影响其子女的代位继承权。这是因为两项继承权的产生基础并不相同，一是基于赡养事实而根据权利义务一致原则获得的继承权，二是基于血亲关系获得的继承权。[①] 尽了主要赡养义务的丧偶儿媳和丧偶女婿可以作为第一顺序继承人参与继承，这被认为是我国继承法法定继承制度中的一个重要特色，这一规定符合社会主义核心价值观，符合中华民族传统家庭美德和公序良俗，有利于弘扬优良家风，促进家庭内部互助友爱、团结和睦，使老年人

① 参见陈甦、谢鸿飞主编：《民法典评注：继承编》，中国法制出版社2020年版，第69页。

能够老有所养。[1]

2. 被代位人是被继承人的兄弟姐妹的，代位继承人是被代位人的子女。一般来说，兄弟姐妹是被继承人血缘关系最近的旁系血亲，兄弟姐妹从小共同生活多年，具有深厚的感情基础，在一定的情况下还能尽扶养帮助义务，而兄弟姐妹的子女即被继承人的侄子女、甥子女，与被继承人在血缘和情感上有较为紧密的联系，现实生活中对于无子女的叔伯姑舅姨，往往由其侄子女、甥子女给予精神慰藉与生活帮助，让侄子女、甥子女继承遗产符合遗产向晚辈流转的原则，也符合民间传统上继承遗产的习惯。[2] 因此说，《民法典》第一千一百二十八条第二款赋予了侄子女、甥子女代位继承权。

根据《民法典》第一千一百二十七条的规定，继承开始后，由第一顺序继承人继承，第二顺序继承人不继承。因此，当被继承人有配偶、子女、父母任意一人作为第一顺位继承人继承遗产，或被继承人的子女的直系晚辈血亲代位继承遗产时，被继承人兄弟姐妹不能继承，该兄弟姐妹的子女亦不能代位继承。当第一顺序继承人全部死亡，如存在被继承人的子女的直系晚辈血亲作为代位继承人时，只能发生该直系晚辈血亲的代位继承，不发生第二顺序继承人的本位继承，就不发生被继承人的兄弟姐妹的子女代位继承。被继承人的子女的直系晚辈血亲与被继承人的兄弟姐妹的子女不能同时代位继承。只有在被继承人没有第一顺位继承人，且没有被继承人的子女的直系晚辈血亲代位继承的情况下，被继承人的兄弟姐妹的子女才能够代位继承被继承人的遗产。

《民法典》第一千一百二十八条第一款规定："……由被继承人的子女的直系晚辈血亲代位继承。"第二款规定："……由被继承人的兄弟姐妹的子女代位继承。"两个条款的表述内容是不同的，也就界定了两者的代位继承人的范围是不同的，被继承人的子女的直系晚辈血亲是不受代数限制的，被继承人的兄弟姐妹的子女是受到代数限制的，即仅仅限于被继承人的侄子

---

① 参见黄薇主编：《中华人民共和国民法典继承编释义》，法律出版社 2020 年版，第 59 页。

② 参见黄薇主编：《中华人民共和国民法典继承编释义》，法律出版社 2020 年版，第 54 页。

女、甥子女。

五、代位继承人的应继份额——一般只能继承被代位继承人有权继承的遗产份额

代位继承人的应继份额，是指代位继承人通过代位继承的方式能够取得的遗产份额。对此，《民法典》第一千一百二十八条第三款规定："代位继承人一般只能继承被代位继承人有权继承的遗产份额。"

代位继承人只能继承被代位继承人有权继承的遗产份额是一般原则，存在法律规定的多分、少分或者不分等情形时，其继承遗产的份额应当会有所变化。如《民法典》第一千一百三十条第二款规定："对生活有特殊困难又缺乏劳动能力的继承人，分配遗产时，应当予以照顾。"第三款规定："对被继承人尽了主要扶养义务或者与被继承人共同生活的继承人，分配遗产时，可以多分。"第四款规定："有扶养能力和有扶养条件的继承人，不尽扶养义务的，分配遗产时，应当不分或者少分。"这些条款作为遗产分配的原则，在司法实践中应当遵循。对此，《继承编解释（一）》第十六条明确规定："代位继承人缺乏劳动能力又没有生活来源，或者对被继承人尽过主要赡养义务的，分配遗产时，可以多分。"该解释所称的"代位继承人缺乏劳动能力又没有生活来源"是指该代位继承人需要依靠被继承人扶养的情况。[①] 因此说，该规定体现了弱者保护和权利义务对等的原则，应当在司法实践中贯彻执行好。

六、对案例 14 的简要评析

在本案中，根据《民法典》第一千一百二十八条第一款"被继承人的子女先于被继承人死亡的，由被继承人的子女的直系晚辈血亲代位继承"的规定，苑某乙、苑某丙均先于两被继承人去世，其遗产份额依法由其各自子女代位继承，即苑某乙应继承的份额由苑某2代位继承，苑某丙应继承的份额由苑某3代位继承。根据《民法典》第一千一百二十八条第三款"代位继承人一般只能继承被代位继承人有权继承的遗产份额"的规定，作为代位继

① 郑学林、刘敏、王丹:《〈关于适用民法典继承编的解释（一）〉若干重点问题的理解与适用》，载《人民司法》2021年第16期。

承人的苑某 2、苑某 3 一般只能继承其父亲有权继承的遗产份额，即苑某 1、苑某 2、苑某 3 各自等额继承。

《民法典》第一千一百三十条规定："同一顺序继承人继承遗产的份额，一般应当均等。对生活有特殊困难又缺乏劳动能力的继承人，分配遗产时，应当予以照顾。对被继承人尽了主要扶养义务或者与被继承人共同生活的继承人，分配遗产时，可以多分。有扶养能力和有扶养条件的继承人，不尽扶养义务的，分配遗产时，应当不分或者少分。继承人协商同意的，也可以不均等。"第一千零七十四条规定："有负担能力的祖父母、外祖父母，对于父母已经死亡或者父母无力抚养的未成年孙子女、外孙子女，有抚养的义务。有负担能力的孙子女、外孙子女，对于子女已经死亡或者子女无力赡养的祖父母、外祖父母，有赡养的义务。"在本案中，苑某 2 曾长期与被继承人共同生活，结合苑某 3 的年龄，杨某甲去世时其尚未成年，苑某甲去世时其刚年满 20 周岁，通过涉案证据无法认定其具备法定的赡养负担能力。因此，苑某 1 主张苑某 2、苑某 3 未尽赡养义务，没有足够的证据予以证明。法院判决苑某 1、苑某 2、苑某 3 对被继承人的遗产均等分割，并无不当。

第三节　转继承

一、问题的提出

继承根据继承人本人是否实际继承，可以划分为本位继承、代位继承和转继承。本位继承就是继承人自己在继承顺序中直接继承被继承人的遗产。代位继承就是在继承人顺位中的继承人先于被继承人死亡，而由其直系晚辈血亲的子女或者其兄弟姐妹的子女代位继承。转继承，是指由被转继承人的继承人直接继承被继承人遗产的一种继承制度，其本质是连续开始的两次继承的叠加。[①] 或者说，转继承就是继承人本人在遗产分割前死亡时，其应得

① 陈甦、谢鸿飞主编：《民法典评注：继承编》，中国法制出版社 2020 年版，第 260 页。

的遗产份额转由其继承人继承。在转继承法律关系中，被转位继承的人称之为被转继承人，实际继承的人被称之为转继承人。

在研究转继承之前，先看一则案例：

案例 15：韩某 1、韩某 2 等诉陈某转继承纠纷案[①]

平度市某村村民韩某元（已故）与配偶王某（已故）育有五个子女，分别为韩某 1、韩某 2、韩某 3、韩某 4 和陈某的丈夫韩某文。韩某文于 2016 年 9 月 1 日去世，王某于 2018 年 1 月 23 日去世。韩某文与陈某系登记结婚，平度市房屋系登记在韩某文名下的合法财产。生效判决认定上述房产“属于陈某与韩某文的夫妻共同财产，在韩某文去世后作为韩某文的共有部分系韩某文的遗产应由其合法继承人予以继承”，“涉案房屋由陈某和韩某文的法定第一顺序继承人予以继承，鉴于韩某文母亲王某是在韩某文之后去世，因此韩某 1、韩某 2、韩某 3、韩某 4 有转继承王某应继承份额的权利”。经一审法院现场勘查，涉案房产共有五间房，院落内西侧建有一间厢房。四原告于庭审中陈述，西三间和厢房是四原告父母所建，其余为韩某文与陈某所建，因房屋与韩某 1 房屋相邻，为方便使用四原告要求继承西三间房屋，不要求折价、补偿。

生效裁判认为，本案争议焦点为原告、被告对涉案房产的继承份额应如何认定。关于夫妻共同财产的分割。经生效判决确定涉案房产属陈某与韩某文（已故）的夫妻共同财产，韩某文生前与陈某对涉案房产的分割未作约定，根据《民法典》第一千一百五十三条第一款“夫妻共同所有的财产，除有约定的外，遗产分割时，应当先将共同所有的财产的一半分出为配偶所有，其余的为被继承人的遗产”的规定，涉案房产作为夫妻共同财产其 1/2 份额应为陈某所有，剩余 1/2 份额为韩某文的遗产。关于对韩某文涉案房产 1/2 份额的分割。依照法定继承顺序，韩某文配偶陈某、母亲王某系其第一顺位继承人，对韩某文 1/2 份额的房产均享有继承权，二人作为同一顺位继承人按照平均份额原则均等分割，即陈某、王某每人继承 1/4 份额。鉴于王某在遗产分割前死亡，且没有放弃继承，王某应当继承的遗产份额由其法定继承人继承，即王

---

① 详见山东省青岛市中级人民法院（2021）鲁 02 民终 6566 号民事判决书。

某应当继承的1/4房产份额由四原告转继承。据此判决：韩某1、韩某2、韩某3、韩某4转继承登记在被继承人韩某文名下的坐落于平度市房产的1/4份额。

上述案例，涉及转继承的相关法律问题。试问：转继承的法律性质如何？转继承的适用条件有哪些？如何理解转遗赠？转继承与代位继承有哪些区别？

二、转继承的法律性质

《民法典》第一千一百五十二条对转继承作了规定，即："继承开始后，继承人于遗产分割前死亡，并没有放弃继承的，该继承人应当继承的遗产转给其继承人，但是遗嘱另有安排的除外。"据此，在转继承法律关系中，死亡的继承人又称为被转继承人，实际接受遗产的死亡继承人的继承人称为转继承人。

关于转继承的法律性质，存在不同见解：第一种意见认为，转继承人承继的是被转继承人的继承权；第二种意见认为，转继承人承继的是被转继承人依法应当继承的份额。我们知道，《继承法意见》第五十二条规定转移的是"继承遗产的权利"，系采纳了第一种意见。《民法典》第一千一百五十二条规定："继承开始后，继承人于遗产分割前死亡，并没有放弃继承的，该继承人应当继承的遗产转给其继承人，但是遗嘱另有安排的除外。"该规定系采纳了第二种意见。该条厘清了转继承的是"该继承人应当继承的遗产"，而不是"其继承遗产的权利"。同时，为最大限度尊重被继承人处分遗产的自由，增加了但书条款，即"遗嘱另有安排的除外"。诸如，被继承人在遗嘱中指明了继承人的遗产份额不得转继承的，则不能发生转继承的法律后果。

根据《民法典》第二百三十条的规定，因继承取得物权的，自继承开始时发生效力。根据《民法典》第一千一百二十一条的规定，继承从被继承人死亡时开始。即我国采取当然继承主义。被继承人死亡时，继承已经开始，只要继承人生前未放弃或者丧失继承权，被继承人生前所享有的财产的所有权即由继承人承受，被继承人的遗产即成为继承人的合法财产。虽然在遗产分割前，继承人死亡，尚未实际接收遗产，但其仍然属于遗产的共有人。夫妻在婚姻关系存续期间，除遗嘱或者赠与合同中确定只归一方的财产外，继承或者受赠的财产应为夫妻共同财产，归夫妻共同所有。如果不存在转继承的情形，继承人如有配偶存在，且在无遗嘱确定遗产只归其中一方所有的情形下，其应继承的遗产属于夫妻双方共有。转继承的适用，不会对继承关系的结果发生影响。在转继承的情形下，继承人如有配偶存在，该继承人所继承的被继承人的遗产，自然应属于继承人与配偶的共同财产。因此，继承一开始，继承人即取得遗产的所有权，转继承只是对遗产份额的再继承，而非继承权利的转移。①

三、转继承的适用条件

根据《民法典》第一千一百五十二条“继承开始后，继承人于遗产分割前死亡，并没有放弃继承的，该继承人应当继承的遗产转给其继承人，但是遗嘱另有安排的除外”的规定，转继承的适用条件如下：

1. 被转继承人为继承人的继承已经开始。被转继承人为继承人的继承，即在先的继承。在先的继承中，被转继承人是继承人。相对于在先的继承而言，转继承是在后的继承。在后的继承中，被转继承人是被继承人。转继承开始，一定以在先的继承已经开始为前提，没有在先的继承，就没有转继承。

2. 被转继承人在继承的遗产分割之前死亡。在先的继承中，若遗产已经分割完毕，被转继承人就已经取得了所继承遗产的权利，则发生被转继承人作为被继承人的遗产继承问题，转继承就没有存在的基础。因此说，被转继承人在遗产分割之前死亡，便是转继承成立的必要条件。

3. 被转继承人没有丧失继承权且也没有放弃继承权。被转继承人必须存在合法有效的继承权，不存在《民法典》第一千一百二十五条②规定的丧失继承权的行为，且被继承人未以遗嘱的方式取消被转继承人的继承权。如果

---

① 参见最高人民法院民法典贯彻实施工作领导小组主编：《中华人民共和国民法典婚姻家庭编继承编理解与适用》，人民法院出版社2020年版，第657—658页。

② 《民法典》第一千一百二十五条规定：“继承人有下列行为之一的，丧失继承权：（一）故意杀害被继承人；（二）为争夺遗产而杀害其他继承人；（三）遗弃被继承人，或者虐待被继承人情节严重；（四）伪造、篡改、隐匿或者销毁遗嘱，情节严重；（五）以欺诈、胁迫手段迫使或者妨碍被继承人设立、变更或者撤回遗嘱，情节严重。继承人有前款第三项至第五项行为，确有悔改表现，被继承人表示宽恕或者事后在遗嘱中将其列为继承人的，该继承人不丧失继承权。受遗赠人有本条第一款规定行为的，丧失受遗赠权。”

被转继承人不存在合法有效的继承权，则表示其无权继承被继承人的遗产，那么自然也就不存在转继承。同样，转继承人应为被转继承人的合法继承人。同时，继承人必须没有放弃继承。《民法典》第一千一百二十四条第一款规定："继承开始后，继承人放弃继承的，应当在遗产处理前，以书面形式作出放弃继承的表示；没有表示的，视为接受继承。"因此，继承人放弃遗产需要作出明确的意思表示，而接受遗产不需要明示，只要没有表示放弃就视为接受。只有继承人没有放弃继承，才存在转继承的适用空间。

4. 被转继承人继承取得了相应的应继份额。转继承的客体是被转继承人的"应继份额"，则适用转继承必须以应继份额的存在为前提。在在先的继承中，被转继承人虽然没有丧失继承权也没有放弃继承权，但其却未必一定能够继承到一定的遗产份额。因此说，转继承的适用需要被转继承人能够取得相应的继承份额。

5. 遗嘱没有其他安排。《民法典》第一千一百五十二条规定了"但是遗嘱另有安排的除外"。言外之意，遗嘱有所安排的，尊重遗嘱的安排，不得适用转继承。所谓遗嘱没有其他安排，就是被继承人在其遗嘱中没有特别说明所留遗产仅限于给继承人本人，不得转继承给其他人。[①]

四、转遗赠的法律适用

《继承法意见》第五十三条规定了转遗赠，《民法典》对此没有规定，但《继承编解释（一）》第三十八条吸纳了《继承法意见》的规定，即："继承开始后，受遗赠人表示接受遗赠，并于遗产分割前死亡的，其接受遗赠的权利转移给他的继承人。"在理解适用中需要注意以下两点：

1. 根据《民法典》第一千一百二十四条的规定，受遗赠人应当在知道受遗赠后 60 日内，作出接受或者放弃受遗赠的表示；到期没有表示的，视为放弃受遗赠。因此，司法解释所称的"受遗赠人表示接受遗赠"需要在法律规定的时间作出。如果受遗赠人在知道受遗赠后超过 60 日作出接受遗赠的表示，则该表示无效，应当视为其已经放弃受遗赠。如果其在遗产分割前死亡，亦不存在受遗赠的权利转移给其继承人的问题。

---

① 黄薇主编：《中华人民共和国民法典继承编释义》，法律出版社 2020 年版，第 130 页。

2.《民法典》第二百三十条对《物权法》第二十九条进行重大修改，删去了受遗赠取得物权的，自受遗赠开始时发生效力的规定。可见，受遗赠的财产所有权已经从非法律行为的物权变动中剥离出来，应当遵循物权变动的一般原则，即使受遗赠人表示接受遗赠，遗产所有权亦不当然转移至受遗赠人。因此，《继承编解释（一）》仍沿用了“接受遗赠的权利”的表述，而未采用“接受遗赠的遗产”之表述。[①]

五、转继承与代位继承的区别

转继承是由继承人的继承人直接继受被继承人遗产的制度，与代位继承有相似之处，但二者实为完全不同的法律制度：[②]

1. 性质不同。转继承是一种连续发生的二次继承，具有连续继承的性质。虽然继承人于继承开始后、遗产分割前死亡，但转继承的后果相当于是继承人继承被继承人的遗产，再由继承人的继承人即转继承人直接取得继承人也就是被转继承人应继承的遗产。转继承人实际上享有的是分割遗产的权利，而不是对被继承人遗产的继承权。而代位继承与本位继承相对应，具有替补的性质。被代位继承人先于被继承人死亡，由代位继承人直接参加被继承人遗产的继承，并且是基于其代位继承权而取得被继承人遗产的权利。代位继承人继承的是被继承人的遗产而非被代位继承人的遗产。

2. 发生条件不同。转继承发生在继承开始之后、遗产分割前继承人死亡的情形；而代位继承则发生在继承人先于被继承人死亡的情形。

3. 主体不同。在转继承的情况下，被转继承人是被继承人的继承人，而转继承人并不仅仅局限于被转继承人的晚辈直系血亲，还包括被转继承人的其他法定继承人，如配偶、父母、兄弟姐妹、祖父母、外祖父母；而被代位继承人只能是被继承人的子女和兄弟姐妹，且代位继承人只能是被代位继承人的晚辈直系血亲。

---

① 参见郑学林、刘敏、王丹：《〈关于适用民法典继承编的解释（一）〉若干重点问题的理解与适用》，载《人民司法》2021 年第 16 期。

② 参见最高人民法院民法典贯彻实施工作领导小组主编：《中华人民共和国民法典婚姻家庭编继承编理解与适用》，人民法院出版社 2020 年版，第 659 页。

4. 适用范围不同。转继承不仅适用于法定继承，也适用于遗嘱继承；而代位继承只适用于法定继承。代位继承不适用遗嘱继承的原因在于，在遗嘱生效前，遗嘱确定的被代位继承人已经死亡，尚未取得实际的遗产继承权，其晚辈直系血亲也就无法代其取得遗嘱中指定的财产。而转继承不同，继承人于继承开始后、遗产分割前死亡，无论是法定继承人还是遗嘱继承人都已实际上取得了遗产继承权。

六、对案例 15 的简要评析

根据《民法典》第一千一百五十二条“继承开始后，继承人于遗产分割前死亡，并没有放弃继承的，该继承人应当继承的遗产转给其继承人，但是遗嘱另有安排的除外”的规定，韩某文死后，继承开始，但韩某文与其配偶陈某夫妻共同所有的财产尚未分割之前，韩某文的继承人之一其母亲王某去世，王某应当继承的份额由其转继承人韩某 1、韩某 2、韩某 3、韩某 4 继承。

根据《民法典》第一千一百五十三条第一款“夫妻共同所有的财产，除有约定的外，遗产分割时，应当先将共同所有的财产的一半分出为配偶所有，其余的为被继承人的遗产”的规定，涉案房产系韩某文与其妻子陈某的夫妻共同财产，应当分出一半作为遗产，该遗产由其配偶陈某和其母亲王某继承，王某的部分由其转继承人韩某 1、韩某 2、韩某 3、韩某 4 继承。根据《民法典》第一千一百五十六条“遗产分割应当有利于生产和生活需要，不损害遗产的效用。不宜分割的遗产，可以采取折价、适当补偿或者共有等方法处理”的规定，该案的判决结果是享有的份额，还需要双方当事人通过协商折价或者补偿等办法解决纠纷。

第四节 法定继承的遗产分配原则

一、问题的提出

在法定继承中，如果同一继承顺序中仅有一位法定继承人，则被继承人的全部遗产均由该法定继承人继承，不存在遗产分配情形。当被继承人有若干个法定继承人，又未立遗嘱时，必然发生同一继承顺序的法定继承人之间对被继承人所留遗产如何进行分配的问题。对此，《民法典》第一千一百三十条规定了法定继承的遗产分配原则，即："同一顺序继承人继承遗产的份额，一般应当均等。对生活有特殊困难又缺乏劳动能力的继承人，分配遗产时，应当予以照顾。对被继承人尽了主要扶养义务或者与被继承人共同生活的继承人，分配遗产时，可以多分。有扶养能力和有扶养条件的继承人，不尽扶养义务的，分配遗产时，应当不分或者少分。继承人协商同意的，也可以不均等。"

在研究法定继承的遗产分配原则之前，先看三则案例：

案例 16：本案同一顺序继承人能否均等继承遗产？[①]

当事人及利害关系人身份关系：刘某悦与纪某莲系夫妻关系，共生育一子二女，分别为长子刘某峰、长女刘某 1、次女刘某 2。纪某莲于 2007 年 3 月去世。刘某悦与被告申某又登记结婚。刘某悦于 2017 年 7 月 24 日去世，刘某悦父母均早于刘某悦去世。刘某峰与陈某登记结婚，婚后生育一女儿刘某 3。刘某峰于 2010 年 2 月去世。位于青岛市某区社区崂集建房产，原系刘某悦与纪某莲夫妻共同财产。刘某悦及纪某莲去世前未订立该房产如何处分的遗嘱。

生效裁判认为：本案系继承纠纷。自然人依法享有继承权；自然人合法的私有财产，可以依法继承。刘某悦与纪某莲去世后留有案涉房屋，应依法进行分割。具体而言，原告有权提出确定各继承人对该房屋享有份额的诉请。案涉房屋应采取如下方式确定份额：1. 母纪某莲于 2007 年 3 月去世，刘某悦基于夫妻共同财产关系享有 1/2 份额，而后与三个子女（刘某峰、刘某 1、刘某 2）共 4 人继承剩余 1/2 份额，即刘某悦享有 5/8 份额，刘某峰、刘某 1、刘某 2 各享有 1/8 份额。2. 刘某峰于 2010 年 2 月去世，刘某峰享有的 1/8 份额由其父刘某悦、其妻陈某、其女刘某 3 继承，即各继承案涉房产的 1/24 份额。此时刘某悦共计享有 2/3（5/8+1/24）份额。3. 刘某悦于 2017 年

① 详见山东省青岛市中级人民法院（2021）鲁 02 民终 3984 号民事判决书。

7 月去世，刘某悦享有的 2/3 份额由再婚妻子申某、女儿刘某 1、女儿刘某 2 及孙女刘某 3（代位继承）各享有 1/4 份额，即申某、女儿刘某 1、女儿刘某 2 及孙女刘某 3 各享有 1/6 份额。至此，原告陈某享有案涉房屋 1/24 份额、原告刘某 3 享有 5/24 份额（1/6+1/24）、被告刘某 1 享 7/24 份额、被告刘某 2 享有 7/24 份额、被告申某享有 4/24 份额。据此判决：确认原告陈某享有位于青岛市某区社区房屋 1/24 份额、原告刘某 3 享有 5/24 份额、被告刘某 1 享有 7/24 份额、被告刘某 2 享有 7/24 份额、被告申某享有 4/24 份额。

案例 17：自愿赡养老人能否视为第一顺序继承人？①

高某启与李某分别系高某翔的祖父母，高某翔没有工作，专职照顾高某启与李某生活直至二人去世，高某启与李某后事由高某翔出资办理。高某启与李某去世前立下代书遗嘱，主要内容为因高某翔照顾老人，二人去世后将居住的回迁房屋送给高某翔。高甲、高乙、高丙为高某启与李某的子女，案涉回迁房屋系高某启、李某与高甲交换房产所得。高甲、高乙、高丙认为案涉代书遗嘱的代书人是高某翔的妻子，且没有见证人在场，遗嘱无效。高某翔以上述三人为被告提起诉讼，请求确认高某启、李某所立案涉遗嘱合法有效，以及确认其因继承取得案涉回迁房屋的所有权。

生效裁判认为，高某翔提供的代书遗嘱因代书人是高某翔的妻子，在代书遗嘱时双方是恋爱关系，这种特殊亲密的关系与高某翔取得遗产存在身份和利益上的利害关系，属于《继承法》第十八条（《民法典》第一千一百四十条）规定的禁止代书人，因此其代书行为不符合代书遗嘱的法定形式要求，应属无效。本案应当按照法定继承进行处理。高某翔虽然不是法定第一顺序继承人，但其自愿赡养高某启、李某并承担了丧葬费用，根据《继承法》第十四条（《民法典》第一千一百三十一条）的规定，继承人以外的对被继承人扶养较多的人，可以分配给他们适当的遗产，高某翔可以视为第一顺序继承人。《继承法》第十四条所规定的“适当分配遗产”，是指与非继承人所行扶养行为相适应，和其他有赡养义务的继承人所尽赡养义务相比

---

① 《人民法院大力弘扬社会主义核心价值观十大典型民事案例》，载《人民法院报》2020 年 5 月 14 日。

较的适当比例。高某翔虽没有赡养祖父母的法定义务，但其能专职侍奉生病的祖父母多年直至老人病故，使老人得以安享晚年，高某翔几乎尽到了对高某启、李某两位被继承人生养死葬的全部扶养行为，这正是良好社会道德风尚的具体体现，并足以让社会、家庭给予褒奖。而本案其他继承人有能力扶养老人，但仅是在老人患病期间轮流护理，与高某翔之后数年对患病老人的照顾相比，高甲、高乙、高丙的行为不能认为尽到了扶养义务。据此，高某翔有权获得与其巨大付出相适应的继承案涉回迁房屋的权利。

案例 18：多尽赡养义务的继承人能否多分遗产？①

张某亭与石某（均已去世）共同育有四子二女，分别为张某 2（长女）、张某 3（二女）、张某 4（二子）、张某 5（三子）、张某 6（长子）及张某 1（四子）。张某亭与石某去世前居住于涉案房屋，该房屋于 1998 年以张某亭名义申请购入，于 2000 年 2 月 15 日办理所有权登记，经办人为张某 1。张某亭于 1995 年初突发脑梗住院，此后不久便过世。石某常年患有糖尿病，1994 年后开始进行腹透及血透治疗。1995 年春节后，石某雇用住家保姆一直到其过世。张某 2、张某 4、张某 5、张某 6 成年后工作均在外省，对父母的照顾以每月支付赡养费进行。张某 3 及张某 1 生活于杭州，日常均有照顾母亲石某，其中张某 1 自 1997 年后回到涉案房屋与母亲石某同住。

张某 2、张某 3、张某 4、张某 5、张某 6 的诉讼请求：判令涉案房屋作为遗产进行法定继承，各继承人均按 1/6 份额继承。

生效裁判认为，继承从公民死亡时开始。继承开始后，按照法定继承办理；有遗嘱的，按照遗嘱继承或者遗赠办理；有遗赠扶养协议的，按照协议办理。本案中，张某亭与石某在死亡时均未留有遗嘱或遗赠。涉案房屋应由继承人即张某 2 等六人共同继承。张某 1 自母亲石某病重后与其同住，照顾母亲生活，接送母亲做血透治疗等，根据法律规定其可以适当多分。但同时考虑到其他继承人也均尽到了赡养义务以及石某日常聘有保姆照顾起居，故酌定张某 1 的继承份额为 20%，其他继承人的继承份额均为 16%。

---

① 参见浙江省杭州市中级人民法院（2019）浙 01 民终 3150 号民事判决书。

上述案例，涉及遗产的分配规则，一方面体现了平等保护继承权，另一方面体现了在特殊情况下对遗产份额分配时进行合理的倾斜。试问：如何理解适用遗产的分配规则？

二、遗产分配应以均等为一般原则

遗产分配原则，是指同一顺序的继承人有两个或两个以上时，遗产如何进行分配的原则。应继份，是指继承人从被继承人的遗产中应该分得的份额。应继份的确定与继承顺序的确定一样，直接影响到继承人的利益，是法定继承的重要问题之一。

《民法典》第一千一百三十条第一款规定："同一顺序继承人继承遗产的份额，一般应当均等。"据此，在法定继承中，同一顺序继承人的继承份额应当均等。同一顺序的法定继承人法律地位是平等的，不分男女老幼，不论是有生理血缘关系还是拟制的血缘关系，都平等地享有继承财产的权利，并应该均等地获得遗产。由于继承权主要是基于扶养关系与血缘关系而产生，同一顺序的继承人之间继承权是平等的，不应有所差异，继承遗产的均等是对继承权平等原则的体现。[①]

在法定继承中，同一顺序继承人的基础份额均等应当满足下列条件：一是各个继承人均没有放弃或者丧失继承权；二是各个继承人对被继承人均尽到了扶养义务和共同生活的情况大致相同；三是各个继承人自身的状况差别不大；四是各个继承人之间没有协商不均等的遗产份额。

三、遗产分配应当照顾生活特殊困难和缺乏劳动能力的继承人

对于公平的理解，不仅体现为对相同情形相同对待，还体现在对不同情形不同对待。因此，当特定继承人在生活和经济上存在特殊困难时，即便其与其他继承人在法律上处于同一顺序，仍有必要在遗产分配时对其予以特殊照顾，使其生活获得必要的保障。[②] 对此，《民法典》第一千一百三十条第二

---

① 黄薇主编：《中华人民共和国民法典继承编释义》，法律出版社 2020 年版，第 60 页。

② 参见陈甦、谢鸿飞主编：《民法典评注：继承编》，中国法制出版社 2020 年版，第 79 页。

款规定："对生活有特殊困难又缺乏劳动能力的继承人，分配遗产时，应当予以照顾。"

依据《民法典》的上述规定，应当予以照顾的继承人必须满足两个条件：一是生活有特殊困难，而不是一般困难。"生活有特殊困难"，是指继承人没有独立生活来源或其经济收入难以维持最起码的生活水平。二是缺乏劳动能力，根本无法通过参加劳动改变生活困难的局面，而不是劳动能力不强。"缺乏劳动能力"，是指继承人尚无劳动能力或因年迈、病残等原因，丧失或部分丧失劳动能力的情况。[①] 在实践中，继承人同时具备上述两个条件，则应当根据其生活困难和缺乏劳动能力的具体情形，确定遗产分配中对其予以照顾的合理限度。这充分体现了遗产在被继承人死亡后起到继续扶养继承人的功能，也体现了家庭成员之间团结互助的优良传统。

四、遗产分配时酌情考虑继承人对被继承人的生前扶养情况

为了激励继承人积极履行扶养义务，弘扬中华民族养老育幼的传统美德，同时对有能力扶养而不尽扶养义务的不道德行为予以必要制裁，立法者在遗产份额分配规则中融入了权利义务相一致的理念，将继承人的应继份额与其扶养义务履行情况挂钩。[②] 对此，《民法典》第一千一百三十条第三款规定："对被继承人尽了主要扶养义务或者与被继承人共同生活的继承人，分配遗产时，可以多分。"第四款规定："有扶养能力和有扶养条件的继承人，不尽扶养义务的，分配遗产时，应当不分或者少分。"

在司法实践中，尽"主要扶养义务"，是指继承人对被继承人在生活方面承担了主要劳务，如做饭、照顾、护理等，或主要负担其生活费用，给予经济扶持。有的继承人与被继承人长期生活在一起，相互照顾体贴，对被继承人特别是老年人起到了精神慰藉的作用，理应多分遗产。本款规定的分配原则不具有强制性，对以上两种继承人，在分配遗产时可以多分，

---

① 参见最高人民法院民法典贯彻实施工作领导小组主编：《中华人民共和国民法典婚姻家庭编继承编理解与适用》，人民法院出版社 2020 年版，第 543 页。

② 参见陈甦、谢鸿飞主编：《民法典评注：继承编》，中国法制出版社 2020 年版，第 79 页。

但不是应当多分。比如，在第一顺序法定继承人中，不仅包括上述两种继承人，还包括生活有特殊困难又缺乏劳动能力的人，后者属于依法应当予以照顾的，因而在分配遗产时，如果遗产数量不多，则必须先多分给生活有特殊困难又缺乏劳动能力的继承人，至于对被继承人尽了主要扶养义务或者与被继承人共同生活的继承人，则可能仅取得较少的遗产份额。有的继承人虽然尽了主要扶养义务，但其收入明显高于其他继承人，就不一定非多分遗产不可。[①]

当然，有扶养能力和有扶养条件的继承人，不尽扶养义务的，分配遗产时，应当不分或者少分。针对的是继承人有扶养能力和扶养条件，且被继承人又需要接受继承人的扶养，而继承人却不尽扶养义务的情况。这里的“不尽扶养义务”，通常指尚未达到遗弃的程度。[②]继承人与被继承人之间是有法定的扶养权利义务的。如果被继承人生前需要继承人扶养，继承人有扶养能力和有扶养条件但不尽扶养义务，在分配遗产时“应当”不分或者少分，而不是“可以”不分或者少分。如果被继承人生前需要继承人扶养，继承人有扶养能力和扶养条件却不尽扶养义务，不仅违反公序良俗原则，而且还违反法律规定，情节严重的甚至可能构成遗弃、虐待被继承人的刑事犯罪，还应当丧失继承权。

五、遗产分配经协商一致可以不均等

《民法典》第一千一百三十条第五款规定：“继承人协商同意的，也可以不均等。”这体现了继承人之间互谅互让、团结和睦的精神。同一顺序的继承人在不违背法律和道德的前提下，可以自行协商，确定各个继承人的遗产继承份额。继承人协商一致同意不均等分配遗产，应当尊重当事人的意愿，充分体现了私法的意思自治原则。

当然，在现实生活中继承人相互之间通过友好协商，本着“吃亏”精神，

---

① 参见最高人民法院民法典贯彻实施工作领导小组主编：《中华人民共和国民法典婚姻家庭编继承编理解与适用》，人民法院出版社2020年版，第544页。

② 参见最高人民法院民法典贯彻实施工作领导小组主编：《中华人民共和国民法典婚姻家庭编继承编理解与适用》，人民法院出版社2020年版，第545页。

对被继承人的遗产分割进行协商处理，一般也不会引起纷争，这也是构建和谐家庭、和谐社会的需要，毕竟通过诉讼途径解决遗产分割是极少数，也并不是“上策”。

六、对案例 16、案例 17、案例 18 的简要评析

在案例 16 中，争议焦点是法定继承的遗产分配原则。《民法典》第一千一百三十条对法定继承的遗产分配原则作了明确规定，是在法定继承中确定同一顺序的法定继承人应分得的遗产份额的基本准则。首先，同一顺序继承人继承遗产的份额一般应均等。这是法定继承中遗产分配的一般原则，即同一顺序的法定继承人应该平均分配遗产。该法条中的“一般”是指法律没有特别规定的情况。其次，在特殊情况下法定继承人的继承份额可以不均等。根据《民法典》的有关规定，“特殊情况”主要是指：一是对生活有特殊困难又缺乏劳动能力的继承人，分配遗产时应给予照顾。二是对被继承人尽了主要扶养义务或者与被继承人共同生活的继承人分配遗产时，可以多分，不是应该多分，不具有强制性。三是有扶养能力和扶养条件的继承人，不尽扶养义务的，分配遗产时，应该不分或少分，这是权利义务相一致原则的重要体现。继承人符合下列条件的，应不分或少分遗产：继承人有扶养能力和条件，不尽扶养义务。继承人协商同意也可以不均分。在本案中，诉争房屋原系刘某悦与纪某莲夫妻共同财产系不争的事实。刘某悦与纪某莲去世后留有案涉房屋，应依法进行分割。案涉各位继承人并不存在多分或者少分、不分的特殊情形，因此说只能按照一般原则进行分割，即平均分配遗产。

在案例 17 中，遗产继承处理的不仅是当事人之间的财产关系，还关系到家庭伦理和社会道德风尚，继承人应当本着互谅互让、和睦团结的精神消除误会，积极修复亲情关系，共促良好家风。本案中，高某翔虽没有赡养祖父母的法定义务，但其能专职侍奉生病的祖父母多年直至老人病故，是良好社会道德风尚的具体体现，应当予以鼓励。本案裁判结合《继承法》的规定对高某翔的赡养行为给予高度肯定，确定了其作为非法定继承人享有第一顺位的继承权利，并结合其赡养行为对高某翔适当继承遗产的范围进行合理认定，实现了情理法的有机融合，弘扬了团结友爱、孝老爱亲的

中华民族传统美德。[①]

在案例 18 中，子女对父母的扶养义务，基于法律规定，也源于家庭伦理道德，为社会共同认可的价值取向，而扶养义务的履行，存在许多表现形式，本案中，被继承人石某晚年，虽张某 2、张某 4、张某 5、张某 6 因工作的客观原因均定居在外地，相较于与母亲一起生活在杭州的张某 1、张某 3 来说，张某 2、张某 4、张某 5、张某 6 对母亲的照料、联系势必有所不及，但并不能以此认定张某2、张某4、张某5、张某6未尽赡养义务。石某晚年时，尤其是丈夫张某亭过世后，作为单身老人，更需要子女陪伴身边、照顾起居以及精神慰藉，张某 1 与其同住，应当认定为在一定程度上尽了较多的扶养义务，对母亲安度晚年做出了较大贡献，根据《民法典》第一千一百三十条第三款“对被继承人尽了主要扶养义务或者与被继承人共同生活的继承人，分配遗产时，可以多分”的规定，对张某 1 主张可以多分配继承份额，既有法律根据又有事实依据。本案为兄弟姐妹间的家事纠纷，需各方能够互相理解、体谅，对扶养、照顾母亲较多的兄弟姐妹的付出予以认同，缓和家庭矛盾，因为家和万事兴。

第五节 法定继承的适用范围

一、问题的提出

根据《民法典》第一千一百二十三条“继承开始后，按照法定继承办理；有遗嘱的，按照遗嘱继承或者遗赠办理；有遗赠扶养协议的，按照协议办理”的规定，遗赠扶养协议具有优先效力，其次是遗嘱继承和遗赠，最后才是按照法定继承来处理遗产。但是，遗赠扶养协议、遗嘱可能由于各种原因而无法执行或者不用执行，这就涉及遗产应当如何处理。对此，《民法典》第

① 《人民法院大力弘扬社会主义核心价值观十大典型民事案例》，载《人民法院报》2020 年 5 月 14 日。

一千一百五十四条规定：“有下列情形之一的，遗产中的有关部分按照法定继承办理：（一）遗嘱继承人放弃继承或者受遗赠人放弃受遗赠；（二）遗嘱继承人丧失继承权或者受遗赠人丧失受遗赠权；（三）遗嘱继承人、受遗赠人先于遗嘱人死亡或者终止；（四）遗嘱无效部分所涉及的遗产；（五）遗嘱未处分的遗产。”

在研究法定继承的适用范围之前，先看两则案例：

案例 19：遗嘱继承与法定继承并存的处理①

被继承人房某与被继承人许某登记结婚后共生育四名子女，即本案原告及三名被告。被继承人房某于 2007 年 4 月 4 日去世，被继承人许某于 2019 年 9 月 8 日去世。被继承人许某于 2002 年 7 月 30 日取得位于沈阳市铁西区某街 8 号房产一处（建筑面积 36 平方米，每平方米价值 12000 元），于 2002 年 9 月 9 日取得位于沈阳市和平区某街 67 号房产一处（建筑面积 54 平方米，每平方米价值 7000 元），均登记在被继承人许某名下。2018 年 7 月 30 日，由律师谭某、陈某代为书写并见证被继承人许某留下的遗嘱，内容为“我叫许某，1943 年 12 月 30 日出生，我有两处房子，一处位于和平区某街 67 号 54 平方米，另一处位于铁西区某街 8 号 36 平方米，24 平方米是后接的，我的房产份额由许某 3 继承”，该遗嘱中落款日期和名字处均有被继承人许某按手印，上述立遗嘱过程进行了录像，录像中有被继承人许某口述遗嘱内容。

生效裁判认为，根据法律规定，继承开始后，按照法定继承办理；有遗嘱的，按照遗嘱继承或者遗赠办理；有遗赠扶养协议的，按照协议办理。夫妻共同所有的财产，除有约定的外，遗产分割时，应当先将共同所有的财产的一半分出为配偶所有，其余的为被继承人房某与被继承人许某夫妻共同财产。被继承人房某先去世，对于被继承人房某享有的涉案两处房产 50% 份额应由被继承人许某、原告许某 1、被告许某 2、许某 3、许某 4 平均分割，各分得 10%。关于被继承人许某享有涉案房产的 60% 份额（50%+10%）分割问题，根据法律规定，代书遗嘱应当有两个以上见证人在场见证，由其中一人代书，并由遗嘱人、代书人和其他见证人签名，注明年、月、日。以录

① 详见辽宁省沈阳市和平区人民法院（2021）辽 0102 民初 9521 号民事判决书。

音录像形式立的遗嘱，应当有两个以上见证人在场见证。遗嘱人和见证人应当在录音录像中记录其姓名或者肖像，以及年、月、日。被继承人许某所立遗嘱符合上述两种形式的遗嘱，能够证明被继承人许某的真实意思表示，故对于该遗嘱，予以采信。综上，诉争两处房产均归被告许某3所有，由被告许某3分别给付原告许某1、被告许某2、被告许某4各81000元。

案例20：遗嘱无效按照法定继承办理①

石某与张某原系夫妻关系，二人共育有子女四人，分别为本案原告（石某1）及三名被告（石某2、石某3、石某4），无其他非婚生及收养子女。后石某与张某相继去世，夫妻名下留有房产一套。现原告石某1、被告石某3、石某4主张按照法定继承分割房产，而被告石某2主张被继承人张某生前立有遗嘱，遗嘱表明将其名下房产份额归石某2一人继承。法院经审理查明，该遗嘱订立于2018年8月。张某曾于2016年被诊断为脑梗后遗症，2019年3月经司法鉴定确认为阿尔采末氏病性痴呆，系无民事行为能力。另查明，代书遗嘱见证人中有继承人石某2的同事，还有石某2的合伙人。

生效裁判认为，根据相关法律规定，代书遗嘱的有效成立，需要符合以下条件：立遗嘱人具备完全行为能力；有两个以上见证人在场见证、见证人中的一人代书，注明年、月、日，并由代书人、其他见证人和遗嘱人签名。本案中，经鉴定被继承人张某所患病性痴呆系进行性发展的神经系统退行性疾病，而代书遗嘱订立距离鉴定日期不足半年，故原告及两被告质疑遗嘱订立时的行为能力实属合理。此外，代书遗嘱的见证人中有继承人石某2的同事及合伙人，属于与石某2有利害关系的人员，不能作为见证人。综上，无论是从遗嘱人的行为能力还是见证人资格上，本案代书遗嘱存在形式上的瑕疵，应认定为无效。据此判决代书遗嘱无效，遗嘱所涉房屋按法定继承予以分割。

上述案例，涉及遗产中的有关部分按照法定继承办理问题。试问：在遗产处理中，遗嘱无法执行或者不能执行时按照法定继承处理的情形有哪些？

---

① 上海市长宁区人民法院于2021年10月发布的涉遗嘱继承纠纷典型案例。

二、遗嘱继承人放弃继承或者受遗赠人放弃受遗赠的部分适用法定继承

《民法典》第一千一百二十四条规定："继承开始后，继承人放弃继承的，应当在遗产处理前，以书面形式作出放弃继承的表示；没有表示的，视为接受继承。受遗赠人应当在知道受遗赠后六十日内，作出接受或者放弃受遗赠的表示；到期没有表示的，视为放弃受遗赠。"据此，下列两种情形适用法定继承：

1. 继承人放弃继承。放弃继承是单方民事法律行为，其特点在于，依当事人即放弃继承的人的单方面意思表示而无须他人同意即可成立，同时这种单方法律行为一旦成立就发生本条规定的法律效果即发生继承权消灭的效果，放弃继承的人则依法不得对自己的行为进行变更或者撤销。《民法典》第一千一百二十四条第一款对继承放弃的时间和方式作出了限定，放弃继承的时间应在继承开始后、遗产处理之前，如果遗产处理之后再作出放弃的意思表示，放弃的不是继承权，而是财产的所有权。放弃继承的方式必须以书面形式作出。《继承编解释（一）》第三十七条规定："放弃继承的效力，追溯到继承开始的时间。"在遗嘱继承人放弃继承遗产的情形下，所涉及的遗产按照法定继承的有关规定办理，即不再按照遗嘱继承方式办理。

2. 受遗赠人放弃受遗赠涉及的遗产的处理。放弃受遗赠同样属于单方的民事法律行为，在放弃受遗赠涉及单方法律行为中，其特点同样是依当事人即放弃受遗赠的人的单方面意思表示而无须他人同意即可成立，同时这种单方法律行为一旦成立，受遗赠人即放弃了其受赠的财产，且依法不得对自己的行为进行变更或撤销。按照本条的规定，受遗赠人放弃受遗赠的情形下，其受赠的遗产按照法定继承的有关规定办理。与继承不同的是，受遗赠人接受或放弃遗赠的时间限定在其应当知道受遗赠后60日内；接受遗赠需采取明示的方式，即二者默示的效果是相反的，继承人没有明确表示放弃继承的，视为接受继承，而受遗赠人没有明确表示接受遗赠的，视为放弃受遗赠。

三、遗嘱继承人丧失继承权或者受遗赠人丧失受遗赠权的遗产适用法定继承

《民法典》第一千一百二十五条规定了遗嘱继承人丧失继承权的情形，受遗赠人丧失受遗赠权适用法定继承的规定，即："继承人有下列行为之一的，丧失继承权：（一）故意杀害被继承人；（二）为争夺遗产而杀害其他继承人；（三）遗弃被继承人，或者虐待被继承人情节严重；（四）伪造、篡改、隐匿或者销毁遗嘱，情节严重；（五）以欺诈、胁迫手段迫使或者妨碍被继承人设立、变更或者撤回遗嘱，情节严重。继承人有前款第三项至第五项行为，确有悔改表现，被继承人表示宽恕或者事后在遗嘱中将其列为继承人的，该继承人不丧失继承权。受遗赠人有本条第一款规定行为的，丧失受遗赠权。"据此，如果继承人存在故意杀害被继承人或者为争夺遗产而杀害其他继承人的情形，则永久丧失遗产继承权。当然，受遗赠人有上述行为的，同样永久丧失受遗赠权。如果遗产继承人存在其他情形，被继承人表示宽恕或者事后在遗嘱中将其列为继承人的，该继承人可以恢复遗产继承权。因此说，在遗嘱继承人终局地丧失继承权，受遗赠人丧失受遗赠权的情形下，所涉及的遗产适用法定继承。

四、遗嘱继承人、受遗赠人先于遗嘱人死亡或者终止的遗产适用法定继承

遗嘱继承人先于遗嘱人死亡的，遗嘱人可能并不知道这一事实或者已经知道这一事实但未来得及修改遗嘱，在此种情形下，遗嘱所指定的继承人已经死亡，丧失了民事主体资格，自然就不能取得遗嘱继承权。这正如"皮之不存毛将焉附"。在法定继承的情形下，继承人先于被继承人死亡的，可能发生代位继承，继承人的特定卑亲属将因代位继承而获得遗产。同样的道理，受遗赠人先于遗嘱继承人死亡的，亦不能获得遗赠的遗产，该遗产保护适用法定继承。

根据《民法典》第一千一百三十三条第三款"自然人可以立遗嘱将个人财产赠与国家、集体或者法定继承人以外的组织、个人"的规定，遗嘱人完全可以撤回或者变更所设立的遗嘱。如果自然人撤回了将个人财产赠与国家、集体

或者法定继承人以外的组织、个人的遗赠，则所涉及的遗产适用法定继承。

五、遗嘱无效部分所涉及的遗产适用法定继承

遗嘱继承优先于法定继承，但遗嘱继承优先的前提是遗嘱合法有效。无效遗嘱属于根本没有发生法律效力的遗嘱，这种遗嘱自然不具备法律上的效力，遗嘱人与遗嘱继承人和受遗赠人之间不因无效的遗嘱而产生法律关系。《民法典》第一千一百四十三条规定："无民事行为能力人或者限制民事行为能力人所立的遗嘱无效。遗嘱必须表示遗嘱人的真实意思，受欺诈、胁迫所立的遗嘱无效。伪造的遗嘱无效。遗嘱被篡改的，篡改的内容无效。"《民法典》第一千一百三十八条规定："遗嘱人在危急情况下，可以立口头遗嘱。口头遗嘱应当有两个以上见证人在场见证。危急情况消除后，遗嘱人能够以书面或者录音录像形式立遗嘱的，所立的口头遗嘱无效。"即除《民法典》第一千一百四十三条规定的遗嘱无效的情形外，遗嘱人处于危急情况之下立的口头遗嘱，在危急情况消除后，未以书面或者录音录像形式立遗嘱的，口头遗嘱无效。出现上述法律规定的遗嘱无效的情形时，遗嘱所涉的遗产，应按照法定继承办理。当然，遗嘱无效分为部分无效和全部无效。例如，被篡改的遗嘱，只有被篡改的内容无效。如果遗嘱全部无效，遗产所涉及的全部财产，均按照法定继承办理。如果遗嘱部分无效，只有无效部分涉及的财产按照法定继承来办理。

六、遗嘱未处分的遗产适用法定继承

遗嘱继承和法定继承是《民法典》规定的两种继承形式，因此当继承人未立遗嘱时，就只能按照法定继承办理。遗嘱未处分的遗产就是遗嘱中未涉及的遗产，包括两种情形：一种情形是，被继承人生前未立遗嘱，其全部遗产应适用法定继承；另一种情形是，遗嘱人以遗嘱方式处分了部分遗产，对于其未处分的遗产部分，遗嘱继承人没有权利继承，这部分遗产应按照法定继承的方式来处理。

七、对案例 19、案例 20 的简要评析

在案例 19 中，根据《民法典》第一千一百三十五条的规定，代书遗嘱

应当有两个以上见证人在场见证，由其中一人代书，并由遗嘱人、代书人和其他见证人签名，注明年、月、日。第一千一百三十七条规定，以录音录像形式立的遗嘱，应当有两个以上见证人在场见证。遗嘱人和见证人应当在录音录像中记录其姓名或者肖像，以及年、月、日。在本案中，许某为了避免子女们为遗产而发生纷争，通过两位律师书写的代书遗嘱，形式合法，内容仅仅处理了夫妻共同财产中许某所享有的份额部分。同时，两位见证人对代书遗嘱的整个过程进行了录像，印证了代书遗嘱的真实性，同时该代书遗嘱也符合录音录像遗嘱的形式要件，从这个角度来看，录像遗嘱也是合法的。因此说，本案中许某的遗产应当按照遗嘱继承处理，即由许某 3 继承。对于许某配偶部分的遗产按照法定继承办理，即由四个子女均等分割。

在案例 20 中，涉及代书遗嘱的效力问题。根据《民法典》第一千一百三十五条“代书遗嘱应当有两个以上见证人在场见证，由其中一人代书，并由遗嘱人、代书人和其他见证人签名，注明年、月、日”的规定，张某在设立遗嘱时采用的是代书遗嘱，虽有两名见证人，一名是同事，另一名是合伙人，均与石某 2 存在着利害关系，根据《民法典》第一千一百四十条的规定，与继承人、受遗赠人有利害关系的人不得作为见证人，因此说代书遗嘱的形式不合法。同时，根据《民法典》第一千一百四十三条第一款的规定，无民事行为能力人或者限制民事行为能力人所立的遗嘱无效。本案中，石某系无民事行为能力人，所设立的遗嘱属于法定无效的情形。因此说，本案的代书遗嘱属于无效遗嘱，只能按照法定继承办理。

第三章

遗嘱继承和遗赠

本章概要

遗嘱继承和遗赠是按照自然人生前所立的合法有效的遗嘱确定遗嘱继承人或者受遗赠人并分配其遗产的继承方式，是民法的意思自治原则在继承领域的集中体现。根据遗嘱受益人的不同，本章将遗嘱行为区分为两大类，即遗嘱继承和遗赠。本章增设了遗嘱信托，即遗嘱人可以通过遗嘱来设立信托，以信托的形式确定其遗产的分配原则及使用方式。

本章共计12个条文，主要规定了遗嘱继承和遗赠、自书遗嘱、代书遗嘱、打印遗嘱、录音录像遗嘱、口头遗嘱、公证遗嘱、不能作为遗嘱见证人的人员、必留份、遗嘱的撤回与变更、遗嘱的无效、附有义务的遗嘱继承和遗赠等。

第一节　遗嘱继承和遗赠

一、问题的提出

继承制度是解决被继承人死亡后的财产流转问题的制度。在继承领域中，解决自然人死亡后的财产流转的方式主要有三种：法定继承、以遗嘱方式处分遗产、遗赠扶养协议。前一章研究了法定继承，本章研究遗嘱继承和遗赠。《民法典》第一千一百三十三条对遗嘱继承和遗赠作了规定，即第一款规定："自然人可以依照本法规定立遗嘱处分个人财产，并可以指定遗嘱执行人。"第二款规定："自然人可以立遗嘱将个人财产指定由法定继承人中的一人或者数人继承。"第三款规定："自然人可以立遗嘱将个人财产赠与国家、集体或者法定继承人以外的组织、个人。"第四款规定："自然人可以依法设立遗嘱信托。"该条源自《继承法》第十六条的规定，相比较而言的主要变化是：将"公民"改为"自然人"；将"赠给"改为"赠与"；将"人"改为"组织、个人"；增加了第四款。

在研究遗嘱继承和遗赠之前，先看两则案例：

案例 21：对"顶盆发丧"民俗的处理①

石某昌病逝，因其无子女，按当地顶盆发丧的习惯，找不到后辈顶盆就不能发丧。其三哥的两个儿子都不愿为其顶盆，后其二哥的儿子石某雪愿意顶盆发丧。按习惯，石某雪等于过继给了死者并继承其所有家产。石某雪也按照习惯住进了石某昌的房子并每年祭拜。石某雪这一行为得到全村人的赞扬和认可。后来，死者三哥（石坊某）为领取该房屋的拆迁款，表示死者在去世之前就已经将房产赠与了他，并有公证书，当时是看石某雪结婚没房才

---

① 案例来源于赵春晓：《通过案例淬炼法理》，载《法律适用》2021 年第 9 期。

让他暂住的，要求法院确认赠与合同有效，石某雪立即腾出房屋。判决书中对顶盆发丧这一风俗习惯的观点是："顶盆发丧虽然是一种民间风俗，但并不违反法律的强制性规定，所以法律不应强制干涉它。"法院最终判决驳回原告的诉讼请求。

案例 22：本案应当按照遗赠处理[①]

位于北京市东城区北房一间系被继承人安某生前个人所有房屋。安某 2 与郑某系母子关系，被继承人安某系安某 2 姑姑。1993 年 5 月 22 日，安某与安某 1 通过北京市公证处办理收养关系，双方形成养母女关系。2020 年 5 月 21 日，安某去世。安某生前未婚，亦无其他亲生子女。安某 2、郑某和安某 1 均表示安某无其他继承人。庭审过程中，安某 2 和郑某出示安某书写的涉案遗嘱，其中第一张内容为："我今年 73 岁，对于未来的安排如下：今后我的生活等一切事宜都由我四侄女安某 2 和她的儿子郑某负责，我身后的财产都立给她们。安某。"第二张内容为："在我安某名下坐落于北京市东城区北房一间，遗赠给安某 2 和郑某（安某 2 之子）。安某，二〇一九年三月二十一日星期四。"对于涉案遗嘱安某 1 认可其真实性，但认为安某 2 和郑某很早就知道了涉案遗嘱的存在，但未在知道或者应当知道之日起 60 日内明确表示愿意接受遗赠，故丧失了接受遗赠的权利。

生效裁判认为，自然人可以立遗嘱将个人财产赠与国家、集体或者法定继承人以外的组织、个人。继承开始后，按照法定继承办理；有遗嘱的，按照遗嘱继承或者遗赠办理；有遗赠扶养协议的，按照协议办理。受遗赠人应当在知道受遗赠后 60 日内，作出接受或者放弃受遗赠的表示；到期没有表示的，视为放弃受遗赠。结合本案，被继承人安某生前立有遗嘱，将其名下涉案房屋赠与安某 2 与郑某。对此遗嘱中的遗赠内容，安某 2、郑某、安某 1 均认可其真实性，故安某名下涉案房屋应按照遗赠进行办理。同时，证人安某 3 的证人证言证明安某 2 和郑某于 2020 年 11 月方才得知遗嘱内容，随后二人提起本案诉讼要求继承涉案房屋，可以认定安某 2、郑某在知道受遗赠后 60 日内作出了接受遗赠的意思表示。据此判决：被继承人安某名下位于北

---

① 详见北京市第二中级人民法院（2021）京 02 民终 10432 号民事判决书。

京市东城区北房一间由安某2和郑某共同继承。

在上述案例中，涉及遗嘱继承和遗赠问题。试问：如何理解遗嘱自由原则、遗嘱继承、遗赠、信托遗嘱？

二、遗嘱自由原则

《民法典》第一千一百三十三条第一款规定："自然人可以依照本法规定立遗嘱处分个人财产，并可以指定遗嘱执行人。"该条款的规定，明确了自然人通过立遗嘱的方式处分个人财产的权利。

遗嘱，是指自然人生前按照法律的规定处分自己的财产及安排与此有关的事务并于死亡后发生效力的单方的民事法律行为。遗嘱作为一种法律行为，主要具有以下特征：一是遗嘱是一种单方法律行为。只要有遗嘱人自己的意思表示，遗嘱即可成立，不论遗嘱中涉及的相对人何时知道遗嘱的内容，遗嘱都是自被继承人死亡时生效的。正因为如此，在遗嘱生效前的任一时刻，都允许遗嘱人以自己的意思变更或者撤回遗嘱。二是遗嘱是遗嘱人独立的民事法律行为。遗嘱是遗嘱人生前对自己合法的财产所作的处分行为，只能由遗嘱人自己独立自主地作出，不能由他人的意思辅助或者代理。为保证遗嘱体现遗嘱人的真实意愿，设立遗嘱不适用代理制度，由代理人代理设立的遗嘱是无效的。三是遗嘱是死因法律行为，即遗嘱必须是在遗嘱人死亡后才能发生法律效力，在遗嘱人死亡后才能生效。当然，遗嘱的有效和生效是两个不同的法律概念。有效指的是遗嘱符合法律规定的要件，为法律所认可。有效是相当于无效而言，无效的遗嘱自始无效。生效指的是遗嘱产生法律效力，可以依照遗嘱来处理遗产。生效是相当于未生效而言，遗嘱在遗嘱人死亡之前处于未生效的状态。四是遗嘱是一种要式法律行为。遗嘱虽为遗嘱人单方的意思表示，但不能由当事人自行决定采取何种形式。自然人所订立的遗嘱必须符合法律规定的遗嘱形式，不符合法定形式的遗嘱是无效的遗嘱，不能发生遗嘱继承的效力。[①]

---

① 参见最高人民法院民法典贯彻实施工作领导小组主编：《中华人民共和国民法典婚姻家庭编继承编理解与适用》，人民法院出版社2020年版，第556页。

遗嘱作为民事法律行为，需要符合民事法律行为有效的条件。根据《民法典》第一百四十三条的规定，民事法律行为有效的条件如下：一是行为人具有相应的民事行为能力；二是意思表示真实；三是不违反法律、行政法规的强制性规定，不违背公序良俗。遗嘱属于特别的民事法律行为，需要符合继承编对其效力的特别规定。《民法典》第一千一百四十三条规定了遗嘱无效的情形：无民事行为能力人或者限制民事行为能力人所立的遗嘱无效。遗嘱必须表示遗嘱人的真实意思，受欺诈、胁迫所立的遗嘱无效。伪造的遗嘱无效。遗嘱被篡改的，篡改的内容无效。同时，遗嘱应当符合继承编规定的严格的形式要件。

立遗嘱虽然遵循遗嘱自由原则，但是并非没有限制。依据《民法典》第一千一百三十三条第一款的规定，遗嘱人处分的财产只能是“个人财产”。即遗嘱只能处分遗嘱人有权处分的财产，即遗产。同时，《民法典》第一千一百二十二条规定：“遗产是自然人死亡时遗留的个人合法财产。依照法律规定或者根据其性质不得继承的遗产，不得继承。”遗嘱的内容为处分个人财产，不包括非财产性的内容，虽然有的遗嘱中可能包含了处理非财产性事务的内容，但这不属于继承编意义上的遗嘱内容。[①] 被继承人通过遗嘱处分财产，限于其自身的财产。但是，在实践中，遗嘱人也可能处分他人的财产。例如，遗嘱人误以为用自己婚后工资购买的房屋属于自己单独所有，而加以处分，事实上，这套房屋属于夫妻共同财产。对此，《继承编解释（一）》第二十六条明确规定：“遗嘱人以遗嘱处分了国家、集体或者他人财产的，应当认定该部分遗嘱无效。”

自然人可以在遗嘱中指定遗嘱执行人。遗嘱执行人是遗嘱人在遗嘱中指定的负责实现遗嘱的财产处分内容的人，主要职责为遗产管理、处理遗嘱人的债权债务、按照遗嘱内容分割与交付遗产等。遗嘱执行人应为完全民事行为能力人，无民事行为能力人、限制民事行为能力人不具备担任遗嘱执行人的资格。遗嘱人可以在遗嘱中指定一位或数位执行人，以便于实现其遗嘱目的。遗嘱中指定的遗嘱执行人既可以是法定继承人，也可以是法定继承人以外的人。根据《民法典》第一千一百四十五条的规定，继承开始后，遗嘱执

---

① 黄薇主编：《中华人民共和国民法典释义（下）》，法律出版社 2020 年版，第 2176 页。

行人即为遗产管理人。遗嘱人未指定遗嘱执行人或者指定的遗嘱执行人不能执行遗嘱的，继承人应当及时推选遗产管理人；继承人未推选的，由继承人共同担任遗产管理人；没有继承人或继承人均放弃继承的，由被继承人生前住所地的民政部门或者村民委员会担任遗产管理人。

三、遗嘱继承

遗嘱继承是与法定继承相对应的概念。遗嘱继承是继承人按照被继承人生前所立的合法有效的遗嘱取得被继承人个人财产的法律制度。由于继承人、遗产的分配原则、遗产的分配方式等都取决于遗嘱人的个人意愿，因此遗嘱继承又称为指定继承。在遗嘱继承中，订立遗嘱的人是遗嘱人，遗嘱指定的财产承受人是遗嘱继承人或者受遗赠人。遗嘱是一种载体，其承载的是遗嘱人在其死亡后如何处分其个人合法财产作出的意思表示。遗嘱继承的本质是遗嘱人通过合法的遗嘱形式来解决在其死亡后某些财产如何分配、归谁所有的问题。[①]

遗嘱继承与法定继承的目的均是解决被继承人个人合法财产在其死亡后的流转问题。但是，遗嘱继承与法定继承存在着明显区别：一是在是否体现被继承人的意愿上不同。遗嘱继承充分尊重被继承人的意愿，遗产的受益人、分配原则、遗嘱所附义务等都来自遗嘱的指定，这是民法中意思自治原则在继承制度中的体现；而法定继承是由法律直接规定遗产的受益人以及遗产的分配原则，是通过推定被继承人意思的方式确定。虽然该推定一般不违背被继承人真实意愿，但并不具体、明确。二是引起继承的法律事实不同。在遗嘱继承中，除需要被继承人死亡这一事实外，还需要有被继承人设立的合法有效的遗嘱。三是在适用的优先顺序上不同。遗嘱继承优先于法定继承，在同一被继承人的同一遗产的继承问题上，如果存在遗嘱，则应按遗嘱继承办理。对此，《民法典》第一千一百二十三条明确规定："继承开始后，按照法定继承办理；有遗嘱的，按照遗嘱继承或者遗赠办理；有遗赠扶养协议的，按照协议办理。"因此说，遗嘱继承的效力优先于法定继承。

---

① 参见中国审判理论研究会民事审判理论专业委员会编著：《民法典继承编条文理解与司法适用》，法律出版社2020年版，第78页。

法定继承与遗嘱继承就表达被继承人的意思而言是一般与个别的关系，法定继承是站在一般人的立场上，对被继承人意志的法律推定，而遗嘱继承则是个别被继承人对自己意志的特殊表达。[①]

有这样的一份遗嘱值得借鉴："人活百岁总要死，遗产多少子女分。绝对公平难做到，争着不够让有余。发财不在父母处，要想富庶靠自己。根据上述原则，我和老伴商议一致，做如下遗嘱：一、住房一套，分给李某5。李某5成家最迟，1993年搬来鹰山后，当时住房十分紧缺，因此，当时多次同子女们说过，把我们的住房一套将来分给李某5。现在按家庭后代的发展实际，从遗产这个意义来讲是符合情义的。我们的一切后事由李某4和李某5负责，但主要由李某5负责。二、汽车为李某4所有，购车时，主要考虑我们生活上的需要，同时也方便大家。三、待我和你妈百年之后，存款不管多少由六个子女平均分配。四、家具的分配，按标签处理。五、注明，我和你妈同六子女之间没有任何经济账，也无内外债务，平时我和你妈在生活上六子女谁付出的多少无须争辩，更无须公论。当我和你妈在生活上需要人照顾的时候（包括住医院），在身边有条件的子女轮流值班，其费用每天50元（每月1500元）。"[②]

四、遗赠

遗赠，是指遗嘱人以遗嘱的方式将个人财产赠与国家、集体或者法定继承人以外的组织、个人。遗赠在立遗嘱人死亡后发生法律效力。《民法典》第一千一百三十三条第三款规定："自然人可以立遗嘱将个人财产赠与国家、集体或者法定继承人以外的组织、个人。"据此，法人、非法人组织和国家接受遗产的情况有两种：一是受遗赠。被继承人可以通过遗嘱将其财产赠与国家、集体或者法定继承人以外的组织、个人，但不能指定其为遗嘱继承人。二是接受无人继承又无人受遗赠的遗产。同时，受遗赠人必须是遗嘱生效时生存的人，但遗赠人死亡时已经受孕或在接受遗赠的法定期限内受孕的胎儿可以作为受遗赠人。对此，《民法典》第十六条规定，涉及遗产继承、接受

---

① 陈甦、谢鸿飞主编：《民法典评注：继承编》，中国法制出版社2020年版，第122页。

② 详见湖南省岳阳市中级人民法院（2021）湘06民终2537号民事判决书。

赠与等胎儿利益保护的，胎儿视为具有民事权利能力。但是，胎儿娩出时为死体的，其民事权利能力自始不存在。

遗嘱继承和遗赠虽然都属于通过遗嘱的方式来处分相关财产，但实际上是两种不同的继承方式。二者的不同主要有以下三个方面[①]：一是受遗赠人和遗嘱继承人的范围不同。受遗赠人可以是法定继承人以外的组织和个人，也可以是国家和集体，但不能是法定继承人范围之内的人。遗嘱继承人则只能是法定继承人范围之内的人。二是受遗赠权与遗嘱继承权客体的范围不同。受遗赠权的客体只是遗产中的财产权利，而不包括财产义务，受遗赠人接受遗赠时只承受遗产中的权利而不承受遗产中的债务。《民法典》第一千一百六十二条规定，执行遗赠不得妨碍清偿遗赠人依法应当缴纳的税款和债务。即执行遗赠应当在清偿遗赠人的财产债务后。而遗嘱继承的客体是遗产，既包括被继承人生前的财产权利，也包括被继承人生前的财产义务。三是受遗赠权与遗嘱继承权的行使方式不同。受遗赠人接受遗赠的，应于法定期间内作出接受遗赠的明示的意思表示。《民法典》第一千一百二十四条规定，受遗赠人应当在知道受遗赠后 60 日内，作出接受或者放弃受遗赠的表示；到期没有表示的，视为放弃受遗赠。而遗嘱继承人自继承开始至遗产处理前，未以书面形式明确表示放弃继承的，即视为接受继承。

设立遗赠的法律后果是导致其他继承人丧失或者部分丧失继承被继承人遗产的权利。具体表现为：一是遗赠的效力及于主物的从物及自遗嘱生效时起由遗赠物所生的孳息，但不影响遗嘱生效时已经存在于遗赠标的上的权利。二是受遗赠人具有《民法典》第一千一百二十五条[②]规定的丧失受遗赠情形的，其受遗赠权消灭，且其受遗赠权不因遗赠人的宽恕而恢复。三是受

---

① 参见最高人民法院民法典贯彻实施工作领导小组主编：《中华人民共和国民法典婚姻家庭编继承编理解与适用》，人民法院出版社 2020 年版，第 559—560 页。

② 《民法典》第一千一百二十五条规定："继承人有下列行为之一的，丧失继承权：（一）故意杀害被继承人；（二）为争夺遗产而杀害其他继承人；（三）遗弃被继承人，或者虐待被继承人情节严重；（四）伪造、篡改、隐匿或者销毁遗嘱，情节严重；（五）以欺诈、胁迫手段迫使或者妨碍被继承人设立、变更或者撤回遗嘱，情节严重。继承人有前款第三项至第五项行为，确有悔改表现，被继承人表示宽恕或者事后在遗嘱中将其列为继承人的，该继承人不丧失继承权。受遗赠人有本条第一款规定行为的，丧失受遗赠权。"

遗赠人应当在知道受遗赠后60日内作出受遗赠的意思表示，到期没有表示的，视为放弃接受遗赠。四是遗嘱人可以将遗产赠与法人、非法人组织和国家，但不得逃避其应当缴纳的税款和清偿所负的债务。

受遗赠人在遗产分割前死亡的，受遗赠人的继承人是否享有接受遗赠财产的权利？受遗赠人在遗产分割前死亡的，其继承人是否享有接受遗赠的权利取决于受遗赠人生前对于遗赠的表示。按照《民法典》第一千一百二十四条第二款的规定，受遗赠人应当在知道受遗赠后60日内作出接受或者放弃受遗赠的意思表示；到期没有表示的，视为放弃受遗赠。因此，只有受遗赠人对于遗赠的表示接受才能享有接受遗赠的权利，放弃受遗赠的不再享有权利，没有表示的视为放弃受遗赠，亦不享有权利。受遗赠人表示接受遗赠，并于遗产分割前死亡的，其接受遗赠的权利转移给他的继承人。因此，在受遗赠人对于遗赠财产表示接受的情况下，其继承人享有接受遗赠财产的权利；而如果受遗赠人生前放弃受遗赠或者对于遗赠没有表示的，则因受遗赠人不享有权利，受遗赠人的继承人也不再享有接受遗赠财产的权利。[①]

五、信托遗嘱

《民法典》第一千一百三十三条第四款增加了信托遗嘱，即："自然人可以依法设立遗嘱信托。"立法机构认为,《信托法》对遗嘱信托已经作了规定，遗嘱信托应主要适用《信托法》进行规范,《民法典》作为民事领域的基本法，可以对此作衔接性规定。[②]

信托，是指委托人基于对受托人的信任，将其财产委托给受托人，由受托人按委托人的意愿以自己的名义，为受益人的利益或者特定目的，进行管理或者处分的行为。信托一般涉及三方当事人：投入信用的委托人，受信于人的受托人，以及受益于信托财产的受益人。遗嘱信托，就是根据委托人生前所立遗嘱，由受托人在遗嘱人死后管理信托遗产，并使受益人受益。结合《信

① 参见《受遗赠人在遗产分割前死亡的，受遗赠人的继承人是否享有接受遗赠财产的权利》，载最高人民法院民事审判第一庭编：《民事审判指导与参考》2019年第1辑（总第77辑），人民法院出版社2019年版，第237页。

② 黄薇主编：《中华人民共和国民法典释义（下）》，法律出版社2020年版，第2177页。

托法》第八条[①]、第十三条[②]的相关规定，设立遗嘱信托，应当采取书面形式。受托人应为具有完全民事行为能力的组织或个人。遗嘱指定的人拒绝或无能力担任受托人的，由受益人另行选任受托人；受益人为无民事行为能力人或者限制民事行为能力人的，依法由其监护人代行选任。受托人应根据遗嘱人的意愿和法律规定管理和分配信托财产，不得损害委托人、信托受益人的利益。

遗嘱信托的显著法律特征表现为：一是遗嘱信托是单方法律行为。遗嘱信托无须他人的同意，仅由遗嘱人单方意思表示即可成立。二是遗嘱信托是要式法律行为。依据《信托法》第八条的规定，设立遗嘱信托，应当采用书面形式。三是遗嘱信托是死因行为。在一般情况下，遗嘱信托在遗嘱人死亡时生效。但是，若遗嘱附有生效条件或者期限，则应当依照其约定。四是遗嘱信托在处理遗产的方式上具有灵活性。遗嘱信托不是将遗产直接一次性归属于继承人、受遗赠人或者遗赠扶养协议的相对人，而是确定遗产的分配或者受益模式，使受益人可以持续地享有利益。五是遗嘱信托可以实现遗产的增值保值。遗嘱人可以通过信托的形式委托专业的财富管理人员实现遗产的增值保值。

遗嘱信托是信托服务的一种，受益人权益受信托制度保障。一方面，遗嘱信托受益人法律地位清晰，权利明确；《信托法》赋予遗嘱信托受益人避免因自身债务问题而被执行所继承遗产的问题发生。另一方面，遗嘱信托受托人受到法律有关权利义务的强制性约束，履行忠实、谨慎义务，在相关规范下依其能力为受益人谋求最佳福利。受益人、监察人等依据法律对受托人进行监督。如果是专业信托公司还受到国家公权力的监督管理。当受托人发生不适当履行职责、过错造成财产损失，可要求将财产恢复原状、赔偿损失或撤销财产管理行为、撤换受托人等，这些都极大地保障了遗嘱信托受益人的权益。

---

① 《信托法》第八条规定："设立信托，应当采取书面形式。书面形式包括信托合同、遗嘱或者法律、行政法规规定的其他书面文件等。采取信托合同形式设立信托的，信托合同签订时，信托成立。采取其他书面形式设立信托的，受托人承诺信托时，信托成立。"

② 《信托法》第十三条规定："设立遗嘱信托，应当遵守继承法关于遗嘱的规定。遗嘱指定的人拒绝或者无能力担任受托人的，由受益人另行选任受托人；受益人为无民事行为能力人或者限制民事行为能力人的，依法由其监护人代行选任。遗嘱对选任受托人另有规定的，从其规定。"

六、对案例 21、案例 22 的简要评析

在案例 21 中，争议焦点是按照公证遗赠继承还是参照法定继承进行。本案死者没有子女，出殡就成了问题。由于丧礼在我国传统文化中占有重要地位。“人死为重”“死者为大”“入土为安”的传统，使得人们对丧礼极为看重。如果死者没有子女，一般会在宗族的子辈中找一个人完成“摔盆儿”礼，行“摔盆儿”礼的子辈被看作认死者为父，行了“生养死葬”孝道中重要的“死葬”大义。所以“摔盆儿”的子辈，在我国传统法治体系中，具有身份法的意义，同时也自然以死者的继承人身份来继承死者的财产，这个风俗也叫“顶盆发丧”“顶盆过继”。根据《民法典》第十条“处理民事纠纷，应当依照法律；法律没有规定的，可以适用习惯，但是不得违背公序良俗”的规定，“顶盆发丧”并不违背公序良俗，亦不违反法律的强制性规定，石某雪就获得了继承死者遗产的资格，其该项继承权应当受法律保护。死者三哥虽然持有遗赠公证书，根据权利义务相一致的原则，也不能对抗本案的法定继承。

在案例 22 中，被继承人安某生前立有遗嘱，将其名下涉案房屋赠与安某 2 与郑某。对此遗嘱中的遗赠内容，各方当事人均认可其真实性。关键是安某 2 和郑某接受遗赠的意思表示是否超过 60 日。从案件查明的事实情况来看，安某 2 和郑某于 2020 年 11 月方才得知遗嘱内容，随后二人提起本案诉讼要求继承涉案房屋的情形，可以认定安某 2、郑某在知道受遗赠后 60 日内作出了接受遗赠的意思表示。

第二节 遗嘱见证人的限制

一、问题的提出

遗嘱见证人，是指协助、证明遗嘱人设立遗嘱的人，也是证明遗嘱真实性的第三人。遗嘱是重大的民事法律行为，见证人的见证对遗嘱的效力会产

生至关重要的影响，为保证遗嘱的真实有效性，只有满足一定条件的人员才有资格作为遗嘱的见证人。对此，《民法典》第一千一百四十条规定："下列人员不能作为遗嘱见证人：（一）无民事行为能力人、限制民事行为能力人以及其他不具有见证能力的人；（二）继承人、受遗赠人；（三）与继承人、受遗赠人有利害关系的人。"由此看来，立法采取排除方式规定了不得担任遗嘱见证人的范围。

在研究遗嘱见证人之前，先看两则案例：

案例 23：继承人不得作为遗嘱见证人[①]

李某 1 申请再审称，李某 3 并未长期和被继承人居住在一起，李某 3 与李某 2 均不属于尽了主要赡养义务。本案应将遗产均分。

法院经审查认为，打印遗嘱是由被继承人以外的人制作的，应符合法律规定的代书遗嘱形式要件。本案中，涉案打印遗嘱由李某 3 打印即代书，按代书遗嘱相关法律规定其应是遗嘱见证人，但李某 3 作为继承人之一，系该遗嘱的利害关系人，因此该遗嘱不符合法律规定的代书遗嘱形式要件，二审法院对于诉争遗产按照法定继承处理并无不当。同一顺序继承人继承遗产的份额一般应当均等，对被继承人尽了主要扶养义务或者与被继承人共同生活的继承人，在分配遗产时，可以多分，有扶养能力和有扶养条件的继承人，不尽扶养义务的，在分配遗产时，应当不分或者少分。二审法院根据查明的事实及双方诉辩意见，结合见证人之一宁某的公证证人证言以及与被继承人共同生活多年的张某的证人证言，认定涉案遗嘱能够在一定程度上体现出李某 5、林某二被继承人对李某 2、李某 3 两位女儿尽心尽力照顾赡养情况的肯定。进而认定李某 2、李某 3 对被继承人尽到了主要赡养义务，故在分割遗产时，对李某 2、李某 3 应继承的李某 5、林某遗产份额予以酌情多分亦无不当。分割遗产应当遵循有利于居住使用、生活需要且不损害遗产效用的原则。李某 4、张某均提交书面意见表示自愿将房产份额均等赠与李某 3、李某 2，二审法院结合李某 4 与张某上述自愿赠与的意思表示、万寿路房屋的性质、各继承人对被继承人的赡养情况以及李某 1

---

① 详见北京市高级人民法院（2021）京民申 2850 号民事裁定书。

长期不在北京生活工作的状况等因素，从遗产整体考虑，对各继承人继承李某5万寿路房屋遗产及其他遗产比例进行适当调整处理得当。综上，李某1的再审申请理由不能成立。

案例24：本案口头遗嘱能否认定？[①]

王某与关某1系夫妻，于2003年2月10日登记结婚，婚后未生育子女。2013年8月6日，关某1因病在医院去世。关某、梁某系夫妻，育有二女关某2与关某1。关某1名下位于北京市大兴区庞各庄镇某小区120幢106号房屋系王某与关某1的夫妻共同财产。关某1是否存在有效口头遗嘱存在争议。1.王某申请侯某出庭作证。侯某称：我与关某1、王某通过做网店认识并成为朋友，2013年8月初（4日或5日）到医院看望关某1，当时关某1手术后引流管出现血迹，王某通过对讲机呼叫医生，这时关某1拉着王某说："如果我有不测，你一定要好好生活，照顾好我妈和多多（宠物狗），我名下的所有财产都是你的。"然后关某1又对着我说，"你给做个证"，然后医生、护士都进来病房开始处置，我就出去离开了。2.王某申请张某出庭作证。张某称：我是医院外科营养室厨师，2013年8月一天中午，因为关某1家属订餐，我去关某1病房，看见关某1抓住王某的手说：我要是不行了，你一定要好好照顾我妈，好好照顾自己，好好生活，我名下的所有资产都给你。然后又对他们的朋友说，你来作证，又说医院这位大哥你也给做个证人，除此之外没有听见其他内容。3.王某申请医院的管床医生胡某出庭作证。胡某称：2013年8月5日晚上关某1转入ICU，至8月6日下午或晚上去世期间一直没有出ICU，2013年8月5日晚上至第二天早上关某1意识清醒，ICU病房内有护士，允许关某1与护士交流。2013年8月6日中午，关某1大量出血，我接到ICU医生通知后去看关某1，然后跟上级医师张某智汇报，张某智称再次介入，查血时发现关某1血红蛋白很低，凭经验认为关某1有生命危险，故我带王某去病房探望关某1，但我不是遗嘱见证人，是中立的。关某1说了三条，一是对不起她丈夫没有给他生孩子，二是把财产留给她丈夫，让她丈夫照顾好母亲，三是照顾好家里的狗，当时关某1头脑是清醒的，只有王

---

① 详见北京市第三中级人民法院（2021）京03民终8555号民事判决书。

某、我、关某1在场，之后开始给关某1做介入，做完介入后关某1血压稳不住慢慢就去世了。

生效裁判认为，本案争议焦点是关某1是否存在合法有效的口头遗嘱。遗嘱人在危急情况下，可以立口头遗嘱。口头遗嘱应当有两个以上见证人在场见证。危急情况解除后，遗嘱人能够用书面或者录音形式立遗嘱的，所立的口头遗嘱无效。王某作为继承人不具有遗嘱见证人资格。侯某称其听见关某1说要照顾好多多，而张某称并未听见，两个人陈述存在矛盾，根据胡某医生陈述，可知多多作为一条宠物狗，对于关某1意义重大，故张某的见证事实存疑，且根据张某所述，其在场时是否是以见证人的身份和责任去见证关某1订立口头遗嘱亦有疑问。侯某作为王某、关某1的朋友，其中立性和见证内容的真实性存疑。又根据胡某医生所述，2013年8月5日晚上至第二天早上关某1意识清醒，允许关某1与护士交流，法院认为在此种情况下，应该认定为先前危急情况解除，可以进行录音遗嘱。胡某让王某探望关某1时，应该属于新的危急情况，但胡某称其并不是作为见证人在场，且仅有其一人在场见证。故法院无法认定关某1没有合法有效的口头遗嘱存在，应该适用法定继承。具体到本案中，某小区房屋无争议，考虑到其他争议房屋的不确定性，法院按份分割。据此判决：被继承人关某1名下位于北京市大兴区庞各庄镇某小区120幢106号房屋，由王某继承1/6的份额，由关某、梁某继承1/3的份额，剩余1/2的份额归王某所有。

上述案例，均涉及遗嘱见证人的基本要求问题。试问：遗嘱见证人的基本要求有哪些？不能作为遗嘱见证人的情形有哪些？

二、遗嘱见证人的基本要求

根据《民法典》继承编的有关规定，除自书遗嘱外，代书遗嘱、打印遗嘱、录音遗嘱、录像遗嘱、口头遗嘱均必须有两个以上见证人在场见证，公证遗嘱本身就有两个以上的公证员在场公证。遗嘱见证人的重要作用在于起到“证明”作用。遗嘱是遗嘱人在生前对其财产和其他事务所作出的个人处分，关系到利害关系人继承权的取得和消灭，遗嘱见证人就是证明遗嘱人的遗嘱的内容真实性，便于处理遗产纠纷。同时，遗嘱见证人只能是自然人，不能是单位、集体组织或者国家等。

遗嘱见证人须见证遗嘱是否符合遗嘱人的真实意愿，见证遗嘱订立的全过程，并出具书面的见证书或者在遗嘱上以见证人的身份签字盖章。因此说，对遗嘱见证人见证遗嘱的最基本要求是目睹订立遗嘱的整个过程。只有目睹订立遗嘱的全过程，才能了解遗嘱人订立遗嘱时的心智状态，明晰遗嘱人作出遗嘱的真实意愿。如果见证人没有现场见证订立遗嘱，或者遗嘱见证人中途离开现场，不能见证设立遗嘱的整个过程，就属于缺乏见证或者见证不连续，无法真实全面地反映遗嘱人作出遗嘱的真实性，可能会导致遗嘱无效。如法院在审理朱某等诉孙某遗嘱继承纠纷案中认为，代书遗嘱应当有两个以上的见证人在场见证。本案中的遗嘱打印时间与签名时间不一致，见证人没有见证遗嘱制作的整个过程，并不符合时空一致性的要求，该遗嘱不符合代书遗嘱的形式要求，应属无效。①

三、无民事行为能力人、限制民事行为能力人以及其他不具有见证能力的人不能作为遗嘱见证人

《民法典》第一千一百四十条第（一）项明确规定，无民事行为能力人、限制民事行为能力人以及其他不具有见证能力的人不能作为遗嘱见证人。

我国《民法典》第十七条规定了成年人与未成年人的划分标准，即："十八周岁以上的自然人为成年人。不满十八周岁的自然人为未成年人。"成年人与未成年人的划分，为确定自然人的民事行为能力状态设定了一项客观标准，即以自然人是否已经成年作为其是否具有完全民事行为能力的必要条件。

完全民事行为能力，是指自然人能够以自己的行为独立享有民事权利，承担民事义务的资格。《民法典》第十八条规定："成年人为完全民事行为能力人，可以独立实施民事法律行为。十六周岁以上的未成年人，以自己的劳动收入为主要生活来源的，视为完全民事行为能力人。"因此说，作为成年人的自然人具有完全民事行为能力可以独立实施民事法律行为，十六周岁以

---

① 参见罗莎莎：《家事纠纷渐趋多元道德失约法理定纷》，载《法制日报》2020 年 5 月 18 日第 5 版。

上的未成年人以自己的劳动收入为主要生活来源的，不将其作为限制民事行为能力人。

限制民事行为能力，又称不完全民事行为能力，是指自然人以自己的行为在一定范围内设定民事权利和负担民事义务的资格。相对于完全民事行为能力而言，限制民事行为能力人仅能独立地实施与其年龄、智力程度相适应的民事活动。《民法典》第十九条规定："八周岁以上的未成年人为限制民事行为能力人，实施民事法律行为由其法定代理人代理或者经其法定代理人同意、追认；但是，可以独立实施纯获利益的民事法律行为或者与其年龄、智力相适应的民事法律行为。"该条是以《民法通则》第十二条第一款为基础，吸收《合同法》第四十七条第一款的规定，补充修改完成的[①]。其中，将《民法通则》所规定的"十周岁以上"降为"八周岁以上"，"可以独立实施纯获利益的民事法律行为"吸收了《合同法》第四十七条第一款的规定。因此说，该条是继承和发展了我国民事立法的产物。

《民法典》第十九条规定了未成年人享有限制民事行为能力的最低年龄界限（年龄时间点），未成年人不能独立实施民事法律行为时如何参与民事交易，以及未成年人可以例外地独立实施哪些民事法律行为；解决了未成年人实施的民事法律行为在哪些情形下是有效的，在哪些情形下只有经过法定代理人的同意或追认才能产生法律约束力。那么，在未经法定代理人同意或者追认之前，该民事行为的效力处于待定状态。依据该条规定，限制民事行为能力主要限定在两种条件下：一是纯获利益的民事法律行为；二是与其年龄、智力相适应的民事法律行为。有学者认为，这两种条件不是对民事法律行为范围的限制，而是对民事法律行为性质（本质）的限制或限定。因此，意味着未成年人可以独立实施何种性质或者类型的民事法律行为。[②]

无民事行为能力人，是指自然人没有以自己的行为取得民事权利和承担

---

① 《民法通则》第十二条第一款规定："十周岁以上的未成年人是限制民事行为能力人，可以进行与他的年龄、智力相适应的民事活动；其他民事活动由他的法定代理人代理，或者征得他的法定代理人的同意。"《合同法》第四十七条第一款规定："限制民事行为能力人订立的合同，经法定代理人追认后，该合同有效，但纯获利益的合同或者与其年龄、智力、精神健康状况相适应而订立的合同，不必经法定代理人追认。"

② 陈甦主编：《民法总则评注》（上册），法律出版社 2017 年版，第 132 页。

民事义务的资格。因此，无民事行为能力的自然人，其无资格独立地按照自己的意思参与民事活动，只能依靠法定代理人代理其实施民事法律行为。《民法典》第二十条规定："不满八周岁的未成年人为无民事行为能力人，由其法定代理人代理实施民事法律行为。"该条规定是在《民法通则》第十二条第二款的基础上修改而成，将"不满十周岁"修改为"不满八周岁"，将"代理民事活动"修改为"代理实施民事法律行为"。

"其他不具有见证能力的人"不能作为遗嘱的见证人。这一兜底性规定是针对完全民事行为能力人而言的，因为无民事行为能力人、限制民事行为能力人已经由本项前半段排除在了遗嘱见证人之外。完全民事行为能力人虽然可以完全辨认自己的行为并可以独立实施民事法律行为，但也并不是所有的完全民事行为能力人都可以作为遗嘱的见证人。完全民事行为能力人是否具有见证遗嘱的能力属于事实上的判断，需要根据个案具体分析。例如，在订立代书遗嘱时，不识字的人员、盲人、失聪的人员即不得作为遗嘱的见证人，更不能作为遗嘱的代书人；在订立录音录像遗嘱或者口头遗嘱时，失聪者也不能作为该遗嘱的见证人；不通晓遗嘱人所使用的语言的人，也不能作为遗嘱人口头遗嘱、代书遗嘱、录音录像遗嘱的见证人。基于上述考虑，本条补充增加了该兜底条款，至于什么样的人员属于"其他不具有见证能力的人"，需要在具体的案件中进行具体分析。这一补充规定弥补了法律的不足，让实践中对一些特殊案件的处理有了一定的法律依据。[①] 正如立法机关所言，遗嘱见证人除了为完全民事行为能力人之外，还需要具有见证能力，而见证能力的有无要根据具体事实情况进行判断。[②]

四、继承人、受遗赠人不能为遗嘱继承人

《民法典》第一千一百四十条第（二）项明确规定，继承人、受遗赠人不能作为遗嘱见证人。这是基于确保见证人能够客观、公正地对遗嘱的真实性作出证明，法律一般要求见证人与遗嘱内容没有利害关系。凡是与遗嘱有

---

① 参见最高人民法院民法典贯彻实施工作领导小组主编：《中华人民共和国民法典婚姻家庭编继承编理解与适用》，人民法院出版社 2020 年版，第 591 页。

② 黄薇主编：《中华人民共和国民法典释义（下）》，法律出版社 2020 年版，第 2189 页。

利害关系的人均应被排除在遗嘱见证人之外。因为遗嘱利害关系人受到利益的驱使，很可能会对遗嘱人施加某种影响，导致遗嘱人无法真正地表达出自己的真实意愿，甚至可能在违背自己意愿的情况下订立遗嘱。因此说，法律规定将利害关系人从见证人的范围中予以排除。

遗嘱人的继承人不得作为遗嘱的见证人。《民法典》第一千一百二十七条规定："遗产按照下列顺序继承：（一）第一顺序：配偶、子女、父母；（二）第二顺序：兄弟姐妹、祖父母、外祖父母。继承开始后，由第一顺序继承人继承，第二顺序继承人不继承；没有第一顺序继承人继承的，由第二顺序继承人继承。本编所称子女，包括婚生子女、非婚生子女、养子女和有扶养关系的继子女。本编所称父母，包括生父母、养父母和有扶养关系的继父母。本编所称兄弟姐妹，包括同父母的兄弟姐妹、同父异母或者同母异父的兄弟姐妹、养兄弟姐妹、有扶养关系的继兄弟姐妹。"显然，继承人应当是该条规定的法定继承人。法定继承人属于利害关系人，不得作为遗嘱见证人。利害关系既包含受益的利害关系，也包括受损的利害关系，无论遗嘱内容对其是有益还是将致其受损，这些继承人都有可能会对遗嘱人施加一些不正当的影响或者在今后的继承纠纷中对遗嘱相关事项作出一些不符合事实的表述，影响遗嘱继承人的合法权益。因此说，法律明确规定继承人不得为遗嘱见证人。同时，受遗赠人是遗嘱的受益人，与遗嘱有着直接的利害关系，为避免其不正当地影响遗嘱人表达真实意愿，避免在继承发生后其他继承人与受遗赠人之间在此问题上产生争议，法律明确规定受遗赠人不得作为见证人。

五、与继承人、受遗赠人有利害关系的人不能作为遗嘱见证人

《民法典》第一千一百四十条第（三）项明确规定，与继承人、受遗赠人有利害关系的人不能作为遗嘱见证人。这是因为，如果遗嘱见证人与继承人、受遗赠人有利害关系，虽然他们可能不是某遗嘱继承法律关系或者遗赠法律关系中的直接受益人，但相应的遗嘱中涉及的有关遗嘱利益和遗产分配内容也可能与他们有间接的利益关系，从而有可能影响他们对遗嘱的真实性作出公正的证明。同时，与继承人、受遗赠人有利害关系的人在见证过程中即可知晓被继承人的意愿，可能会人为制造出一些使遗嘱有效或者无效的因素，也可能在遗嘱设立时给遗嘱人施压或者诱导遗嘱人作出不符合自己真实

意愿的遗嘱。[①]

如何认定“有利害关系的人”？对此，《继承编解释（一）》第二十四条规定：“继承人、受遗赠人的债权人、债务人，共同经营的合伙人，也应当视为与继承人、受遗赠人有利害关系，不能作为遗嘱的见证人。”不过，该条规定并没有穷尽所有的“有利害关系的人”，而只是对实践中典型的类型作出了列举。

在司法实践中，在遗嘱人订立需要由见证人见证的遗嘱时，遗嘱人请来了符合条件的见证人在场见证，但同时遗嘱受益人或者受益人的利害关系人也全程参与了遗嘱的订立过程。这种情形也常常会引起继承人与受益人之间关于遗嘱效力的争论。遗嘱受益人或其利害关系人全程参与遗嘱的订立过程有可能会对遗嘱人施加不当的影响，让遗嘱人无法表达出自己的真实意愿，故在继承发生后，其他继承人对遗嘱的效力产生怀疑也符合情理。法律对此没有明确规定，在实务中，要分别对待，不能将遗嘱一律认定为有效或者无效。如果有证据证明在场的遗嘱受益人或其利害关系人实施了欺诈、胁迫行为，导致遗嘱人作出了不符合本意的遗嘱时，该遗嘱即应被确认为无效。反之，不应认定遗嘱无效。[②]

六、对案例23、案例24的简要评析

在案例23中，涉案打印遗嘱应当符合其形式要件。根据《民法典》第一千一百三十六条的规定，打印遗嘱应当有两个以上见证人在场见证，遗嘱人和见证人应当在遗嘱每一页签名，注明年、月、日。本案发生在《民法典》实施之前，当时的法律并没有规定打印遗嘱，但可以参照代书遗嘱处理。代书遗嘱同样要求有两个以上的见证人在场见证。根据《民法典》第一千一百四十条的规定，继承人不得作为遗嘱见证人，而李某3作为继承人参与了遗嘱见证，该遗嘱见证人违反了法律禁止性的规定，该遗嘱应当属于无效遗嘱。在遗嘱无效的情形下，应当适用法定继承处理遗产。根据《民法

① 参见陈甦、谢鸿飞主编：《民法典评注：继承编》，中国法制出版社2020年版，第163页。

② 参见最高人民法院民法典贯彻实施工作领导小组主编：《中华人民共和国民法典婚姻家庭编继承编理解与适用》，人民法院出版社2020年版，第593—594页。

典》第一千一百三十条第三款“对被继承人尽了主要扶养义务或者与被继承人共同生活的继承人，分配遗产时，可以多分”的规定，法院在分割遗产时，适当对被继承人尽了主要扶养义务的继承人予以多分，并无不当。

在案例 24 中，根据《民法典》第一千一百三十八条的规定，遗嘱人在危急情况下，可以立口头遗嘱。口头遗嘱应当有两个以上见证人在场见证。危急情况消除后，遗嘱人能够用书面或者录音形式立遗嘱的，所立的口头遗嘱无效。王某主张关某 1 立有口头遗嘱，并主张遗嘱见证人为侯某、张某。侯某陈述了相关情况，并称其听见关某 1 说要照顾好多多，而张某亦陈述关某 1 所称内容，但并未提及关某 1 说照顾好要多多，两人陈述存在矛盾。根据胡某医生陈述，多多作为一条宠物狗，对于关某 1 意义重大。因此说，在侯某、张某陈述不一致的情况下，不能确认口头遗嘱的真实有效，且根据张某所述，其在场时是否是以见证人的身份和责任见证关某 1 订立口头遗嘱亦存疑。根据胡某医生所述，2013 年 8 月 5 日晚上至第二天早上关某 1 意识清醒，允许关某 1 与护士交流，法院据此认定先前危急情况已经解除，并无不当。关某 1 可以在此期间采取其他方式订立遗嘱，从而更有效清晰地表达自己对于遗产分配的意思表示。2013 年 8 月 6 日胡某让王某探望关某 1 时，应属于新的危急情况，但胡某称其并不是作为见证人在场，且仅有其一人在场。王某提供的在案证据不足以认定关某 1 订立合法有效的口头遗嘱，法院认定本案应适用法定继承，并无不当。

第三节　必留份制度

一、问题的提出

必留份制度是为了保障没有劳动能力又没有生活来源的继承人的利益而设立的，具有保障其基本生活的性质。对此，《民法典》第一千一百四十一条规定：“遗嘱应当为缺乏劳动能力又没有生活来源的继承人保留必要的遗产份额。”

在研究必留份制度之前，先看一则案例：

案例 25：未留必留份该如何处理？[①]

原告胡某、郑某夫妻育有二子一女，长子为胡某斌，次子为胡某正，女儿早已出嫁。两原告于 1987 年建造了坐落在台州市黄岩区的三层楼房二间。1990 年间，两原告分家析产，将该三层楼房中的一间分给胡某斌所有，另一间分给胡某正所有；两原告由胡某斌、胡某正赡养。胡某斌与被告程某 1 登记结婚，被告应某系被告程某 1 的儿子、胡某斌的继子。约在 2009 年间，胡某斌与被告程某 1 建造了坐落在台州市黄岩区的四层楼房一间。2015 年 12 月 15 日，被继承人胡某斌订立自书遗嘱，将其所有的房屋、一切山地、田地等财产由被告应某继承。胡某斌于 2016 年 2 月 7 日亡故。另查明，原告胡某、郑某年老体弱多病，系残疾人，没有劳动能力与生活来源。被继承人胡某斌在订立自书遗嘱时，没有保留原告胡某、郑某必要的遗产份额。经该院走访了解，坐落在台州市黄岩区的三层楼房和四层楼房，其价值分别约为 20 万元、40 万元。

生效裁判认为，根据《继承法》第十九条（《民法典》第一千一百四十一条）规定，“遗嘱应当对缺乏劳动能力又没有生活来源的继承人保留必要的遗产份额”。《继承法意见》第三十七条［《继承编解释（一）》第二十五条］规定：“遗嘱人未保留缺乏劳动能力又没有生活来源的继承人的遗产份额，遗产处理时，应当为该继承人留下必要的遗产，所剩余的部分，才可参照遗嘱确定的分配原则处理。”被继承人胡某斌在订立遗嘱时，没有考虑两原告年老体弱多病，没有劳动能力与生活来源以及其是赡养人的实际情况，将其遗产全部由被告应某继承。虽然两原告有其他子女赡养，但胡某斌作为两原告的赡养人，应承担相应的赡养责任。为了弘扬中华民族尊老的传统美德，促进社会和谐，同时结合本案讼争房产的价值以及两原告的生活、身体状况等实际情况，确定讼争房产归两被告占用使用，酌情保留胡某斌的遗产价值 10 万元。因该遗产由被告应某继承，应由遗产继承人应某支付给两原告遗产价值折价款 10 万元。

---

① 详见浙江省台州市中级人民法院（2021）浙 10 民终 267 号民事判决书。

上述案例，涉及必留份问题。试问：如何理解必留份制度的法律意义？在司法实践中如何适用必留份制度？

二、必留份制度的法律意义

必留份，是法律规定遗嘱人不得通过遗嘱处分的，为缺乏劳动能力又没有生活来源的继承人保留的，排除遗嘱继承与法定继承适用的必要遗产份额。必留份本质上是遗嘱人遗产中的法定部分，是遗嘱人不能基于遗嘱自由而处分的法定遗产份额。[①] 基于此，《民法典》第一千一百四十一条规定："遗嘱应当为缺乏劳动能力又没有生活来源的继承人保留必要的遗产份额。"

必留份制度的规定是对遗嘱人遗嘱自由的一种限制。由于遗嘱自由并不是完全无限制的自由，继承制度还必须发挥遗产的扶养功能和维护基本的家庭伦理的功能，因此各国继承立法普遍对遗嘱自由设有一定的限制。[②] 我国《民法典》继承编也贯彻了这一原则。对遗嘱自由的限制，体现在该条中就是遗嘱应当为缺乏劳动能力又没有生活来源的继承人保留必要的遗产份额，如果没有为其保留必要的份额，在继承时就会由法院直接从遗产总额中扣减一定的遗产交与这类继承人，剩余的部分才能按照遗嘱中确定的遗产分配规则进行分配。

三、必留份制度的司法适用

根据《民法典》第一千一百四十一条的规定，必留份制度的司法适用应当遵循下列原则：

1. 必须是法定继承人范围内取得继承权的人。享有遗嘱为其保留必要份额权利的人应当是遗嘱人的继承人，这里的继承人指的是遗嘱人的法定继承人。《民法典》第一千一百二十七条规定："遗产按照下列顺序继承：（一）第一顺序：配偶、子女、父母；（二）第二顺序：兄弟姐妹、祖父母、外祖父母。继承开始后，由第一顺序继承人继承，第二顺序继承人不继承；没有第一顺

---

① 参见陈甦、谢鸿飞主编：《民法典评注：继承编》，中国法制出版社 2020 年版，第 169 页。

② 黄薇主编：《中华人民共和国民法典释义（下）》，法律出版社 2020 年版，第 2190 页。

序继承人继承的，由第二顺序继承人继承。”第一千一百二十八条规定：“被继承人的子女先于被继承人死亡的，由被继承人的子女的直系晚辈血亲代位继承。被继承人的兄弟姐妹先于被继承人死亡的，由被继承人的兄弟姐妹的子女代位继承。代位继承人一般只能继承被代位继承人有权继承的遗产份额。”第一千一百二十九条规定：“丧偶儿媳对公婆，丧偶女婿对岳父母，尽了主要赡养义务的，作为第一顺序继承人。”这三条是我国法律关于法定继承人范围的规定。对于依靠被继承人扶养或资助的法定继承人范围以外的亲属和其他关系密切的人，是不能成为享有必留份的权利人。

2. 必须是缺乏劳动能力又没有生活来源的法定继承人。“缺乏劳动能力”指的是该继承人不具备或不完全具备独立劳动的能力，不能依靠自身的劳动取得必要收入以维持自己的生活。“没有生活来源”主要指的是该继承人没有固定的工资、没有稳定的经济收入，无法有效地从他人或社会处获取必要的生活资料。只有在该继承人既缺乏劳动能力，又没有生活来源的情况下，才符合为其保留必要遗产份额的条件。如果只是缺乏劳动能力，但有生活来源，此时就不符合为其保留遗产份额的条件。如果具有劳动能力，但没有生活来源，此时也不符合为其保留遗产份额的条件，在这种情况下，其可以通过自己的劳动来维持自己的生活，没有为其保留遗产的现实必要性。①

四、司法实践中应当注意的问题

1. 如何确定必留份的份额问题。《民法典》第一千一百四十一条规定遗嘱应为符合条件的继承人保留必要的遗产份额，但并未就应保留多少份额进行规定。在法无明确规定的情况下，应该综合考虑案件的具体情况来确定应该保留的份额，需要考虑的因素包括被继承人遗产价值情况、该继承人的实际生活需要以及当地的基本生活水平等情况。

如果遗嘱人没有保留必留份，而是处分了所有遗产，应如何处理？对此，《继承编解释（一）》第二十五条第一款规定：“遗嘱人未保留缺乏劳动能力又

---

① 参见最高人民法院民法典贯彻实施工作领导小组主编：《中华人民共和国民法典婚姻家庭编继承编理解与适用》，人民法院出版社 2020 年版，第 595—596 页。

没有生活来源的继承人的遗产份额，遗产处理时，应当为该继承人留下必要的遗产，所剩余的部分，才可参照遗嘱确定的分配原则处理。”

2. 如何认定“继承人是否缺乏劳动能力又没有生活来源”的标准问题。对此，《继承编解释（一）》第二十五条第二款明确规定，“应当按遗嘱生效时该继承人的具体情况确定”。

3. 继承人享有必留份的权利相对于被继承人的债权人对被继承人的债权来说具有优先性，同时这种权利也优先于国家对被继承人的税收权。《民法典》第一千一百五十九条规定：“分割遗产，应当清偿被继承人依法应当缴纳的税款和债务；但是，应当为缺乏劳动能力又没有生活来源的继承人保留必要的遗产。”立法保障的是这类继承人的生存权，生存权是人的最基本的权利，相较于其他权利类型而言，生存权应放在第一位。故在实务中遇有其他债权人的债权与本条规定相冲突时，应优先适用本条的规定，为符合条件的继承人留出必要的遗产。

4. 违反必留份的法律后果。如果遗嘱人违反法律规定没有为法定必留份的权利人保留必留份的，遗嘱对法定必留份所作的处分无效，必留份权利人可以以自己的名义向人民法院起诉请求补足必留份。必留份的部分无效不影响遗嘱的其他部分的效力，其余内容仍然有效。

五、对案例 25 的简要评析

根据《民法典》第一千一百四十一条的规定，遗嘱应当为缺乏劳动能力又没有生活来源的继承人保留必要的遗产份额。在本案中，显然胡某斌自书遗嘱时没有给其缺乏劳动能力又没有生活来源的法定继承人即父母保留必要的遗产份额。对此，《继承编解释（一）》第二十五条第一款规定，遗嘱人未保留缺乏劳动能力又没有生活来源的继承人的遗产份额，遗产处理时，应当为该继承人留下必要的遗产，所剩余的部分，才可参照遗嘱确定的分配原则处理。因此，法院在裁判时酌定给其父母保留了 10 万元的遗产，遗产的其他部分按照自书遗嘱进行继承。

同时，确定房屋价值的最好方法当然是鉴定，但鉴定要花费大量的费用，法院考虑双方当事人经济都比较困难，而给缺乏劳动能力又没有生活来源的继承人保留必要的遗产份额，也是根据情况酌情确定的。因此，通过询问当地干部，确定房屋的大致价值，有利于减轻双方当事人的负担，对公平处理案件亦无影响。

第四节 遗嘱无效

一、问题的提出

遗嘱是要式民事法律行为，不但需要满足法律规定的形式要求，而且还需要具备民事法律行为有效的条件，要符合《民法典》总则编第一百四十三条规定的民事法律行为有效的条件：（1）行为人具有相应的民事行为能力；（2）意思表示真实；（3）不违反法律、行政法规的强制性规定，不违背公序良俗。同时，不能出现《民法典》继承编第一千一百四十三条所规定的情形：无民事行为能力人或者限制民事行为能力人所立的遗嘱无效；遗嘱必须表示遗嘱人的真实意思，受欺诈、胁迫所立的遗嘱无效；伪造的遗嘱无效；遗嘱被篡改的，篡改的内容无效。

在研究遗嘱无效之前，先看三则案例：

案例 26：本案遗嘱人能否认定为限制民事行为能力人？[①]

陈某丁与董某宵婚内于 1967 年 10 月 2 日生育陈某乙、1975 年 5 月 1 日生育陈某甲，董某宵于 1978 年去世。陈某丁与罗某某于 1985 年结婚，婚后二人未生育子女。罗某某和前夫所生育之女陈某丙（1975 年 7 月 10 日出生）与陈某丁、罗某某夫妻二人及陈某甲共同生活，陈某丙与陈某丁、陈某甲与罗某某分别形成有扶养关系的继子女关系。陈某丁与罗某某婚内于 1992 年购买西安市阎良区某处 13 号房产。1998 年 1 月 28 日，罗某某去世，后该房产登记在陈某丁名下。1999 年 12 月 2 日，陈某丁与付某某登记结婚，婚后二人未生育子女。2016 年 11 月 26 日，陈某丁订立遗嘱一份，该遗嘱系打印

---

① 详见陕西省西安市阎良区人民法院（2021）陕 0114 民初 427 号民事判决书。

而成，遗嘱载明，在陈某丁身故后，西安市阎良区某处13号房产由陈某甲继承，其他财产按照法定继承办理。陈某丁邀请了两名见证人在场见证，在打印遗嘱上签名、注明日期。2018年9月19日，陈某丁因病死亡。

生效裁判认为，公民的继承权受法律的保护。继承开始后，有遗嘱的，按照遗嘱继承或遗赠办理；没有遗嘱的，按照法定继承办理。本案中，陈某丁及罗某某所购的位于西安市阎良区某处13号房产属其夫妻共同财产。罗某某去世时未留下遗嘱，该房屋的1/2份额系罗某某的遗产，由其丈夫陈某丁、女儿陈某丙及继子陈某甲按法定继承处理，即各继承涉案房屋的1/6份额。因此，罗某某去世后，陈某丁、陈某丙、陈某甲分别享有涉案房产2/3、1/6、1/6的份额。关于本案遗嘱的效力问题。被继承人陈某丁生前留下遗嘱对涉案房屋进行处理，因陈某丁年事已高，故遗嘱系打印而成，陈某丁在该打印遗嘱上签名、捺印。同时，案外人刘某某、李某某在见证人处签名、捺印并注明日期。因此，陈某丁所立遗嘱系打印遗嘱。本案中，无利害关系的两位遗嘱见证人均在场见证遗嘱系陈某丁的真实意思表示，两位见证人及被告陈某丙均提出陈某丁在订立遗嘱时精神状况正常，被告陈某乙在庭后书面意见中亦认可陈某丁的遗嘱内容。被告陈某丙、陈某乙作为陈某丁的法定继承人之一，明知遗嘱内容对其不利，仍认可该遗嘱的效力，也进一步印证该遗嘱内容确系陈某丁的真实意愿。更重要的是，被告付某某及第三人张某某主张该遗嘱无效，其并未提供充分的证据予以证明。因此，可以认定本案涉案遗嘱系被继承人陈某丁的真实意思表示，但陈某丁仅有权在该遗嘱中处分其个人享有的涉案房产2/3的份额。故根据陈某丁的遗嘱，本案涉案房产的2/3份额由原告陈某甲继承。诉讼中，被告陈某丙自愿放弃对涉案房产的相关继承份额，并同意由原告陈某甲继承，系其对自身权利的处分，亦不损害他人的合法权益，予以确认。故对于原告陈某甲主张本案涉案房产由其继承所有的诉请，本院予以支持。据此判决：位于西安市阎良区13号某处房产由原告陈某甲继承所有。

案例27：本案遗嘱是否为遗嘱人的真实意思表示？①

各方当事人系亲兄弟关系。被继承人张某琪与孙某安系夫妻关系，共生

① 详见天津市第三中级人民法院（2021）津03民终5149号民事判决书。

育六个儿子，即张某1、张某2等。被继承人张某琪于2014年2月14日去世，被继承人孙某安于2015年12月25日去世；2015年2月3日被继承人孙某安委托律师事务所作出遗嘱见证书，内容为："我叫孙某安，与张某琪是夫妻关系，张某琪于2014年2月14日病故，我们夫妻二人原住址东丽区的住房已经拆迁，清水工程新某村民宅拆迁补偿协议书上写的地址是新某村9号，这些房子都在张某琪名下，是我们夫妻二人的共同财产，我们共有六个儿子，只有小儿子张某2我们没给房子，其他五个儿子都给了房子，为了防止今后儿子们因房产问题发生纠纷，经我认真考虑，我决定把我应当分配的房产以及我应该得到的15平方米小户型房产和我名下的各项补偿款给我老儿子张某2，其他任何人无权干涉，我再强调一下，我决定在我百年之后，把我所有的财产都由我小儿子张某2继承，与其他任何人无关，以上遗嘱是我真实意愿。"该遗嘱由律师事务所律师郝某生代书，该所出具了律师见证书，证明孙某安立遗嘱时神志清醒，未受到胁迫、欺诈，遗嘱内容是其真实意思表示，立遗嘱人在遗嘱上的捺手印是真实的，代书人郝某生代孙某安的签名是真实的，代书人郝某生在该遗嘱上的签名是真实的，见证律师：郝某生、周某娜。该见证书上加盖了律师事务所公章。

2020年7月7日，张某2对张某3等人提起诉讼，经法院调解双方当事人自愿达成如下调解协议："坐落于天津市东丽区房屋的有效拆迁置换面积95.76平方米，由原告张某2继承60.16平方米；被告张某3继承25.2平方米；被告张某1继承5.2平方米；被告张某6继承5.2平方米。"同时查明，被继承人孙某安于2015年12月25日死亡。自2016年1月至2021年2月期间的租房补贴为182467.79元，该租房补贴全部由张某2取出保管。

生效裁判认为，公民可以立遗嘱将个人合法财产指定由继承人一人或数人继承。本案争议的焦点是2015年2月3日被继承人孙某安委托律师事务所所立遗嘱是否合法有效。《民法典》第一千一百四十三条规定："无民事行为能力人或者限制民事行为能力人所立的遗嘱无效。遗嘱必须表示遗嘱人的真实意思，受欺诈、胁迫所立的遗嘱无效。伪造的遗嘱无效。遗嘱被篡改的，篡改的内容无效。"经审查，被继承人孙某安的代书遗嘱是在律师事务所签署的，系代书遗嘱，由郝某生、周某娜作为见证人，由郝某生代书，注明了日期为2015年2月3日，被继承人的签字系代书人郝某生代签，立遗嘱人孙某安捺手印确认。该律师见证中包括授权委托书、民宅拆迁补偿协议书、户口簿复印件、谈话笔录、遗嘱、律师证、律师见证书等内容，虽然在遗嘱上只有代书人郝某生签字，但在律师见证书中两位见证律师均签字。对于该份见证遗嘱应当进行综合全面的分析认证，同时该份代书遗嘱的内容系被继承人孙某安的真实意思表示，不存在法律规定的遗嘱无效情形，应当认定被继承人孙某安在 2015 年 2 月 3 日所立代书遗嘱合法有效。张某 1 要求确认遗嘱无效的诉讼请求，不予支持。应当认定自 2016 年 1 月 1 日至 2021 年 2 月发放租房补贴 182467.79 元为遗产。对于该款项应当如何进行分割继承。被继承人孙某安生前留有遗嘱，该遗嘱合法有效，租房补贴 182467.79 元应当是被继承人孙某安和张某琪的夫妻共同财产，其中的 50% 即 91233.89 元属于孙某安的合法财产，按照遗嘱应当由张某 2 继承，属于被继承人张某琪的 91233.90 元，因张某琪未留有遗嘱，按照法律规定，应当由张某 1 等六人共同继承，每人继承 15205.65 元，庭审中，张某 4、张某 5 表示将其继承的份额赠与张某 2，依法照准。经计算，张某 2 继承租房补贴 136850.84 元，张某 1 继承 15205.65 元，张某 3 继承 15205.65 元，张某 6 继承 15205.65 元。因该租房补贴全部由张某 2 支取，故张某 2 应当按照继承的数额予以返还。

案例 28：本案遗嘱能否认定为伪造遗嘱？①

马某系马某斌与前妻之子，马某斌与孙某同居生活逾 20 年。2020 年 2 月 2 日，马某斌去世。2004 年 8 月 3 日，马某斌、孙某（乙方）与陶某德等人（甲方）签订房屋买卖合同，约定甲方将天某山小区建筑面积 65 平方米的房屋以 11 万元的价格出售给乙方。乙方处“孙某”的签名系马某斌代签。当日，马某斌支付中介佣金 2000 元，支付陶某德房屋定金 4 万元；2004 年 11 月 11 日，马某斌支付陶某德房款 4 万元；2006 年 10 月 13 日，陶某德出具收条，载明收到购房余款 24000 元。2007 年元旦，马某斌自书遗嘱一份，载明“位于天某山小区住房，是孙某用她的全部积蓄所购买，产权归孙某，在我有生之年当然是与她共同享用，如果我不幸在她之前离开人世，我的任何亲属，请在产权上莫做任何计较，更不得以任何理由问责孙某。如果她在

① 详见江苏省南京市中级人民法院（2021）苏 01 民终 2539 号民事判决书。

我之前而去，我将按她的遗愿将房权移交给她唯一的女儿李某，责无旁贷”。落款“马某斌生前留言，马某斌绝笔2007年元旦”。马某在庭审中提出案涉遗嘱并非马某斌的真实意思表示，未能提交证据证明，其在申请对遗嘱是否系其马某斌本人所写进行笔迹鉴定后，经鉴定机构通知未能缴纳鉴定费用，放弃了鉴定申请。

生效裁判认为：遗嘱的无效有下列几种情形：一是无行为能力人或者限制民事行为能力人所立的遗嘱无效；二是受胁迫、欺骗所立的遗嘱无效；三是伪造的遗嘱无效；四是遗嘱被篡改的，篡改的内容无效。本案中，马某提出案涉遗嘱并非马某斌的真实意思表示，未能提供证据证明，不予支持。虽遗嘱中所涉房屋尚未登记至孙某、马某斌名下，但孙某提供了其与马某斌与案外人的房屋买卖合同，并已实际居住使用案涉房屋多年，双方因房屋的权属尚在处理之中，故不能以此否认遗嘱的效力。根据法律规定，公民可以立遗嘱将个人财产赠给国家、集体或者法定继承人以外的人。故对马某以案涉房屋产权不明确及孙某并非马某斌的法定继承人为由要求确认案涉遗嘱无效的主张，不予支持。据此判决：驳回马某的诉讼请求。

上述案例中，当事人争议的焦点均是遗嘱的效力问题。试问：如何理解适用《民法典》所规定的遗嘱无效情形？

二、遗嘱人不具有遗嘱能力导致遗嘱无效

根据《民法典》第一千一百四十三条第一款的规定，无民事行为能力人或者限制民事行为能力人所立的遗嘱无效。该条是针对遗嘱人的遗嘱能力所作的规定。所谓遗嘱能力，是指自然人依法享有的可以用遗嘱形式处分个人财产的能力或资格。[①]

《民法典》第一百四十四条规定：“无民事行为能力人实施的民事法律行为无效。”立遗嘱行为属于民事法律行为，《民法典》继承编同样规定无民事行为能力人所立的遗嘱无效，对此《民法典》总则编与继承编对无民事行为能力人的民事法律行为效力规定是完全一致的。

---

① 黄薇主编：《中华人民共和国民法典释义（下）》，法律出版社2020年版，第2194页。

《民法典》第一百四十五条规定：“限制民事行为能力人实施的纯获利益的民事法律行为或者与其年龄、智力、精神健康状况相适应的民事法律行为有效；实施的其他民事法律行为经法定代理人同意或者追认后有效。相对人可以催告法定代理人自收到通知之日起三十日内予以追认。法定代理人未作表示的，视为拒绝追认。民事法律行为被追认前，善意相对人有撤销的权利。撤销应当以通知的方式作出。”该条规定了无民事行为能力人所实施的民事法律行为的效力视不同情形而定，存在着有效、无效、可撤销的情形。《民法典》继承编采取了“一刀切”的方法不再区分具体情形，一律认定限制民事行为能力人所立的遗嘱无效。

在实践中，认定遗嘱能力应当以何时为标准？对此，理论上通说和比较法上通例都认为，应当以立遗嘱时为准。《继承编解释（一）》第二十八条规定：“遗嘱人立遗嘱时必须具有完全民事行为能力。无民事行为能力人或者限制民事行为能力人所立的遗嘱，即使其本人后来具有完全民事行为能力，仍属无效遗嘱。遗嘱人立遗嘱时具有完全民事行为能力，后来成为无民事行为能力人或者限制民事行为能力人的，不影响遗嘱的效力。”例如，遗嘱人在立遗嘱时仍然精神健康、智力正常，但后来患了老年痴呆，这并不影响遗嘱的效力。

在司法实践中，被继承人立遗嘱时是否有完全民事行为能力，往往是“时过境迁”，难以复原，当事人往往争议较大。如果可以进行司法鉴定，则比较容易认定；如果无法进行司法鉴定，则需要结合患者的病历资料、居委会或村委会的证明、邻居或同事等的证人证言等综合认定被继承人立遗嘱时是否有完全民事行为能力。

经过人民法院宣告为限制民事行为能力或者无民事行为能力人以后，限制民事行为能力人或者无民事行为能力人又恢复为完全民事行为能力人，此时设立遗嘱的效力如何？实务中对此有两种不同的观点。一种观点认为遗嘱人的遗嘱能力应以实际情况为准，如果确有证据证明遗嘱人在订立遗嘱时已经恢复为完全民事行为能力人，则可以认定遗嘱有效，而无须法院另行撤销行为能力判决。另一种观点则与此完全相反，该观点认为在法院判决撤销宣告之前，遗嘱人所订立的遗嘱应是无效遗嘱，其理由为：自然人的民事行为能力应以有资质的司法鉴定机构的鉴定结论为准，既然其行为能力的缺失是由法院判决宣告的，那么其行为能力的恢复也应以法院的撤销判决为准。应当说，第二种观点更为合理。因为我国法律对公民民事行为能力的宣告和撤销规定了严格的程序，法院的判决具有很强的公信力，如果认定这种遗嘱有效，会有损公信力。且遗嘱人是否痊愈也应经过一系列严格的程序来加以确定，确保其完全恢复了民事行为能力，而法院撤销判决的程序性规定能够满足这一要求。综上，在判决被撤销前订立的遗嘱应是无效的遗嘱。[①]

三、遗嘱人非真实意思表示导致遗嘱无效

意思表示，是指民事主体向他人表示意图发生私法上效果的行为。私法自治系借法律行为而实践，法律行为则以意思表示为要素。[②]意思表示，在客观上是让他人知道行为人达到某种法律效果的意思。在主观上是有意图发生私法上的内心意愿，通过一定方式将效果意思表达出来。因此，学者认为，意思表示中的“意思”是指设立、变更、终止民事法律关系的内心意图。[③]所谓“表示”，是指将此种内心意图表示于外部的行为。为了保障遗嘱人的财产处分权以及遗嘱自由，维护合法的遗嘱继承人及受遗赠人的利益，法律要求遗嘱必须表示遗嘱人的真实意愿。[④]否则，遗嘱无效。根据《民法典》第一千一百四十三条第二款、第三款、第四款的规定，遗嘱人非真实意思表示导致遗嘱无效的情形如下：

1. 受欺诈、胁迫所设立的遗嘱无效。《民法典》第一百四十八条规定：“一方以欺诈手段，使对方在违背真实意思的情况下实施的民事法律行为，受欺诈方有权请求人民法院或者仲裁机构予以撤销。”第一百四十九条规定：“第三人实施欺诈行为，使一方在违背真实意思的情况下实施的民事法律行为，对方知道或者应当知道该欺诈行为的，受欺诈方有权请求人民法院或者仲裁机构予以撤销。”第一百五十条规定：“一方或者第三人以胁迫手段，使对方在违背真实意思的情况下实施的民事法律行为，受胁迫方有权请求

---

① 参见最高人民法院民法典贯彻实施工作领导小组主编：《中华人民共和国民法典婚姻家庭编继承编理解与适用》，人民法院出版社 2020 年版，第 607 页。

② 王泽鉴：《民法概要》，中国政法大学出版社 2003 年版，第 104 页。

③ 王利明：《民法总则研究》（第三版），中国人民大学出版社 2018 年版，第 505 页。

④ 黄薇主编：《中华人民共和国民法典释义（下）》，法律出版社 2020 年版，第 2195 页。

人民法院或者仲裁机构予以撤销。”显然，《民法典》总则编将民事法律行为中的受欺诈、胁迫纳入民事法律行为可撤销的法定情形之中。但是，《民法典》继承编将遗嘱人受欺诈、胁迫所立的遗嘱规定为遗嘱无效的法定情形之一。总则编与分则编是一般与特殊的关系，在法律适用时应当优先适用分则编的相关规定。因此说，关于设立遗嘱的效力问题应当首先适用继承编的规定。

欺诈，是指行为人故意告知遗嘱人虚假情况或者故意隐瞒真实情况，致使遗嘱人陷于错误判断并基于该错误判断而作出相应的遗嘱意思表示。因欺诈而导致遗嘱无效需要满足以下四个条件：（1）行为人在主观上有欺诈的故意，即行为人期望以欺诈的方式致使遗嘱人作出错误的意思表示；（2）行为人在客观上实施了欺诈的行为，这里的欺诈行为既包括积极的行为也包括消极的行为，积极行为指的是故意告知遗嘱人虚假情况，消极行为指的是故意向遗嘱人隐瞒真实情况；（3）遗嘱人须因该欺诈行为而陷入错误的判断；（4）遗嘱人基于这种错误的判断而订立了遗嘱。

胁迫，是指行为人故意以非法的手段对遗嘱人进行威胁，导致遗嘱人因此陷入恐惧并因恐惧而作出违背其真实意愿的意思表示。因胁迫而导致遗嘱无效需要满足以下四个条件：（1）行为人在主观上须有胁迫的故意，即行为人希望用胁迫的方式让遗嘱人产生恐惧，从而致使遗嘱人订立特定的遗嘱；（2）行为人在客观上实施了胁迫的行为；（3）遗嘱人因该胁迫的行为陷入了恐惧；（4）遗嘱人因陷入了某种恐惧而作出了违背自己真实意愿的遗嘱。

2. 伪造的遗嘱无效。伪造遗嘱，是指由他人假借遗嘱人的名义设立的遗嘱。伪造的遗嘱并不是被继承人的真实意思表示，亦不是被继承人的民事法律行为，属于侵害遗嘱人和继承人权益的行为，自然属于无效遗嘱。

3. 遗嘱被篡改的，篡改的内容无效。篡改遗嘱，是指将遗嘱人设立的遗嘱在内容上进行了改变。遗嘱被篡改的，由于篡改的部分并不是遗嘱人所立遗嘱的真实意思表示，篡改部分的内容为无效。没有篡改的部分和被篡改部分的以前内容（需要由证据证明篡改前部分的内容）由于是遗嘱人设立遗嘱的真实意思表示，仍然具有法律效力。

伪造的遗嘱是整个遗嘱内容都是伪造的，是“无中生有”，因此全部遗嘱无效。篡改的遗嘱是建立在真实的遗嘱基础之上，将遗嘱的部分内容进行改动，改动的部分无效，并不是整个遗嘱无效。如果伪造人或篡改人不是继承人之一，在因伪造或篡改而给继承人造成损失的情况下，行为人应当承担侵权责任。如果是继承人之一伪造或篡改遗嘱，不但遗嘱无效，而且伪造或篡改遗嘱的继承人还可能因此而丧失继承权。对此，《民法典》第一千一百二十五条明确规定“伪造、篡改、隐匿或者销毁遗嘱，情节严重”，丧失继承权。

四、违反法律、行政法规的强制性规定或者违背公序良俗的遗嘱无效

《民法典》第一百五十三条第一款明确规定违反法律、行政法规的强制性规定的民事法律行为原则上无效。遗嘱作为一种民事法律行为，在继承编没有特别规定的情形下，应当适用该规定予以解释。《民法典》第一千一百四十一条规定：“遗嘱应当为缺乏劳动能力又没有生活来源的继承人保留必要的遗产份额。”该条规定即属于强制性规定，如果违反该条规定，则导致遗嘱人设立遗嘱没有保留“必留份”部分无效。同时，《民法典》继承编第三章对代书遗嘱、打印遗嘱、录音遗嘱、录像遗嘱和口头遗嘱的形式要件均作了明确规定，这些规定诸多属于强制性规定，违反了可能会导致遗嘱无效。

《民法典》第一百五十三条第二款明确规定了违背公序良俗的民事法律行为无效。遗嘱作为一种民事法律行为，违背公序良俗所设立的遗嘱当然属于无效。在民法典时代，公序良俗原则上升到民法典的一个基本原则，《民法典》第八条规定：“民事主体从事民事活动，不得违反法律，不得违背公序良俗。”在司法实践中，如何衡量和把握是否违背公序良俗，是一个值得深入思考的问题。

五、对案例 26、案例 27、案例 28 的简要评析

在案例 26 中，从形式上看，该打印遗嘱虽有瑕疵，但遗嘱人设立遗嘱时并没有规定打印遗嘱的形式要件，亦没有法律禁止性规定不允许遗嘱人适用打印遗嘱。根据《民法典》第一千一百四十三条的规定，无民事行为能力人或者限制民事行为能力人所立的遗嘱无效。遗嘱必须表示遗嘱人的真实意思，受欺诈、胁迫所立的遗嘱无效。伪造的遗嘱无效。遗嘱被篡改的，

篡改的内容无效。《民法典》第五条规定，民事主体从事民事活动，应当遵循自愿原则，按照自己的意思设立、变更、终止民事法律关系。可见，法律对遗嘱形式要件等作出规定是为了确保遗嘱人按本人的意志处分个人财产，避免继承人或其他利害关系人在立遗嘱过程中作出有利于自身、违背遗嘱人真实意思表示的行为。纵观本案，遗嘱人设立遗嘱时属于完全民事行为能力人，且设立遗嘱的内容是其真实意思表示，依法应当按照遗嘱的内容处理其遗产。

在案例 27 中，争议焦点是被继承人孙某安所立遗嘱的效力如何确定。张某 1 主张 2015 年 2 月 3 日其母孙某安委托律师事务所代立遗嘱无效，根据谁主张谁举证的民事诉讼原则，张某 1 对其主张负有举证责任。张某 1 主张该份代书遗嘱因系代书人委托律师事务所律师郝某生代书，孙某按捺手印，代书人签字为一人，不符合法定要件，故应确认无效。对此，《民法典》第一千一百四十三条规定了遗嘱无效的情形。审查本案代书遗嘱，制作、签署的地点在律师事务所，虽然遗嘱上代书人仅为郝某生律师一人，但除代书遗嘱外，装订成册的还包括授权委托书、民宅拆迁补偿协议书、户口簿复印件、谈话笔录、遗嘱、律师证、律师见证书等内容，且在律师见证书中由郝某生、周某娜两位律师作为见证人签字确认，结合遗嘱及上述关联书证进行综合全面分析，法院确认该份代书遗嘱的内容系被继承人孙某安的真实意思表示，孙某安在 2015 年 2 月 3 日所立代书遗嘱合法有效，该处理意见并无不当。

在案例 28 中，当事人对自己提出的诉讼请求所依据的事实或者反驳对方诉讼请求所依据的事实有责任提供证据加以证明。当事人未能提供证据或者证据不足以证明其事实主张的，由负有举证证明责任的当事人承担不利的后果。本案中，马某主张案涉遗嘱系被上诉人伪造，应确认无效，但其在审理过程中放弃司法鉴定，又无其他证据予以证明，法院应当不予采信。遗嘱所涉房屋的产权尚未登记至马某斌名下，其当初订立遗嘱时系无权处分，该遗嘱应确认无效。据已查明的事实，马某斌等与案外人签订遗嘱中所涉房屋买卖合同，且马某斌与被上诉人已实际居住使用该房屋多年，仅系各方因房屋的权属尚在处理之中，上诉人马某以此为由否认遗嘱的效力，于法无据。同时，马某称案涉遗嘱内容非被继承人马某斌的真实意思表示，遗嘱应确认无效，但其未能提供证据予以证明，应当承担举证不能的法律后果。

第五节 遗嘱的撤回和变更

一、问题的提出

《民法典》第一千一百四十二条对遗嘱的撤回与变更作出了规定，即："遗嘱人可以撤回、变更自己所立的遗嘱。立遗嘱后，遗嘱人实施与遗嘱内容相反的民事法律行为的，视为对遗嘱相关内容的撤回。立有数份遗嘱，内容相抵触的，以最后的遗嘱为准。"该条规定源自《继承法》第二十条[①]及《继承法意见》第三十九条[②]、第四十二条[③]整合与修改而成。相比较而言，将遗嘱的"撤销"修改为"撤回"，增加规定了遗嘱视为撤回的情形，删除了公证遗嘱优先效力的规定。

在研究遗嘱的撤回与变更之前，先看两则案例：

案例 29：本案"字据"属于遗嘱还是赠与协议？[④]

邹某香与刘某亮（2017 年正月初三去世）婚后生育三个孩子，长子刘某军早年已过继于他人，次子为本案第三人刘某民，三子刘某平（2008 年 3 月 15 日去世）。刘某为刘某平与谭某花之子。邹某香与刘某亮在济南市莱芜区

---

① 《继承法》第二十条规定："遗嘱人可以撤销、变更自己所立的遗嘱。立有数份遗嘱，内容相抵触的，以最后的遗嘱为准。自书、代书、录音、口头遗嘱，不得撤销、变更公证遗嘱。"

② 《继承法意见》第三十九条规定："遗嘱人生前的行为与遗嘱的意思表示相反，而使遗嘱处分的财产在继承开始前灭失，部分灭失或所有权转移、部分转移的，遗嘱视为被撤销或部分被撤销。"

③ 《继承法意见》第四十二条规定："遗嘱人以不同形式立有数份内容相抵触的遗嘱，其中有公证遗嘱的，以最后所立公证遗嘱为准；没有公证遗嘱的，以最后所立的遗嘱为准。"

④ 详见山东省济南市中级人民法院（2021）鲁 01 民终 5315 号民事判决书。

有平房一套，政府颁发了《集体土地建设用地使用证》，土地使用者为刘某亮。2016年7月8日，刘某亮由其四弟刘某侠在场参与，本村村民刘某运执笔，立“字据”一份，内容为：“立字人刘某亮、邹某香，因年老体弱，将我住的老宅分给孙子刘某以后定居。祖父母两位老人住到去世为止。空口无凭，立字作证。次（此）字据尽（仅）此一份，此前后所立字居（据）无效。”签名处有刘某亮签名，邹某香由刘某亮代签，刘某侠签名，族人经办人刘某运签名。

生效裁判认为，本案刘某欲确认的字据，该字据载明：“立字人刘某亮、邹某香，因年老体弱，将我住的老宅分给孙子刘某。祖父母两位老人住到去世为止。”因订立人刘某亮已去世，故应按照其文字内容结合相关事实予以确认其性质。首先，涉案《集体土地建设用地使用证》载明土地使用权人为刘某亮，根据一户一宅的原则，涉案老宅虽无产权证，但应属刘某亮与邹某香的夫妻共同财产。其次，刘某亮、邹某香之前共同在涉案老宅居住，刘某于2002年起即在他处居住，邹某香在刘某亮去世后至今在老宅居住。最后，字据内容系约定刘某亮、邹某香去世后，老宅由孙子刘某定居。故该字据应属刘某亮、邹某香针对涉案房屋单独对孙子刘某立下的遗嘱。《民法典》第一千一百四十二条规定，遗嘱人可以撤回、变更自己所立的遗嘱。立遗嘱后，遗嘱人实施与遗嘱内容相反的民事法律行为的，视为对遗嘱相关内容的撤回。本案中，邹某香提交的字据，因其形式与2016年7月8日的字据不同，内容亦不明确，且无其他证据相印证为刘某亮的真实意思表示，故不足以证实刘某亮撤回了其在2016年7月8日所立的遗嘱。因遗嘱是死因行为，遗嘱在遗嘱人死亡后方发生法律效力，本案中刘某亮已于2017年去世，故刘某亮处分其个人财产的遗嘱发生法律效力。据此判决：确认刘某亮、邹某香于2016年7月8日订立的遗嘱中关于刘某亮处分其个人财产部分有效。

案例30：本案遗嘱的效力如何？[①]

李某与齐某荣生育子女四人，即李某1、李某2、李某3、李某4。齐某

---

① 详见山东省青岛市中级人民法院（2021）鲁02民终7153号民事判决书。

荣于2016年8月14日去世，李某于2019年6月5日去世。1999年12月13日，李某与军队离休退休干部第三休养所签订《公有住房买卖合同书》，购得位于青岛市市北区某房屋，权利人登记为李某。原告李某2称，2017年1月16日，李某书写遗嘱，内容为“我百年后，我在军休所的房子由我的小儿子李某2继承”，并签名捺印；同年3月4日，李某再次书写遗嘱，内容为“我百年后，我在××路××号军休所的房子和存折里的钱由我的儿子李某2继承”，并签名捺印。对此原告提交两份遗嘱、青岛市精神卫生中心门诊病历、体检报告，证明李某在2017年3月3日时诊断为意识清、定向力佳、自知力存在，李某所立两份遗嘱系其本人真实意思表示，合法有效。经质证，各被告对遗嘱真实性提出异议，李某自2016年身体状态急剧恶化，2016年9月检查出多发腔隙性脑梗塞、白质脱髓鞘、脑萎缩，导致老人的认知和行为能力受到了限制，其近90岁组织出该遗嘱并且亲自书写，显然不符合常态，认为遗嘱无效。李某于2018年2月8日由其本人口述，李某4打印，出具“声明”，内容为：“我李某共有四个子女，均履行了抚养业务。关于家中财产和钱款现委托二儿子李某2代管家中事务，等我百年后，我的财产和钱款将由4个儿女平均分配。”李某书写“以上属实”并签名捺印，后手持声明拍摄照片，该声明时间晚于原告手中材料的时间，内容与视频录音相互印证，是老人的真实意思表示。

生效裁判认为，本案系继承纠纷。继承人应当本着互谅互让、和睦团结的精神，协商处理继承问题。根据法律规定，继承开始后，按照法定继承办理；有遗嘱的，按照遗嘱继承或者遗赠办理；有遗赠扶养协议的，按照协议办理。遗产是公民死亡时遗留的个人合法财产。当事人对自己提出的诉讼请求所依据的事实或者反驳对方诉讼请求所依据的事实有责任提供证据加以证明。没有证据或者证据不足以证明当事人主张的，由负有举证责任的当事人承担不利后果。关于诉争房屋的继承，该房屋系被继承人李某与齐某荣的夫妻共同财产，二人对该房屋各享有50%份额，即本案遗产。齐某荣未留有遗嘱，其房产份额应由其合法的第一顺序继承人李某、李某3、李某1、李某2、李某4继承，各继承10%产权份额。关于李某2017年1月16日、2017年3月4日的两份遗嘱，根据原告陈述，该两份遗嘱由李某亲笔书写，签名，注明年、月、日，各被告对遗嘱真实性和遗嘱人的民事行为能力提出异议，但未提交有效证据予以反驳，对各被告的抗辩意见不予采纳；关于李某2018年2月8日的“声明”，该声明从形式上看是一份打印遗嘱，打印遗嘱应当有两个以上见证人在场见证，遗嘱人和见证人应当在遗嘱每一页签名，注明年、月、日，继承人不能作为遗嘱见证人，故该声明不符合法律所规定的打印遗嘱应具备的实质和形式要件，不能认定为李某的合法有效遗嘱。遗嘱人可以撤回、变更自己所立的遗嘱。立有数份遗嘱，内容相抵触的，以最后的遗嘱为准。因此，李某2017年3月4日的遗嘱符合遗嘱的形式要件，体现了遗嘱人的真实意思表示，应认定为合法有效。遵该遗嘱，李某享有的诉争房屋产权份额应由原告继承。综上，诉争房屋由李某2继承70%产权份额，李某3、李某1、李某4各继承10%产权份额。遗产分割应当有利于生产、生活需要，不损害遗产的效用，不宜分割的遗产，可以采取折价、适当补偿、共有等方法处理，综合考虑本案实际情况，诉争房屋判归原告李某2，原告李某2以评估价值1546126元作为分割价值依据向各被告每人支付154612.6元对价补偿为宜。

上述案例，涉及遗嘱的撤回与变更问题。试问：遗嘱撤回或者变更的法律意义如何？遗嘱撤回或者变更的方式如何？数份遗嘱的效力如何认定？

二、遗嘱撤回或者变更的法律意义

遗嘱属于单方民事法律行为，但因其为死因行为，遗嘱人死亡时才能够发生法律效力。因此说，只要是遗嘱人的真实意思表示，且符合法律规定，就允许遗嘱人在设立遗嘱后的任何时间撤回或者变更所设立的遗嘱，不需要征得任何人的同意。这正是《民法典》第一千一百四十二条第一款所规定的“遗嘱人可以撤回、变更自己所立的遗嘱”的体现。

遗嘱的撤回，是指遗嘱人设立遗嘱后，又取消原遗嘱的全部内容的民事法律行为。遗嘱人可以以书面形式声明撤回原遗嘱，也可以用设立新的遗嘱等方式撤回原立的遗嘱。遗嘱一旦撤回，即失去了发生效力的可能性。民法上的“撤回”与“撤销”是有区别的：“撤回”是对还没有生效的意思表示予以撤回，使其不发生法律效力；“撤销”是对已经生效的意思表示予以撤销，使其具有溯及力的消灭。遗嘱是在遗嘱人死亡时生效，遗嘱人只能在其死亡前即遗嘱生效前取消其意思表示，因此《民法典》用“撤回”遗嘱表述更加准确。[1]

遗嘱的变更，是指遗嘱人在设立遗嘱后，对原设立的遗嘱的部分内容进行变更的行为。遗嘱的变更包括遗嘱内容的变更和遗嘱形式的变更。具体而言，变更遗嘱存在三种情形：一是遗嘱人增加遗嘱的内容；二是遗嘱人删除遗嘱的部分内容；三是遗嘱人对遗嘱的部分内容进行修改。在撤回遗嘱的情况下，遗嘱人是将自己所立的遗嘱全部予以废止。

三、遗嘱撤回或者变更的方式

由于遗嘱是单方民事法律行为，遗嘱人不需要征得他人的同意，可以在任何时间撤回或者变更所设立的遗嘱。

遗嘱的撤回或者变更方式应当以要式方式进行，包括明示方式和默示方式。明示方式即指遗嘱人依照法律规定设立遗嘱的方式，以明确的意思表示撤回或者变更遗嘱。法律规定遗嘱为要式行为，目的是保证实现遗嘱人的真实意思。设立遗嘱需要要式行为，同样道理，遗嘱人撤回或者变更遗嘱改变了对其财产的处分，就需要与设立遗嘱的形式一样，目的是避免纷争。默示方式即指遗嘱人虽然未以明确的意思表示撤回或者变更遗嘱，但法律根据遗嘱人的行为推定遗嘱人撤回或者变更了遗嘱。遗嘱撤回或者变更的效力在于使原来遗嘱的内容不发生效力，而以撤回或者变更后的遗嘱内容为准，这才是确定遗嘱人的真实意思表示。

在司法实践中，变更或者撤回遗嘱是对原有遗嘱作出的重大改变，遗嘱人变更或者撤回遗嘱需要满足的法律要件包括：一是在变更或者撤回时，遗嘱人应当是完全民事行为能力人，否则变更或者撤回无效；二是变更或者撤回是遗嘱人的真实意思表示，否则遗嘱人受到欺诈或者胁迫的变更或者撤回无效；三是变更或者撤回需要满足《民法典》继承编中规定的遗嘱形式之一，否则会影响到变更或者撤回的效力。

---

① 参见黄薇主编：《中华人民共和国民法典继承编释义》，法律出版社2020年版，第101页。

四、各种遗嘱形式之间的效力

根据《民法典》第一千一百四十二条第三款的规定，“立有数份遗嘱，内容相抵触的，以最后的遗嘱为准”。相对于《继承法》第二十条第二、三款，本款有了极其重大的变化，即取消了公证遗嘱效力最高的规定。遗嘱以最后所立的为准，无论该遗嘱是自书遗嘱、代书遗嘱、录音录像遗嘱、打印遗嘱、口头遗嘱还是公证遗嘱。亦即在内容相抵触的情况下，任何形式的在后遗嘱都可以视为对任何形式的在先遗嘱的变更或撤回，在效力层级上，不再考虑遗嘱是否经过了公证。

遗嘱是遗嘱人处分自己合法财产的意思表示，遗嘱的效力来自遗嘱人的真实意思表示。法律所规定的各类遗嘱形式只是遗嘱人这种意思表示的载体和表现形式，每类遗嘱形式均有自己的优势和不足，不能仅以遗嘱表现形式的不同来确定遗嘱孰优孰劣。公证遗嘱确实有着其他遗嘱形式不可比拟的优势，公证的正规和严肃性表明其证据效力会高于其他形式的遗嘱，应将其优先效力限定在证据法的层面上，不能据此从实体上直接规定经过公证的遗嘱在效力层级上就高于其他形式的遗嘱，对于遗嘱的效力还是要回归到遗嘱人的真实意思表示上。[①]

五、对案例 29、案例 30 的简要评析

在案例 29 中，2016 年 7 月 8 日，刘某亮由其四弟刘某侠在场参与，本村村民刘某运执笔，立“字据”一份。该“字据”的性质是双方当事人争议的焦点，即属于遗嘱还是属于赠与协议。对此，应当从立字据人刘某亮、邹某香的内心真实意思表示来分析。遗嘱是典型的要式行为、死因行为、无相对人的单方法律行为，与合同等双方法律行为存在本质区别，因此说，遗嘱解释不同于一般的合同解释。被继承人所立的遗嘱能够生效，并能够按照遗嘱人的真实意思来处理遗产，要力求符合遗嘱人的遗嘱愿望。本案中，“字据”明确的意思表示是在立遗嘱人死亡后将其老宅分给孙子刘某，

---

① 参见最高人民法院民法典贯彻实施工作领导小组主编：《中华人民共和国民法典婚姻家庭编继承编理解与适用》，人民法院出版社 2020 年版，第 601 页。

该“字据”的生效时间是在立遗嘱人死亡时，并非赠与协议。因此说，应当尊重遗嘱人的意愿，按照其意愿处理本案，生效裁判便是如此处理的。

在案例30中，本案争议的焦点问题是，涉案遗嘱是否有效。根据《民事诉讼法解释》第九十条的规定，当事人对自己提出的诉讼请求所依据的事实或者反驳对方诉讼所依据的事实，应当提供证据加以证明，但法律另有规定的除外。在作出判决前，当事人未提供证据或证据不足以证明其事实主张的，由负有举证证明责任的当事人承担不利后果。本案中，当事人双方就被继承人李某自书遗嘱是否有效产生分歧。遗嘱系自然人对自己财产在生前作出的处分。除立遗嘱人在立遗嘱时应具有遗嘱能力外，其效力还应从遗嘱是否是立遗嘱人真实意思表示、形式要件是否符合法律规定予以判断。李某2作为遗嘱持有人，已经就立遗嘱人在订立遗嘱时的行为能力、真实意思表示、遗嘱形式方面完成了初步的举证证明责任。李某1以立遗嘱人李某患有脑部疾病不具备行为能力为由，主张遗嘱无效，应提供充分的证据予以证明，否则其主张得不到支持。

第六节　附有义务的遗嘱继承与遗赠

一、问题的提出

遗嘱人设立遗嘱或者遗赠时，除表达自己处分个人的合法财产的意思表示外，有时候还在遗嘱中附加要求遗嘱继承人或者受遗赠人履行一定的义务。对此，《民法典》第一千一百四十四条对附有义务的遗嘱继承或者遗赠作了规定，即：“遗嘱继承或者遗赠附有义务的，继承人或者受遗赠人应当履行义务。没有正当理由不履行义务的，经利害关系人或者有关组织请求，人民法院可以取消其接受附义务部分遗产的权利。”该条源自《继承法》第二十一条的规定。主要修改有两点：一是为规范法律表述，将《继承法》第二十一条中规定的“经有关单位或者个人请求”修改为“经利害关系人或者有关组织请求”。在这里需要注意的是，这里的“有关组织”本身可能与遗嘱并无直接的利害关系，它可以是对与遗嘱有直接利害关系的人负有一定法律上义务的组织，如对无民事行为能力人或者限制民事行为能力人负有监护职责的居民委员会、村民委员会或者民政部门。[①]二是将《继承法》第二十一条中规定的“人民法院可以取消他接受遗产的权利”修改为“人民法院可以取消其接受附义务部分遗产的权利”。

在研究附有义务的遗嘱继承或者遗赠之前，先看一则案例：

案例31：本案是否属于附义务遗嘱继承？[②]

被继承人王某华于2019年5月3日去世，生前无配偶、无子女。王某华去世时，父亲王某水、母亲黄某宵均已去世，其在世的兄弟姐妹有王某2、王某3、王某4。王某1系王某2之子，与王某华为伯侄关系。汪某亚系王某3之子，与王某华为舅甥关系，刘某娟系汪某亚妻子、王某3儿媳。2017年9月，王某华介绍王某1在某区担任保安工作，平时居住在宿舍里，但时常去王某华处探望照顾。2019年2月10日，王某华写下遗嘱：“请领导主持，把我的一切遗产赠送给长期陪我治病生活的娃儿王某1。希望其他亲友支持，协同处理好我的后事工作。”该遗嘱王某华一直没有交给王某1及其他人，系王某1在王某华去世后整理其遗物时所发现。2019年3月22日，王某华住院期间，王某1的哥哥王某荣与王某华的谈话录音中谈到：“免得他们妒忌，几十万块钱啊……这个事实不要告诉他们，就按照我那个条子写的，把一切财产都遗赠给王某1……上面没有数字的，这样他们不会有意见的……就把银行的手续怎么办，弄清楚就好了……我已经对你们比较满意了……”王某华在同日的录音中还表达了死后葬于浙江兰溪的愿望。2019年3月31日开始，王某华因不满意王某1的照顾，分别向派出所、养老院、社区工人员以及外甥汪某亚夫妇拨打电话请求帮助。其中，王某华在与汪某亚的通话中讲“他们（王某1）放弃对我的帮助，所以我要另求生路，我没有别的办法”。2019年4月1日，王某华将银行卡、理财产

① 参见最高人民法院民法典贯彻实施工作领导小组主编：《中华人民共和国民法典婚姻家庭编继承编理解与适用》，人民法院出版社2020年版，第611页。

② 详见浙江省杭州市中级人民法院（2020）浙01民终9483号民事判决书。

品说明书交予外甥汪某亚妻子刘某娟，并告知其密码。之后被继承人王某华主要在外甥汪某亚夫妇的照顾下进行就医，直到2019年5月3日，被继承人王某华去世，仍由汪某亚夫妇料理后事，并垫支各项费用95000元。王某华的遗产有存款579512.38元、房屋经评估市场价为3020000元。

生效裁判认为，本案的争议焦点是该遗嘱是否为附义务的遗赠。公民可以依照法律规定立遗嘱处分个人财产，可以立遗嘱将个人财产赠给法定继承人以外的人。因此，本案被继承人王某华可以立遗嘱将财产赠给王某1。同时，遗嘱继承或者遗赠附有义务的，继承人或者受遗赠人应当履行义务。没有正当理由不履行义务的，经有关单位或者个人请求，人民法院可以取消他接受遗赠的权利。根据被继承人"把我的一切遗产赠送给长期陪我治病生活的娃儿王某1。希望其他亲友支持，协同处理好我的后事工作"的遗嘱内容，结合被继承人王某华与王某1之兄王某荣的谈话"我（王某华）已经对你们比较满意了"的录音内容，应当认定该遗嘱为附义务的遗赠，其所附义务是王某1使被继承人王某华较为满意的陪伴照顾，包括日常生活、治病以及后事处理。但自2019年3月31日起，被继承人王某华向他人频繁拨打电话并要求帮助，在与外甥汪某亚夫妇沟通中明确表示王某1放弃对其帮助，使其另求生路，寻求其他帮助，以致王某华在2019年4月1日将其财产中的存款及理财计划说明书等交付给外甥汪某亚妻子刘某娟并告知密码，而非交付王某1，后续王某华的治疗与后事工作主要由王某3的儿子汪某亚及其妻子刘某娟负责。由此可见，王某1并没有完全履行该遗赠所附义务，至少从2019年3月31日起至被继承人王某华过世期间，王某1并未尽到王某华为该遗赠所附之义务。鉴于王某1只部分履行了义务，以及被继承人王某华重病求助期间言语表达和行为处分，王某1只能部分继承王某华的遗产。考虑到被继承人王某华的生前遗愿，确认由王某3一方负责、王某1、王某4协助，将王某华骨灰安葬于浙江兰溪。王某3儿子及儿媳汪某亚夫妇履行了较多的义务，王某3应当酌情分得相应遗产。据此判决：一、被继承人王某华的遗产中位于杭州市西湖区的房屋归王某1所有，王某1于判决生效后一个月内补偿王某3款项700000元；二、被继承人王某华名下现在王某3之子汪某亚处的存款579512.38元扣除汪某亚垫付的各项费用95000元后尚余430049.38元，由王某2、王某3、王某4各继承三分之一，即王某3于判决生效后三十日内各支付王某2、王某4款项143349.79元。

上述案例，涉及附有义务的遗嘱继承。试问：如何理解遗嘱继承人或者受遗赠人履行附有义务遗嘱的前提？遗嘱继承人或者受遗赠人不履行附有义务遗嘱的法律后果如何？

二、遗嘱继承人或者受遗赠人履行附有义务遗嘱的前提

遗嘱人用遗嘱处分个人财产，将财产指定给他人继承或者遗赠时，可以要求继承其遗产的人或者受遗赠人履行特定的义务，该义务既包括作为义务，也包括不作为义务。只要遗嘱人附加的义务不违反法律的强制性规定以及公序良俗，遗嘱人的附加义务均不为法律所禁止。

根据《民法典》第一千一百四十四条的规定，遗嘱继承人或者受遗赠人履行遗嘱附有义务的前提是接受继承或者遗赠。设立遗嘱属于单方民事法律行为，遗嘱人在遗嘱中为遗嘱继承人或者受遗赠人设定附加义务时，并不要求遗嘱人与遗嘱继承人或者受遗赠人的意思表示一致，即达成合意。这是因为遗嘱设定附有义务附随于遗嘱继承权或者受遗赠权，在遗嘱生效的时候，遗嘱继承人或者受遗赠人可以通过接受或者放弃继承和受遗赠的方式选择是否履行遗嘱所附加的义务。也就是说，遗嘱继承人或者受遗赠人选择接受继承或者受遗赠，则应当履行遗嘱中所设定的义务；遗嘱继承人或者受遗赠人选择放弃继承或者受遗赠，则遗嘱继承人或者受遗赠人就没有必要履行遗嘱中所设定的义务。

同时，根据《民法典》第一千一百四十四条的规定，除非有正当理由，遗嘱继承人或者受遗赠人应当履行遗嘱所设定的附有义务。何谓“正当理由”，法律并没有作出明确规定。通常认为包括两类客观原因：一是遗嘱中所设定的附有义务违反法律、行政法规的强制性规定，或者违背公序良俗；二是遗嘱中所设定的附有义务客观上不具有实现的条件和可能，根本自始无法履行或者发生嗣后履行不能。[①]

---

① 参见陈甦、谢鸿飞主编：《民法典评注：继承编》，中国法制出版社2020年版，第206页。

三、遗嘱继承人或者受遗赠人不履行附有义务遗嘱的法律后果

根据《民法典》第一千一百四十四条的规定，如果遗嘱继承人或者受遗赠人没有正当理由不履行义务的，经利害关系人或者有关组织请求，人民法院可以取消其接受附义务部分遗产的权利。因此说，在遗嘱继承人或受遗赠人不履行遗嘱规定的义务时，该遗嘱并非当然地失去效力。在此情况下，可以由利害关系人或者有关组织向人民法院提出请求，请求的事项包括两个方面的内容：一是请求人民法院取消其接受附义务部分遗产的权利；二是请求由自己代替被取消权利的遗嘱继承人或受遗赠人的地位，在代替后，由提出请求的有关主体接受相应的遗产并履行对应的义务。即在取消遗嘱继承人或受遗赠人的这项权利时，必须经过法定的程序，由人民法院依法进行审查。经审查确定其确属无正当理由不履行义务的，依法取消其该权利，否则即应当依法对其进行保护。[①]

附有义务遗嘱或者遗赠具有一定的特殊性。如果遗嘱继承人或受遗赠人不履行所附的义务，该如何处理？对此，《继承编解释（一）》第二十九条规定："附义务的遗嘱继承或者遗赠，如义务能够履行，而继承人、受遗赠人无正当理由不履行，经受益人或者其他继承人请求，人民法院可以取消其接受附义务部分遗产的权利，由提出请求的继承人或者受益人负责按遗嘱人的意愿履行义务，接受遗产。"因此说，遗嘱继承人或受遗赠人在不履行义务时虽然会遭受不利的法律后果，但这种法律后果并不是由人民法院强制其履行该义务，而是由人民法院剥夺其接受相关遗产的权利，使遗嘱继承人或受遗赠人的财产状况恢复到继承开始前的状态。在其不履行义务时，利害关系人或有关组织不得请求人民法院判决其履行义务。

同时，附义务的遗赠不同于遗赠扶养协议。前者是单方法律行为，而后者是双方法律行为；附义务的遗赠中义务的履行是在被继承人死亡以后，而遗赠扶养协议中扶养义务的履行是在被继承人生前。如果被继承人与他人签订了遗赠扶养协议，则不应适用《继承编解释（一）》第二十九

---

① 参见最高人民法院民法典贯彻实施工作领导小组主编：《中华人民共和国民法典婚姻家庭编继承编理解与适用》，人民法院出版社 2020 年版，第 613—614 页。

条的规定。

四、对案例31的简要评析

根据《民法典》第一千一百四十四条的规定，遗嘱继承或者遗赠附有义务的，继承人或者受遗赠人应当履行义务。没有正当理由不履行义务的，经利害关系人或者有关组织请求，人民法院可以取消其接受附义务部分遗产的权利。根据被继承人王某华“把我的一切遗产赠送给长期陪我治病生活的娃儿王某1。希望其他亲友支持，协同处理好我的后事工作”的遗嘱内容，结合被继承人王某华与王某1之兄王某荣的谈话“我（王某华）已经对你们比较满意了”的录音内容，可以反映被继承人王某华将财产遗赠给王某1是因为王某1长期陪伴其治病生活，而“希望其他亲友支持，协同处理好我的后事工作”的内容，反映了王某1还应承担王某华的后事工作，因此法院认定该遗嘱为附义务的遗赠，其所附义务是王某1使被继承人王某华较为满意的陪伴照顾，包括日常生活、治病以及后事处理，并无不当之处。被继承人王某华向他人频繁拨打电话并要求帮助，在与外甥汪某亚夫妇沟通中明确表示王某1放弃对其帮助，使其另求生路，寻求其他帮助，而王某华在2019年4月1日将其财产中的存款及理财计划说明书等交付给外甥汪某亚妻子刘某娟并告知密码的事实也能反映王某华对外寻求帮助这一事实的真实性。后续王某华的治疗与后事工作主要由王某3的儿子汪某亚及妻刘某娟负责。由此可以看出王某1并未尽到该遗赠所附之义务。鉴于王某1部分履行了照顾王某华日常生活、陪伴治病的义务，结合王某华的遗嘱，王某1可以继承王某华的部分遗产。剩余遗产可通过法定继承，由王某3、王某2、王某4继承。同时考虑到王某3的儿子汪某亚、儿媳刘某娟也承担了王某华部分重病治疗、后事料理工作，王某3可适当多分遗产。法院根据本案的实际情况，酌情对遗产分配作出的处理，并无不当之处。

第七节　自书遗嘱与代书遗嘱

一、问题的提出

自然人设立遗嘱时，可以任意选择法律规定的遗嘱形式，但是如果其所设立遗嘱不符合法律规定的形式要求，即使遗嘱确实为遗嘱人的真实意思表示，也不能发生法律效力。[①] 自书遗嘱与代书遗嘱是两种传统的设立遗嘱形式，继承编立法时并不存在争议。对此，《民法典》第一千一百三十四条规定了自书遗嘱，即："自书遗嘱由遗嘱人亲笔书写，签名，注明年、月、日。"第一千一百三十五条规定了代书遗嘱，即："代书遗嘱应当有两个以上见证人在场见证，由其中一人代书，并由遗嘱人、代书人和其他见证人签名，注明年、月、日。"

在研究自书遗嘱与代书遗嘱之前，先看两则案例：

案例 32：本案自书遗嘱的效力如何？[②]

李某 1 申请再审称，二审判决认定的基本事实缺乏证据证明。从遗嘱内容来看，遗嘱处分的财产指向的是折迁回还的新门面中属于立遗嘱人自己所有的份额即 42.33 平方米。同时，二审判决适用法律确有错误。

最高人民法院经审查认为，本案争议的焦点问题是程某麟于 2015 年 5 月 12 日所立的遗嘱是否有效。自书遗嘱由遗嘱人亲笔书写，签名，注明年、月、日。案涉遗嘱符合自书遗嘱的法定要件，应当视为程某麟的真实意思表示。对于遗嘱的具体内容，应结合已经查明的案件事实进行综合判断。首先，程某麟订立遗嘱时，案涉房屋已经折迁，其在遗嘱中也对此进行了说明

---

① 参见黄薇主编：《中华人民共和国民法典释义（下）》，法律出版社 2020 年版，第 2177—2178 页。

② 详见最高人民法院（2017）最高法民申 3664 号民事裁定书。

"因我县城改造……拆迁房屋坐落于雍阳镇××号……拆迁面积为住房面积109.898平方米，门面面积84.652平方米"，同时，遗嘱记载"由于担心本人去世后家属子女因遗产继承问题发生争执，故本人于2015年5月12日立下本遗嘱……"。可见，程某麟在立遗嘱时对旧房已经拆迁是知悉的，其本意并非对已经不存在的财产进行处分，否则，即与其"担心本人去世后家属子女因遗产继承问题发生争执"的遗嘱目的相悖。其次，遗嘱载明"房产证所有权人为程某麟，共有人为李某周，李某周于1993年因病去世，李某周去世后，我与子女五人李某2、程某1、李某3、李某1、程某2应继承李某周遗产的一半门面面积42.33平方米，住房面积54.99平方米，其余另一半门面住房面积应由我所有。我所有的门面（我与丈夫李某周共有的门面84.652平方米的一半）42.33平方米于本人去世后，由我儿子李某1继承"。可见，程某麟处分其自有财产的意思是明确的。2012年9月2日五子女共同签署的声明亦系对李某周和程某麟共有的被拆迁前房屋共有份额的分配，可以看出程某麟在遗嘱中对处分的财产范围也是明确的。考虑到拆迁回还后签订的四份《商品房买卖合同》中，五位子女均为共有人，共有份额未明确的事实，程某麟在遗嘱中作此表述亦有其合理性，简单以遗嘱处分的遗产不存在为由否认案涉遗嘱效力，确有不当。依照《民事诉讼法》第二百零四条、第二百零六条（现为第二百一十一条、第二百一十三条），《民事诉讼法解释》第三百九十五条（现为第三百九十三条）第一款的规定，裁定如下：一、指令贵州省高级人民法院再审本案；二、再审期间，中止原判决的执行。

案例33：本案代书遗嘱的效力如何？①

车某、李某1、李某2申请再审称，请求撤销一审、二审判决，依法提起再审。理由为：一是有新证据能够证明512号院房屋经过分家归李某江所有，该院落存在李某江自己的部分，其也参与建房，出资出力，故不应当认定为李某的遗产在本案予以分割。二是从遗产范围上，511号院也为遗产，应当在本案中予以分割。若不存在分家，李某江的512号院被认定为遗产的话，那么李某3的511号院也应当认定为遗产。512号院宅基地使用权证被

① 详见北京市高级人民法院（2021）京民申1248号民事裁定书。

撤销，那么511号院的宅基地使用权证也应当被撤销，则511号院也应当在本案中予以分割。三是李某3提供的遗嘱因不符合法律规定的生效要件，应属无效。

北京市高级人民法院经审查认为，代书遗嘱应当有两个以上见证人在场见证，由其中一人代书，注明年、月、日，并由代书人、其他见证人和遗嘱人签名。同时，继承人、受遗赠人不能作为遗嘱见证人。本案中，涉案2010年8月25日遗嘱经查是于某玲代书，而代书人于某玲并未在遗嘱上签名。根据法律规定，代书人即是见证人之一，而且遗嘱明确512号院房屋由李某3、于某玲继承。故代书人兼见证人于某玲亦是遗嘱受赠人，不符合法律规定的遗嘱见证人的条件。在此情况下，需要对该遗嘱的法律效力进一步审查认定。综上，车某、李某1、李某2的再审申请符合《民事诉讼法》第二百条（现为第二百零七条）第（一）项、第（二）项、第（六）项规定的情形。据此裁定如下：一、指令北京市第三中级人民法院再审本案；二、再审期间，中止原判决的执行。

上述案例，一个涉及自书遗嘱，另一个涉及代书遗嘱。试问：如何理解适用自书遗嘱与代书遗嘱？

二、自书遗嘱的法律适用

自书遗嘱，是指遗嘱人本人将处分遗产的意思表示亲自用文字书写出来的遗嘱。[①] 自书遗嘱系遗嘱人自己亲自书写，意思表示真实，且易辨别真伪，故不需要见证人在场见证。根据《民法典》第一千一百三十四条“自书遗嘱由遗嘱人亲笔书写，签名，注明年、月、日”的规定，自书遗嘱在形式上必须符合下列条件：

1. 遗嘱必须是遗嘱人亲笔书写。自书遗嘱既不能由他人代笔，也不能用打印机打印，只能由遗嘱人自己用笔将其意思记录下来。这里的全部内容指的是遗嘱的全部字迹，既包括遗嘱中关于遗产如何处理的主干部分，也包括遗嘱人的签名和注明的年、月、日，都必须是遗嘱人亲笔所写。即遗嘱的所

---

① 黄薇主编：《中华人民共和国民法典释义（下）》，法律出版社2020年版，第2178页。

有字迹均要求是遗嘱人本人亲自书写上去，这是自书遗嘱最主要的形式要件。如果遗嘱中有内容不是遗嘱人亲笔所书写，就是一份无效的自书遗嘱，不能适用本条关于自书遗嘱的规定，不能发生按照自书遗嘱继承遗产的法律效力。

2. 自书遗嘱必须是遗嘱人亲笔签名。在遗嘱书写完毕后，遗嘱人还须在遗嘱末尾亲笔写上自己的姓名。为何要求遗嘱人亲笔签名？因为遗嘱人亲笔签名，是遗嘱表现的遗嘱人的意志行为和人格痕迹，因而既具有认可遗嘱内容是其真实意思表示，促使遗嘱发生效力的作用，也有防止伪造的作用。[①]

在司法实践中需要注意的是：遗嘱上遗嘱人的签名必须是遗嘱人正式的姓名，即身份证、户口簿上登记的姓名，而不能是遗嘱人的笔名、艺名；遗嘱人在自书遗嘱上应该亲笔写上自己的姓名，而不能加盖人名章或者捺手印；如果遗嘱内容不止一页，从遗嘱的形式上来说，既可以在每一页上都签上遗嘱人的姓名，也可以只在遗嘱的最后一页上签名。

3. 自书遗嘱必须注明年、月、日。遗嘱人注明年、月、日，必须在遗嘱中写明是哪一年、哪一月、哪一日，年、月、日均应齐全。即年、月、日三个要素缺一不可。其主要作用在于：一是注明年、月、日，可以确定遗嘱的设立时间，如果在遗嘱设立之后遗嘱人撤回、变更了该遗嘱，或者遗嘱人实施了与该遗嘱内容相反的民事法律行为，则该遗嘱的部分或者全部内容将不发生法律效力；二是遗嘱中注明的年、月、日，便于确定遗嘱人当时的身体以及精神状况，目的是判断遗嘱人所设立的遗嘱是否有效；三是在遗嘱人设立有数份遗嘱时，如果遗嘱内容存在抵触，以最后的遗嘱为准，此时自书遗嘱注明的年、月、日就是判断遗嘱设立的先后顺序。

在司法实践中，自书遗嘱未必都被遗嘱人冠以“遗嘱”的名称。针对遗书中包含遗嘱内容的情况，《继承编解释（一）》第二十七条规定：“自然人在遗书中涉及死后个人财产处分的内容，确为死者的真实意思表示，有本人签名并注明了年、月、日，又无相反证据的，可以按自书遗嘱对待。”

同时，关于注明的日期是公历还是农历的问题，法律并没有强制性的规定，即无论加注的是公历日期还是农历日期，只要该日期中的年、月、日三

---

① 参见最高人民法院民法典贯彻实施工作领导小组主编：《中华人民共和国民法典婚姻家庭编继承编理解与适用》，人民法院出版社2020年版，第562页。

要素齐全，都应该是有效的。一般而言，如果加注农历日期，应该对此特别标注加以说明。如果无法确定加注的是公历日期还是农历日期，考虑到现在通行的是公历日期，故推定遗嘱人使用的是公历日期。

三、代书遗嘱的法律适用

代书遗嘱，是指根据遗嘱人表达的遗嘱内容由他人代为书写的遗嘱。代书遗嘱一般是因为基于遗嘱人的一些特殊原因，如不会写字或者身体状况不好无法写字等不能亲笔书写遗嘱，才委托他人代为书写遗嘱。对此，《民法典》第一千一百三十五条规定："代书遗嘱应当有两个以上见证人在场见证，由其中一人代书，并由遗嘱人、代书人和其他见证人签名，注明年、月、日。"据此，代书遗嘱必须符合下列条件：

1. 代书遗嘱必须有两个以上见证人在场见证。见证人是证明遗嘱真实性的第三人。代书遗嘱是通过无利害关系的见证人佐证遗嘱人的意思表示，以确保遗嘱人是在自愿的状态下作出的真实意思表示，如果日后因该代书遗嘱发生纠纷，可以通过见证人来判断遗嘱的真实性与可靠性。①

代书遗嘱中的见证人必须符合一定的条件。具体而言：一是见证人必须有见证遗嘱真实性的能力，且保持中立性。根据《民法典》第一千一百四十条的规定，无民事行为能力人、限制民事行为能力人以及其他不具有见证能力的人不能作为见证人，继承人、受遗赠人以及与继承人、受遗赠人有利害关系的人不能作为见证人。这正如"一人为私，两人为公"。二是见证人必须在两人以上，否则违反程序性要求，会导致代书遗嘱没有法律效力。三是符合资格、数量要求的见证人必须在场见证，必须在场全程参与设立遗嘱的过程，不能存在间断。

2. 代书遗嘱必须是见证人中的一人代书。代书遗嘱要求遗嘱设立人必须亲自口述遗嘱内容，由见证人中的一人书写。因此说，代书遗嘱中的代书人必须按照遗嘱设立人的意思表示，忠实地记载遗嘱人口述的遗嘱内容，绝对不能对遗嘱内容作出实质性的修正或更改。

3. 代书遗嘱必须是遗嘱人、代书人和其他见证人签名。立法要求的目的

---

① 黄薇主编：《中华人民共和国民法典释义（下）》，法律出版社2020年版，第2180页。

在于确保代书遗嘱的内容完全出于遗嘱人的真实意思表示。否则，代书遗嘱无效。

在代书遗嘱中，涉及三类人：遗嘱人、代书人、见证人。代书人必须是见证人。在代书遗嘱中，见证人中包含了代书人，即代书人身兼代书和见证两种职责。因为遗嘱是处分个人财产的重大民事法律行为，为保证遗嘱的真实性以及处分遗嘱人财产的意思表示的准确性，法律规定在订立代书遗嘱时，必须有两个以上的见证人在场见证，由其中一人代书，并由遗嘱人、代书人和其他见证人签名，注明年、月、日。代书人在书写完毕遗嘱后，应将遗嘱的内容向遗嘱人进行宣读，或者将代书的遗嘱交由遗嘱人进行审核，以此确保遗嘱人的真实意思能够被完整、准确地记录下来。

4. 代书遗嘱必须注明年、月、日。代书遗嘱注明的日期对于认定遗嘱的真实性和有效性具有重要作用，代书遗嘱没有注明日期或者注明的日期不具体，其法律后果是代书遗嘱不能生效。

四、对案例 32、案例 33 的简要评析

在案例 32 中，自书遗嘱系遗嘱人自己亲自书写，意思表示真实，且易辨别真伪，故不需要见证人在场见证。根据《民法典》第一千一百三十四条“自书遗嘱由遗嘱人亲笔书写，签名，注明年、月、日”的规定，自书遗嘱在形式上必须符合下列条件：一是遗嘱必须是遗嘱人亲笔书写。二是自书遗嘱必须是遗嘱人亲笔签名。三是自书遗嘱必须注明年、月、日。涉案遗嘱符合自书遗嘱的法定构成要件，是遗嘱人程某麟的真实意思表示，应当属于合法有效的遗嘱。遗产是自然人死亡时遗留的个人合法财产。本案中，立遗嘱人已经知道了房屋要被拆迁，并对拆迁置换面积也是确定的，符合遗产的特定性本质。因此说，不能以设立遗嘱时该拆迁置换的房屋尚不存在为由，否认其自书遗嘱的效力。

在案例 33 中，根据《民法典》第一千一百三十五条的规定，代书遗嘱应当有两个以上见证人在场见证，由其中一人代书，并由遗嘱人、代书人和其他见证人签名，注明年、月、日。据此，代书遗嘱必须有两个以上见证人在场见证。但是，代书遗嘱中的见证人必须符合一定的条件：一是见证人必须有见证遗嘱真实性的能力，且保持中立性。根据《民法典》第

一千一百四十条的规定，继承人、受遗赠人不能作为见证人。二是见证人必须在两个以上。三是符合资格、数量要求的见证人必须在场见证，必须在场全程参与设立遗嘱的过程。在本案中，见证人之一是继承人，显然违反了法律的强制性规定，应当属于无效遗嘱。

第八节 打印遗嘱与口头遗嘱

一、问题的提出

打印遗嘱，是《民法典》继承编的新增条款。《民法典》第一千一百三十六条规定："打印遗嘱应当有两个以上见证人在场见证。遗嘱人和见证人应当在遗嘱每一页签名，注明年、月、日。"口头遗嘱，是一种传统的、常见的遗嘱方式。《民法典》第一千一百三十八条规定："遗嘱人在危急情况下，可以立口头遗嘱。口头遗嘱应当有两个以上见证人在场见证。危急情况消除后，遗嘱人能够以书面或者录音录像形式立遗嘱的，所立的口头遗嘱无效。"

在研究打印遗嘱与口头遗嘱之前，先看两则案例：

案例 34：本案的打印遗嘱是否有效？①

被继承人於某某于 2018 年 5 月 30 日死亡，其生前育有三名子女，分别为朱某 4、朱某 1、朱某 2。朱某 4 于 2019 年 4 月 11 日死亡。朱某 4 生前与本案被告王某系夫妻关系，二人生育一子朱某 3。被继承人於某某系某村村民，拥有 70 平方米宅基地一处，2010 年因政府征用被拆迁。因继承人对遗产有争议，上述宅基地被拆迁后对应的回迁安置房屋及安置费没有给予补偿。庭审中，原告朱某 1 提供於某某打印遗嘱一份，该遗嘱有於某某签字及捺手印，见证人张某、曹某签字，沈阳市某法律服务所盖章，立遗嘱的时间及地点均为打印形式。朱某 1 向本院提供证人张某、曹某出庭作证，证明於

① 详见辽宁省沈阳市中级人民法院（2021）辽 01 民终 15191 号民事判决书。

某某订立遗嘱的全过程，打印遗嘱是於某某自愿所做，是其真实意思表示，符合法律规定。

生效裁判认为，《民法典》第一千一百三十六条规定：“打印遗嘱应当有两个以上见证人在场见证。遗嘱人和见证人应当在遗嘱每一页签名，注明年、月、日。”本案原告提供的遗嘱为打印遗嘱，立遗嘱人及见证人并未在遗嘱上注明年、月、日，立遗嘱的时间为打印形式。因此，原告提供的遗嘱不符合打印遗嘱的形式要件。本案应按法定继承处理，朱某1、朱某2分别继承遗产的1/3份额，朱某3及王某分别继承遗产的1/6份额。据此判决：被继承人於某某生前享有的位于沈阳市浑南区70平方米住房及院落的回迁安置房屋及安置费用由原告朱某1、被告朱某2分别继承1/3份额，被告朱某3及王某分别继承1/6份额。

案例35：本案遗嘱形式如何认定？①

被继承人李某与常某婚后育有李某1、李某2、李某3、李某4四子，李某5系李某2之女。李某5出生后不久即与李某、常某共同居住生活，直至李某死亡。常某于2007年2月23日死亡，李某于2017年1月13日死亡。位于北京市朝阳区涉案房屋登记在李某名下，并于2010年3月24日取得涉案房屋所有权证书。李某5主张，2017年1月12日，被继承人李某病危，李某让李某4通过录音方式订立遗嘱，涉案房屋由李某5继承，并由李某5录像，李某4代书李某签名的方式，留有代书遗嘱。庭审中，李某1和李某3均主张李某所立遗嘱无效。

生效裁判认为，自书遗嘱由遗嘱人亲笔书写，签名，注明年、月、日。代书遗嘱应当有两个以上见证人在场见证，由其中一人代书，注明年、月、日，并由代书人、其他见证人和遗嘱人签名。以录音形式立的遗嘱，应当有两个以上见证人在场见证。遗嘱人在危急情况下，可以立口头遗嘱。口头遗嘱应当有两个以上见证人在场见证。继承人、受遗赠人，与继承人、受遗赠人有利害关系的人，不能作为遗嘱见证人。遗嘱作为自然人处分个人财产的方式有其特殊性，自然人立遗嘱系在其生前所为，

① 详见北京市第三中级人民法院（2021）京03民终12247号民事判决书。

而遗产的处理一般发生在立遗嘱人死亡后，因立遗嘱人死亡系继承开始的起点以及立遗嘱和遗产处理的时间先后顺序，极易使继承人对遗嘱的效力产生分歧，故法律明确规定了各类遗嘱的订立规则，以便避免因遗产继承导致子女之间产生矛盾，所以被继承人在生前立遗嘱时，应当符合法律规定，否则所立的遗嘱因不符合法律规定而不发生法律效力。本案中，被继承人李某所订立的遗嘱，因立遗嘱时在场人员为李某、李某5和李某4，均不符合自书遗嘱、代书遗嘱、以录音形式立的遗嘱和口头遗嘱的法定标准，故李某所立遗嘱应为无效遗嘱，涉案房屋应当按照法定继承予以分割。同一顺序继承人继承遗产的份额，一般应当均等。对被继承人尽了主要扶养义务或者与被继承人共同生活的继承人，分配遗产时，可以多分。本案中，常某未留有遗嘱。虽然被继承人李某所立遗嘱因不符合法律规定而无效，但是从李某处分其个人财产的意思表示可知，李某对由李某5继承涉案房屋的意思表示是明确的，且从查明事实可知，李某5从出生后不久即与李某夫妇共同生活，李某5由李某夫妇抚养成人，李某和常某夫妇也由李某5赡养终老，李某5与李某夫妇之间的亲情非常深厚，故虽然李某5并非法定继承人，但是鉴于上述特殊生活情形，以及弘扬中华民族尊老爱幼、老有所养、老有所依的传统美德，李某5应当与其他继承人共同继承涉案房屋为宜。因李某5长期与被继承人李某夫妇共同居住生活，尽了主要赡养义务，故在分割涉案房屋时应当予以多分，具体份额法院予以酌定。据此判决：被继承人李某名下遗留的北京市朝阳区某房屋由李某5、李某1、李某2、李某3、李某4共同继承，李某5享有3/5的所有权份额，李某1、李某2、李某3、李某4各享有1/10的所有权份额。李某1等人不服判决，提起上诉，二审法院驳回上诉，维持原判。

上述案例，涉及打印遗嘱与口头遗嘱的有关法律适用问题。试问：如何理解适用打印遗嘱、口头遗嘱？

二、打印遗嘱的法律适用

打印遗嘱，是指遗嘱的内容由打印机等机器设备打印而成的遗嘱。对此，

《民法典》第一千一百三十六条规定："打印遗嘱应当有两个以上见证人在场见证。遗嘱人和见证人应当在遗嘱每一页签名，注明年、月、日。"

在《民法典》继承编的编纂过程中，大多数意见认为法律应当允许通过打印的方式设立遗嘱，但是在涉及具体规定的问题上存在一些分歧。一些意见认为，应当将打印遗嘱规定为一种新的遗嘱形式，与自书遗嘱、代书遗嘱等其他的遗嘱形式并列。另有一些意见认为，不应将打印遗嘱作为独立的遗嘱形式，可以扩大书写的含义使其包括打印的方式，允许自书遗嘱、代书遗嘱采用打印的方式。立法机关认为，在不改变现有的自书遗嘱、代书遗嘱的形式要件的前提下，扩大"书写""代书"的含义使其包括打印的方式，需要考虑以下几个问题：一是自书遗嘱通篇文字是遗嘱人的手写体，由于手写因个人的书写习惯等不同而致字迹千差万别，容易辨别真伪，自书遗嘱的设立不需要两个以上的见证人在场见证。如果允许自书遗嘱采用打印的方式设立，由于打印机打印出来的文字具有统一性、一致性，无法从外在形式上区分遗嘱内容由谁书写，单凭打印遗嘱上遗嘱人的亲笔签名不足以判定遗嘱的整体内容是出自遗嘱人的真实意思表示，并且签名字数少，存在容易被伪造、做笔迹鉴定困难等问题，因此在没有见证人在场见证的情形下很难判断该遗嘱的真实性。二是在代书遗嘱中若允许他人代为打印遗嘱，由于需要两个以上的见证人在场见证，可以保证遗嘱的真实性。但是这会使遗嘱人在两个以上的见证人在场见证的情形下自己作成的打印遗嘱的效力产生疑问，因为这不符合自书遗嘱、代书遗嘱的形式要件。①

其实，打印遗嘱实质上是一种书面遗嘱。根据《民法典》第一千一百三十六条的规定，打印遗嘱的有效成立必须符合的要件是：一是打印遗嘱必须由两个以上的见证人在场见证，见证人必须符合继承编规定的资格、数量、在场见证等方面的要求。《民法典》第一千一百四十条规定了下列人员不能作为遗嘱见证人：无民事行为能力人、限制民事行为能力人以及其他不具有见证能力的人；继承人、受遗赠人；与继承人、受遗赠人有利害关系的人。二是遗嘱人和见证人必须在遗嘱的每一页签名。如果是多页打印遗嘱，遗嘱

① 参见黄薇主编：《中华人民共和国民法典释义（下）》，法律出版社2020年版，第2181—2182页。

人、见证人没有在每一页签名，将会导致打印遗嘱没有法律效力。三是打印遗嘱必须注明年、月、日。因为遗嘱的设立时间是判断遗嘱有效性的重要因素，没有注明打印遗嘱的年、月、日，导致的法律后果是打印遗嘱不具有法律效力。

在司法实践中，应当注意的是：（1）如果遗嘱人先用传统手写的方式书写了遗嘱，之后无论出于何种目的，将手写遗嘱交与打印店工作人员用电脑抄录并打印，在打印的遗嘱上并无其他见证人签名，此时如何确定该打印遗嘱的效力？此时，还是应该谨守遗嘱形式法定的原则，确认打印遗嘱无效。但该手写遗嘱如果符合自书遗嘱要件，且与打印遗嘱内容一致，不存在时间先后内容不同的遗嘱，可认定该手写遗嘱的效力。（2）如果打印遗嘱不止一页的情况下，遗嘱人、见证人只是在遗嘱的最后一页上签名并注明年、月、日，或者遗嘱人、见证人只是在遗嘱中的某些页面上签名并注明年、月、日，或者遗嘱人、见证人中的某些人只是在遗嘱的某些页面上签名并注明年、月、日，此时如何确定遗嘱的效力？此时，也应按照遗嘱形式法定的原则来确定遗嘱的效力。没有遗嘱人、见证人签名并注明年、月、日的遗嘱部分是无效的。因为在打印遗嘱不止一页的情况下，如果没有遗嘱人、见证人的签名，无法保证未签名的页面上的内容是遗嘱人的真实意思表示，不能保证这些页面上的内容没有被伪造或被篡改，故从保障遗嘱人及其继承人合法权益的角度考虑，对此应该从严把握。此时应该注意的是，在这种情况下，并不是指遗嘱应该全部无效，而是没有签名的页面的内容无效。当然，如果有签名的部分和没有签名的部分是一个不可分割的整体，认定没有签名的部分无效后无法确定有签名部分的具体内容时，该遗嘱以认定全部无效为宜。（3）部分内容为传统手写字迹，部分内容为打印字体的遗嘱的效力如何认定？根据本条的规定，只要是涉及打印部分，均应有两个以上无利害关系的见证人在场见证，若无两个以上的见证人，打印部分应认定无效。如果打印部分和手写部分形成了一个不可分割的整体，那么整个遗嘱应属无效。如果手写部分与打印部分是可以分开来的两个部分，内容各自相互独立，则需要审查手写部分是否为遗嘱人本人所写，分别按照自书遗嘱和代书遗嘱的法律要件进行审查，符合法律规定的要件的，则分别按照自书遗嘱和代书遗嘱进行处理。既不符合自书遗嘱要件，又不符合代书遗嘱要件的，则遗嘱全部无效，按照法定继承的规则处理遗嘱所涉及的遗产。[①]

三、口头遗嘱的法律适用

口头遗嘱，是指遗嘱人用口述的方式表达其处分遗产的意思表示的遗嘱形式。口头遗嘱简便易行，在一些危急情况下，遗嘱人来不及或者没有条件立其他形式的遗嘱时，口头遗嘱成为满足遗嘱人立遗嘱愿望的可行的遗嘱形式。许多国家和地区的法律都确认了口头遗嘱为特殊遗嘱形式，称之为紧急遗嘱或者口授遗嘱，并对其适用条件和形式要件作了规定。[②]《民法典》第一千一百三十八条规定了口头遗嘱，即："遗嘱人在危急情况下，可以立口头遗嘱。口头遗嘱应当有两个以上见证人在场见证。危急情况消除后，遗嘱人能够以书面或者录音录像形式立遗嘱的，所立的口头遗嘱无效。"

根据《民法典》第一千一百三十八条的规定，口头遗嘱有效需要具备一定的前提和条件：（1）前提是危急情况下。遗嘱人只有在危急情况下才可以设立口头遗嘱。何为危急情况？对此，法律未作出规定。就一般的理解，危急情况指的应该是导致遗嘱人无法以自书、代书、打印、录音录像、公证等其他形式订立遗嘱的情况，如发生了突然的自然灾害、突发意外事故、爆发了战争、突患危及生命的疾病等导致遗嘱人在客观上无法或没有能力以其他方式订立遗嘱的情况。[③]（2）条件是两个以上见证人在场见证。《民法典》对口头遗嘱规定了严格的有效条件，即应当有两个以上的见证人在场见证，方可有效。当然，见证人不能是《民法典》第一千一百四十条规定的三类人员之一。见证人应该亲自全程参与遗嘱人订立遗嘱的过程，不能由他人转述遗嘱人口述的遗嘱内容。

口头遗嘱的效力。口头遗嘱无书面、录音录像等载体固定，容易被篡改或者伪造，或者由于见证人的理解产生歧义，或者因人、事变化而无从查证，

---

① 参见最高人民法院民法典贯彻实施工作领导小组主编：《中华人民共和国民法典婚姻家庭编继承编理解与适用》，人民法院出版社 2020 年版，第 572—573 页。

② 参见黄薇主编：《中华人民共和国民法典释义（下）》，法律出版社 2020 年版，第 2184 页。

③ 参见最高人民法院民法典贯彻实施工作领导小组主编：《中华人民共和国民法典婚姻家庭编继承编理解与适用》，人民法院出版社 2020 年版，第 578 页。

因此在危急情况消除后，遗嘱人还是应当采用其他的遗嘱方式设立遗嘱，以保护自己或者继承人的合法权益。《民法典》第一千一百三十八条规定，危急情况消除后，口头遗嘱并非直接归于无效。危急情况消除后，只有在遗嘱人能够以书面或者录音录像形式订立遗嘱的情况下，口头遗嘱才归于无效。那么应如何理解“遗嘱人能够以书面或者录音录像形式立遗嘱”呢？对此，应从时间和客观条件两方面加以考虑。即危急情况消除后，遗嘱人需要有订立书面或者录音录像遗嘱的时间，如果危急情况消除后，遗嘱人根本没有时间去订立口头遗嘱以外的遗嘱，那么其所订立的口头遗嘱应视为有效的遗嘱。另外，在危急情况消除后，遗嘱人还应有订立口头遗嘱以外其他形式遗嘱的客观条件，如要订立自书遗嘱，需要有纸张和笔；希望订立打印遗嘱时，需要有电脑和打印机；希望订立录音录像遗嘱时，需要有录音录像设备等。如果遗嘱人在危急情况消除后，没有订立其他遗嘱的客观条件，其之前所订立的口头遗嘱不能被认为是无效的遗嘱。如果遗嘱人在时间允许且客观条件充分的情况下，仍旧未订立书面或录音录像遗嘱，那么其之前所订立的口头遗嘱即为无效的遗嘱，亦即在此情况下，法律规定如果遗嘱人消极不作为——不订立书面或录音录像遗嘱——则推定其是以自己的行为撤销其之前所立的口头遗嘱。此时，不以遗嘱人的主观心理态度为准，如果遗嘱人具备了订立书面或者录音录像遗嘱的条件，但其主观上不愿订立，那么此时其所立的口头遗嘱也应是无效的。[①]

在司法实践中，在处理有关口头遗嘱的继承纠纷案件时应当注意下列问题：（1）审查口头遗嘱是否存在。根据《民事诉讼证据规定》第四条“一方当事人对于另一方当事人主张的于己不利的事实既不承认也不否认，经审判人员说明并询问后，其仍然不明确表示肯定或者否定的，视为对该事实的承认”的规定，对于口头遗嘱是否存在的证明责任，应交由主张遗嘱存在的一方负担。同时，对口头遗嘱是否存在应该从严审查。遗嘱涉及的利益重大，而口头遗嘱内容往往不易确定，且容易被遗忘、曲解、误解，甚至被篡改，故对口头遗嘱存在与否的证明标准也应

---

① 参见最高人民法院民法典贯彻实施工作领导小组主编：《中华人民共和国民法典婚姻家庭编继承编理解与适用》，人民法院出版社2020年版，第579—580页。

高于其他遗嘱形式。《民事诉讼法解释》第一百零九条规定："当事人对欺诈、胁迫、恶意串通事实的证明，以及对口头遗嘱或者赠与事实的证明，人民法院确信该待证事实存在的可能性能够排除合理怀疑的，应当认定该事实存在。"从该条可以看出，对于口头遗嘱是否存在以及口头遗嘱内容如何证明，应该达到"排除合理怀疑"的程度。（2）审查口头遗嘱的效力时，要注意查清遗嘱人是否存在危急情况，只有在危急情况下所立的口头遗嘱才可能是有效的遗嘱。如果没有危急情况的发生，口头遗嘱也就没有适用的余地，当事人不得以此遗嘱为依据要求分得相应的遗产。（3）在危急情况消除后，遗嘱人能够以书面或者录音录像形式立遗嘱的，所立的口头遗嘱无效。若口头遗嘱的内容与重新订立的遗嘱的内容相抵触，则应以重新订立的遗嘱内容为准；若口头遗嘱的内容与重新订立的遗嘱的内容不相抵触，遗嘱人又未就口头遗嘱所涉及的事项另立遗嘱的，口头遗嘱也应归于无效。

四、对案例 34、案例 35 的简要评析

在案例 34 中，双方当事人争议的焦点是朱某 1 提供的打印遗嘱的效力问题。依据《民法典》第一千一百三十六条规定："打印遗嘱应当有两个以上见证人在场见证。遗嘱人和见证人应当在遗嘱每一页签名，注明年、月、日。"同时，《民法典时间效力规定》第十五条规定："民法典施行前，遗嘱人以打印方式立的遗嘱，当事人对该遗嘱效力发生争议的，适用民法典第一千一百三十六条的规定，但是遗产已经在民法典施行前处理完毕的除外。"换句话说，无论是何时订立的打印遗嘱，只要遗产在《民法典》施行前尚未处理完毕的，均应当适用《民法典》的新规定来审查打印遗嘱的效力。但遗产已处理完毕，则不会因为《民法典》的实施发生改变。本案中，显然要适用《民法典》规定的打印遗嘱来处理。朱某 1 提供的打印遗嘱中虽载明立遗嘱的时间及沈阳市中某法律服务所盖章时间，但均为打印方式形成，且遗嘱人及见证人在签名的同时并没有注明立遗嘱及见证的年、月、日，不符合立遗嘱、打印、见证时空一致性的要求。因此，朱某 1 提供的打印遗嘱因不符合打印遗嘱的法定要件而无效。法院判决对遗嘱的真实性、合法性不予认定，按法定继承分割

遗产，并无不当。

在案例35中，被继承人李某所立的遗嘱，并不符合我国法律关于自书遗嘱、代书遗嘱、录音录像遗嘱以及口头遗嘱订立的法定标准，故李某所立遗嘱因不符合法律规定而不发生法律效力。关于李某涉案遗产的分配问题。根据法律规定，同一顺序继承人继承遗产的份额，一般应当均等。对继承人以外的依靠被继承人扶养的人，或者继承人以外的对被继承人扶养较多的人，可以分给适当的遗产。本案中，李某1、李某2、李某3、李某4作为被继承人李某的法定继承人，均有权以继承人的身份继承李某的遗产。虽然被继承人李某所立遗嘱因不符合法律规定不发生法律效力，但李某由李某5继承涉案房屋的意思表示是明确的，且李某5从出生后不久即与李某夫妇共同生活，李某5由李某夫妇抚养成人，李某5长期与被继承人李某夫妇共同居住生活，且对被继承人李某扶养较多。法院综合考虑李某对由李某5继承涉案房屋的意思表示以及李某5长期与被继承人李某夫妇共同居住生活，尽了主要赡养义务等本案实际情况酌情确定李某5分得相应的遗产份额，是合法合理的。

第九节 录音录像遗嘱与公证遗嘱

一、问题的提出

录音遗嘱是一种传统的法定遗嘱形式，录像遗嘱是《民法典》继承编增加的一种遗嘱形式，公证遗嘱亦属于一种传统的法定遗嘱形式。

在研究录音录像遗嘱与公证遗嘱之前，先看两则案例：

案例36：本案遗嘱是打印遗嘱还是录音录像遗嘱？[①]

被继承人张某财与前妻陈某荣共育有三名子女，分别为长子张某2、长

① 详见辽宁省沈阳市中级人民法院（2021）辽01民终10023号民事判决书。

女张某1、次女张某3。张某财于2020年5月8日去世，其于2018年11月19日留有遗嘱一份，主要内容为："一、本遗嘱处理的财产范围：本人名下有银行卡两张，其中一张是中国工商银行工资卡（卡尾号60），另外一张是盛京银行银行卡（卡尾号05）；二、立遗嘱人对本遗嘱所涉及财产的处理意见：本人百年之后，自愿将我名下银行卡内全部存款由小女儿张某3一人继承。"遗嘱上有张某财捺印，见证人蔡某1签名及捺印，见证人蔡某2签名及捺印。另查，张某财留有盛京银行账号尾号05（在张某3处）存款截至2021年4月7日余额为57.31元。张某财留有中国工商银行账号尾号39存款截至2021年4月7日余额为481.74元。张某财留有的中国工商银行卡尾号60（在张某3处）存款截至2021年4月7日余额为746.57元，该账户自2020年5月8日至2021年4月7日期间收入共三笔分别为社保入账9120元、社保入账230377.99元、个人汇款入账300元，支出共三笔分别为5000元、4100元、230000元。

生效裁判认为，关于被继承人张某财所留遗产范围问题。庭审中，各当事人均表示社保卡230377.99元、9120元的入账为被继承人的丧葬费和抚恤金，因该款项不属于被继承人的遗产，不计入遗产范围。被继承人所留遗产为盛京银行存款57.31元、中国工商银行卡号尾号39的存款481.74元，以及中国工商银行卡号尾号60扣除社保入账后的存款348.58元。关于被继承人张某财所留遗嘱效力问题。虽涉案的书面遗嘱缺少被继承人张某财的签名，但在案的视频录像亦能够证实涉案遗嘱系被继承人张某财的真实意思表示，该视频录像符合录音录像遗嘱的形式要件，故应认定涉案遗嘱有效。因此，被继承人留有的盛京银行存款57.31元及中国工商银行卡号尾号60存款348.58元由张某3继承所有。关于被继承人留有的中国工商银行卡号尾号39存款分割问题。因遗嘱未涉及，故该账号内的481.74元存款按法定继承处理，由各当事人共同继承，考虑到张某3与被继承人共同生活、尽了主要赡养义务，可以多分，酌情确定张某3继承取得192.7元，张某1、张某2各继承取得144.52元。

案例 37：本案公证遗嘱的效力如何？[①]

顾某 1、顾某 2、顾某 4、顾某 3 系顾某华（已去世）与徐某意婚生子女，顾某 5 系顾某 4 之子。2000 年顾某华因与徐某意感情不和，诉至法院要求离婚。2000 年 9 月 15 日，法院判决顾某华与徐某意离婚，夫妻关系存续期间共同财产某街 10 号房屋一栋归顾某华所有。2016 年 4 月 5 日，顾某华自书一份遗嘱，主要内容是将其位于某街 44 号门面房及土地全部赠予孙子顾某 5，其他人没有份额。如房屋被拆迁，产权交换后所得房屋和财产也全部归顾某 5 所有。同日，顾某华妹夫陈某青代书一份相同内容遗嘱，仅顾某华签名。2016 年 9 月 12 日，顾某华持此份代书遗嘱，到公证处申请办理公证遗嘱。该公证内容为：1. 位于岳阳市岳阳楼区土地使用权全部由孙子顾某 5 继承；2. 上述土地如被征收，所得财产全部由孙子顾某 5 所有。现顾某 1、顾某 2 以顾某华 2016 年 4 月 5 日代书遗嘱无效为由，要求依法分割上述房产。第三人顾某 5 于诉讼期间向法院提交顾某华自书遗嘱和公证遗嘱。2017 年 7 月 5 日顾某华被中医院确诊患有阿尔茨海默病。

生效裁判认为：诉争房屋经法院生效判决确认为顾某华个人财产，顾某华个人拥有处分权。2016 年 4 月 5 日，顾某华自书遗嘱将诉争房产赠予第三人顾某 5。同日，就同一内容的遗嘱，顾某华在陈某青代书的遗嘱上签名。2016 年 9 月 12 日，顾某华持此份代书遗嘱，在公证处办理了公证遗嘱。该公证处出具了公证书。根据法律规定，代书遗嘱应当有两个以上见证人在场见证，由其中一人代书，注明年、月、日，并由代书人、其他见证人和遗嘱人签名。2016 年 4 月 5 日的代书遗嘱不符合法定形式要件，顾某 1、顾某 2 主张遗嘱无效的理由成立，法院予以确认。在代书遗嘱之后，顾某华又办理了公证遗嘱，该公证遗嘱产生法律效力。顾某华在之后被确诊患阿尔茨海默病不能推定其在办理公证遗嘱时不具有民事行为能力。虽公证的遗嘱中仅载明土地使用权归顾某 5 继承，未载明土地上的房产。但基于该房产无产权证，根据顾某华的自书遗嘱、代书遗嘱内容，按照一般的社会认知，顾某华赠与顾某 5 土地使用权的真实意思是包含土地上的房

---

① 详见湖南省岳阳市中级人民法院（2021）湘 06 民终 2438 号民事判决书。

屋的。因此说，顾某1、顾某2要求分割诉争房屋的诉讼请求，不应当得到支持。

上述案例，涉及录音录像遗嘱、公证遗嘱问题。试问：如何理解适用录音录像遗嘱、公证遗嘱？

二、录音录像遗嘱的法律适用

录音录像遗嘱，是指遗嘱人用录音录像的方式录下自己的口述遗嘱。随着科学技术的不断发展，不但声音可以固定在特定的载体上，而且图像也可以固定在特定的载体上，录音录像遗嘱就成为一种法定的遗嘱形式。对此，《民法典》第一千一百三十七条规定："以录音录像形式立的遗嘱，应当有两个以上见证人在场见证。遗嘱人和见证人应当在录音录像中记录其姓名或者肖像，以及年、月、日。"该条源自《继承法》第十七条第四款的规定："以录音形式立的遗嘱，应当有两个以上见证人在场见证。"但有三点变化：一是将原来的"录音遗嘱"修改为"录音录像遗嘱"，实际上增加了录像遗嘱。二是增加了遗嘱人和见证人应当在录音录像中记录其姓名或者肖像的内容。三是增加了遗嘱人和见证人应当在录音录像中记录年、月、日的内容。

虽然录音遗嘱是一种传统的法定遗嘱方式，但是在继承编立法时却存在争议。立法机关认为，《继承法》颁布实施三十多年来，录音遗嘱为当事人立遗嘱提供了便利，也提供了多元的遗嘱形式选择，取消录音遗嘱的形式可能不符合现实需求。随着社会经济的发展以及手机、摄像机等电子设备视频拍摄功能的普及，以录像形式记录事件的方式得到了越来越多的运用，并且用录像形式制作而成的影像资料，借助图像和声音对信息进行传达，比单纯的音频资料更加直观、更能准确地表达所记录的内容。因此，继承编在保留录音遗嘱的同时，增加了录像遗嘱，将《继承法》中的录音遗嘱修改为录音录像遗嘱。[①]

根据《民法典》第一千一百三十七条的规定，录音录像遗嘱的有效成

---

① 参见黄薇主编：《中华人民共和国民法典释义（下）》，法律出版社2020年版，第2183页。

立必须具备下列形式要件：一是录音录像遗嘱应当有两个以上见证人在场见证，见证人必须具备见证能力，不能是无民事行为能力人、限制民事行为能力人以及其他不具有见证能力的人；不能是继承人、受遗赠人；不能是与继承人、受遗赠人有利害关系的人。二是遗嘱人和见证人应当在录音录像中记录其姓名或者肖像。录音录像遗嘱中记录姓名或者肖像的人员有两类是遗嘱人和见证人，缺一不可。如果只有遗嘱人在遗嘱中记录了姓名或者肖像而见证人没有作相关的记录，或者只有见证人在遗嘱中记录了其姓名或者肖像而遗嘱人没有作相关的记录，这两种情况都是不符合法律规定的。如果在场见证的见证人的人数只有两人，只有一名见证人在遗嘱中记录了姓名或者肖像，那么该遗嘱应该是无效遗嘱，如果在场见证的见证人的人数在两人以上，录音录像遗嘱并不是当然无效的。如果在场见证的见证人中有两人或者两人以上在遗嘱中记录了姓名或者肖像，那么此时的遗嘱是符合法律规定的形式要件的，该遗嘱不会因只有部分见证人记录姓名或者肖像的问题而被认定无效。三是遗嘱人和见证人应当在录音录像遗嘱中记录年、月、日，否则录音录像遗嘱不具有法律效力。

三、公证遗嘱的法律适用

公证遗嘱，是指经过公证机关公证的遗嘱。公证遗嘱是一种传统的法定遗嘱形式，多数大陆法系国家的立法例规定了公证遗嘱的遗嘱形式。对此，《民法典》第一千一百三十九条规定："公证遗嘱由遗嘱人经公证机构办理。"

何谓"公证"？《公证法》第二条规定，公证是公证机构根据自然人、法人或者其他组织的申请，依照法定程序对民事法律行为、有法律意义的事实和文书的真实性、合法性予以证明的活动。何谓"公证机构"？《公证法》第六条规定，公证机构是依法设立，不以营利为目的，依法独立行使公证职能、承担民事责任的证明机构。何谓"公证遗嘱"？《遗嘱公证细则》第三条规定："遗嘱公证是公证处按法定程序证明遗嘱人设立遗嘱行为真实、合法的活动。经公证证明的遗嘱为公证遗嘱。"公证制度的主要意义在于经过公证证明的事实具有推定效力，没有相反证据证明时，就推定事实真实存在。由此，在没有相反证明时，可以推定经公证的遗嘱是真实存在的。[①]

为了保证遗嘱是遗嘱人的真实意思表示，公证遗嘱需要由遗嘱人本人向公证机构提出申请并亲自到场办理，在申请后由公证机构进行审查，审查符合规定后出具公证书。《公证程序规则》第十一条第一款规定："当事人可以委托他人代理申办公证，但申办遗嘱、遗赠扶养协议、赠与、认领亲子、收养关系、解除收养关系、生存状况、委托、声明、保证及其他与自然人人身有密切关系的公证事项，应当由其本人亲自申办。"《遗嘱公证细则》第五条规定："遗嘱人申办遗嘱公证应当亲自到公证处提出申请。遗嘱人亲自到公证处有困难的，可以书面或者口头形式请求有管辖权的公证处指派公证人员到其住所或者临时处所办理。"如果当事人及相关利害关系人认为公证书有错误，可以向公证机构提出复查。如果对复查结果不服，可以向地方公证协会进行投诉。《公证法》第三十九条规定："当事人、公证事项的利害关系人认为公证书有错误的，可以向出具该公证书的公证机构提出复查。公证书的内容违法或者与事实不符的，公证机构应当撤销该公证书并予以公告，该公证书自始无效；公证书有其他错误的，公证机构应当予以更正。"《公证程序规则》第六十一条前两款规定："当事人认为公证书有错误的，可以在收到公证书之日起一年内，向出具该公证书的公证机构提出复查。公证事项的利害关系人认为公证书有错误的，可以自知道或者应当知道该项公证之日起一年内向出具该公证书的公证机构提出复查，但能证明自己不知道的除外。提出复查的期限自公证书出具之日最长不得超过二十年。"第六十七条第一款规定："当事人、公证事项的利害关系人对公证机构作出的撤销或者不予撤销公证书的决定有异议的，可以向地方公证协会投诉。"

四、对案例36、案例37的简要评析

在案例36中，自然人依法享有继承权，继承从被继承人死亡时开始。所继承的遗产范围是公民死亡时遗留的个人合法财产。继承开始后，按

---

① 参见陈甦、谢鸿飞主编：《民法典评注：继承编》，中国法制出版社2020年版，第153页。

照法定继承办理，有遗嘱的，按照遗嘱继承或遗赠办理。张某财设立遗嘱的形式问题，既有打印遗嘱，又有录音录像遗嘱。依据《民法典》第一千一百三十六条的规定，打印遗嘱应当有两个以上见证人在场见证。遗嘱人和见证人应当在遗嘱每一页签名，注明年、月、日。本案中，张某财仅仅是捺印，而没有签名，形式上有瑕疵。但是，当事人又提供了录音录像遗嘱，证明了遗嘱是张某财的真实意思表示。因此说，该遗嘱应当认定为录音录像遗嘱，按照该遗嘱处理其遗产。在本案中，抚恤金和丧葬费不属于遗产范围。丧葬费是谁支出的补偿给谁。抚恤金是对近亲属的安抚，可由其子女进行分配，分配办法可以参照遗产分割中的法定继承处理。遗嘱中对盛京银行存款57.31元及中国工商银行卡号尾号60存款348.58元的继承问题作出了明确设定，应当由张某3继承所有。对遗嘱中没有明确的中国工商银行卡号尾号39存款481.74元，按法定继承处理。

在案例37中，本案的争议焦点是公证遗嘱是否有效的问题。顾某华于2017年7月被确诊为阿尔茨海默病，现并无充分证据证明其在2016年9月进行公证遗嘱时就已经患病且不能正确表达自己的意思。顾某华能够明确表示将涉案土地指定由顾某5继承，故不能仅以其思维、行动较一般人更为缓慢就推定其公证遗嘱的行为并非其真实意思表示。公证行为产生的是证据效力，本案公证遗嘱的核心是诉争遗产由谁继承的问题，顾某华在该问题上并无意思表示上的矛盾或足以使人产生歧义的理解，因涉案房屋并无房产证，且结合顾某华的自书遗嘱和代书遗嘱的内容，法院按照一般的社会认知认定顾某华将涉案房屋一并指定给顾某5继承符合本案实际。

第四章

遗产的处理

本章概要

本章共计19个条文，规定了遗嘱处理的程序和规则，进一步完善了有关遗产处理的制度：一是增加了遗产管理人制度，明确了遗产管理人的产生方式、职责和权利等内容；二是完善了遗赠扶养协议制度，适当扩大扶养人的范围，明确了继承人以外的组织或者个人均可以成为扶养人，以满足养老形式多元化需求；三是完善无人继承遗产的归属制度，明确归国家所有的无人继承遗产应当用于公益事业。

第一节 遗产管理人

一、问题的提出

遗产管理人是在继承开始后遗产分割前，负责处理涉及遗产有关事务的人。《继承法》未确立遗产管理人制度，这与当时的国情和社会财富状况密切相关。随着社会财富的急剧增长和人民生活的日益富裕，自然人死亡时在留下遗产的同时，还有许多债务需要清偿。因此，为了确保遗产得到妥善管理、顺利分配，更好地保护继承人、债权人利益，避免和减少纠纷，《民法典》增设了遗产管理人制度。①

在研究遗产管理人之前，先看一则案例：

案例 38：本案民政部门能否拒绝担任遗产管理人？②

徐某于 2020 年 4 月 5 日死亡，生前未婚、未生育子女。第一顺序继承人中，徐某父亲徐某江于 2015 年 11 月 1 日死亡，母亲吴某霞与徐某于 2020 年 4 月 5 日坠楼死亡。第二顺序继承人中，徐某祖父徐某元于 2004 年 2 月 26 日死亡，祖母王某凤于 1999 年 9 月 20 日死亡，外祖父吴某权于 2019 年 3 月 18 日死亡，外祖母杨某华于 2010 年 12 月 24 日死亡。徐某的户籍地为天津市河北区 ×× 村 ×× 号，本人系非农业户口。申请人刘某杰于 2020 年 7 月 2 日以徐某为被告向天津市某区人民法院提起民间借贷纠纷诉讼，2020 年 12 月 9 日天津市某区人民法院出具民事裁定书，认为原告起诉时被告已死亡，裁定驳回原告的起诉。

① 参见陈甦、谢鸿飞主编：《民法典评注：继承编》，中国法制出版社 2020 年版，第 216 页。

② 详见天津市河北区人民法院（2021）津 0105 民特 9 号民事判决书。

生效裁判认为，申请人以徐某无继承人为由，要求指定天津市某区民政局作为徐某的遗产管理人。根据查明的事实，徐某于2020年4月5日死亡，依照当时有效的《继承法》第十条的规定，第一顺位的继承人为配偶、子女、父母，第二顺位继承人为兄弟姐妹、祖父母、外祖父母。因徐某母亲与徐某同日死亡，徐某并无《继承法》第十条规定的其他继承人，致其遗产处于无人管理的状态。《民法典》第一千一百四十五条、第一千一百四十六条对于没有继承人时遗产管理人的选任问题作出了新的规定。依照《民法典时间效力规定》第三条，民法典施行前的法律事实引起的民事纠纷案件，当时的法律、司法解释没有规定而民法典有规定的，可以适用民法典的规定，但是明显减损当事人合法权益、增加当事人法定义务或者背离当事人合理预期的除外。本案中，在徐某没有继承人的情况下，以法院指定的方式确定遗产管理人，解决各权利人针对徐某遗产的争议，更有利于管理和维护徐某的遗产，确保各权利人利益得以顺利实现。徐某系城市居民，其于2020年4月5日死亡，现无继承人。在此情况下，依照《民法典》第一千一百四十五条的规定，应由其居住地的天津市某区民政局作为徐某的遗产管理人。据此判决：指定天津市某区民政局为徐某的遗产管理人。

上述案例，涉及遗产管理人的选任问题。试问：如何选任、指定遗产管理人？遗产管理人的职责有哪些？遗产管理人未尽到职责是否承担民事责任？遗产管理人是否享有报酬请求权？

二、遗产管理人的选任

遗产管理人是接受委托或者被依法指定负有遗产处理职责的人。《民法典》第一千一百四十五条规定了遗产管理人的选任，即："继承开始后，遗嘱执行人为遗产管理人；没有遗嘱执行人的，继承人应当及时推选遗产管理人；继承人未推选的，由继承人共同担任遗产管理人；没有继承人或者继承人均放弃继承的，由被继承人生前住所地的民政部门或者村民委员会担任遗产管理人。"据此，遗产管理人的选任程序是存在先后顺序关系的。根据遗嘱继承优先于法定继承的原则，遗产管理人的选任程序也应以尊重被继承人的生前意志为原则。详言之：

1. 由遗嘱执行人担任遗产管理人。遗嘱体现着被继承人处分自己财产的愿望，基于意思自治原则，被继承人生前立有遗嘱，指定值得信赖的人作为遗嘱执行人，应由该遗嘱执行人作为遗产管理人履行遗产管理职责。这体现了法律尊重被继承人的意愿，保障根据其个人意愿处理遗产的意思自治权的充分实现。遗嘱执行人既可以指定一人，也可以指定数人；既可以指定自然人，也可以指定法人；既可以是法定继承人，也可以是法定继承人以外的人。

2. 由继承人推选出遗产管理人。基于继承人与被继承人之间特殊的亲情关系，继承人作为遗产管理人管理、分配遗产，是其对被继承人生前扶养、照顾义务的延伸。被继承人死亡后，遗产一般为继承人实际管领、控制，其更了解遗产的状况以及遗产债务等相关情况，能够更好地注意维护遗产的价值，由继承人协商，共同推选一名或数名遗产管理人。至于全体继承人之间按照什么规则推选，则由继承人之间协商确定。

3. 由继承人共同担任遗产管理人。继承人未推选遗产管理人的，由全体继承人共同担任遗产管理人，以保证遗产的公平、合理分割。当全体继承人履行遗产管理人的职责时，应以多数原则决议遗产管理事项。

4. 由民政部门或者村民委员会担任遗产管理人。没有继承人或者继承人均放弃继承的，由被继承人生前住所地的民政部门或者村民委员会担任遗产管理人。为妥善保管遗产，在没有遗嘱执行人、继承人继承遗产时，亦有必要为遗产设置管理人，主导无人继承遗产的全部处理过程。

三、遗产管理人的指定

遗产管理必然涉及诸多人的利益，难免会因为选任遗产管理人而产生争议。对此，《民法典》第一千一百四十六条规定："对遗产管理人的确定有争议的，利害关系人可以向人民法院申请指定遗产管理人。"

确定遗产管理人发生争议的情形表现为：一是遗嘱执行人不愿意参与遗产管理，或者有多个遗嘱执行人之间因遗产管理发生纠纷；二是继承人之间因遗产管理发生纠纷；三是其他利害关系人对遗产管理人的确定有异议。根据《民事诉讼法》第三十四条第（三）项的规定，因继承遗产纠纷提起的诉讼，由被继承人死亡时住所地或者主要遗产所在地人民法院专属管辖。因此说，涉及继承遗产的纠纷应当由特定法院专属管辖。同时，利害关系人如果就遗产管理人的确定有争议，均可以请求人民法院指定。利害关系人一般包括遗嘱执行人、继承人、被继承人生前住所地的民政部门或者村民委员会，以及受遗赠人等与遗产有利害关系的人。[①]

遗产管理人的确定争议，在性质上不属于民事权益争议，在民事诉讼程序上应当参照“特别程序”审理，而不能作为普通民事案件审理。利害关系人以申请人的身份向人民法院提交申请书，提出指定遗产管理人的请求，人民法院以判决的方式[②]指定遗产管理人，且实行一审终审制。

四、遗产管理人的职责

遗产管理人的职责是整个遗产管理人制度的核心和主要内容。遗产管理人履行职责的目的在于保护遗产的安全和完整、保护继承人的合法权益、保护债权人的合法权益。[③]因此，《民法典》第一千一百四十七条采取了“列举+概括”的立法模式对遗产管理人的职责作出了规定，即：“遗产管理人应当履行下列职责：（一）清理遗产并制作遗产清单；（二）向继承人报告遗产情况；（三）采取必要措施防止遗产毁损、灭失；（四）处理被继承人的债权债务；（五）按照遗嘱或者依照法律规定分割遗产；（六）实施与管理遗产有关的其他必要行为。”详言之：

1. 清理遗产并制作清单。作为遗产管理人首先要弄清“家底”即清理遗产，为制作遗产清单打好基础，制作遗产清单是清理遗产的工作成果。遗产管理人应当以中立者的身份对遗产进行认真地清点、核实，并根据遗产的内容登记造册、制作遗产清单。制作遗产清单是遗产完整性和安全性的重要保障，便于进行遗产管理、防止遗产散失，便于计算遗产价值及清算移交遗产，便于继承人或利害关系人随时查阅；还能够保障遗产债权、债务得到有效收取和清偿，保障遗产得到有效的分配，保障遗产税收的收取。所以，制作遗

---

① 参见黄薇主编：《中华人民共和国民法典释义（下）》，法律出版社2020年版，第2201页。

② 亦有学者认为，应以裁定（而非判决）的方式指定遗产管理人。详见陈甦、谢鸿飞主编：《民法典评注：继承编》，中国法制出版社2020年版，第226页。

③ 参见最高人民法院民法典贯彻实施工作领导小组主编：《中华人民共和国民法典婚姻家庭编继承编理解与适用》，人民法院出版社2020年版，第627页。

产清单是查明遗产数额、确定遗产状况的主要保障，为遗产的实际分割、执行提供基础，是保护继承人和遗产债权人合法权益的重要程序。同时，有利于防止遗产占有人私分、转移、隐匿、损毁遗产等，是保障遗产安全的重要途径。[①]

2. 向继承人报告遗产情况。继承人享有继承权，是参与遗产分割的人，与遗产有着密切的利害关系，继承人对遗产情况享有知情权，遗产管理人应当向其报告遗产情况。因此说，遗产管理人应当向全体继承人报告，既包括遗嘱继承人，也包括法定继承人。报告的形式应当是书面形式，并附遗产清单。当然，如果被继承人在遗嘱中特别说明某项遗产应当秘密归属于某个特定的继承人，则不宜向全体继承人公布。

3. 采取必要措施防止遗产毁损、灭失。遗产管理人不仅需要清点遗产，还需要承担起积极妥善保管遗产的职责。在发现遗产存在毁损、灭失的风险时如自然风险（鲜活易腐烂的水果、海鲜等）、人为风险（遗产遭受侵权威胁，或者被侵权人占有等），遗产管理人应当采取必要措施防止遗产毁损、灭失。遗产管理人没有尽到采取必要措施防止财产毁损的注意义务的，对因此而造成的毁损、灭失损害，应对继承人等利害关系人承担损害赔偿责任。对此，《民法典》第一千一百四十八条规定，遗产管理人应当依法履行职责，因故意或者重大过失造成继承人、受遗赠人、债权人损害的，应当承担民事责任。

4. 处理被继承人的债权债务。继承编倡导既保护继承人的合法权益，也要保护被继承人债权人的合法权益，既要清收被继承人的债权，也要承担清偿被继承人的债务。《民法典》第一千一百二十二条规定："遗产是自然人死亡时遗留的个人合法财产。依照法律规定或者根据其性质不得继承的遗产，不得继承。"其中，"个人合法财产"应包括债权，即被继承人的债权应当纳入遗产范围，所以，为了维护继承人的利益，遗产管理人应当对被继承人的债权进行处理。同时，依据《民法典》第一千一百五十九条规定，"分割遗产，应当清偿被继承人依法应当缴纳的税款和债务；但是，应当为缺乏劳动能力又没有生活来源的继承人保留必要的遗产"，即在遗产分割之前，需要先清

① 参见最高人民法院民法典贯彻实施工作领导小组主编：《中华人民共和国民法典婚姻家庭编继承编理解与适用》，人民法院出版社 2020 年版，第 628 页。

偿被继承人的税款和债务。所以，为了维护遗产债权人的利益，遗产管理人也应当对被继承人的债务进行处理。

5. 按照遗嘱或者依照法律规定分割遗产。遗产管理人妥善保管遗产属于暂时性的职责，其最终职责是分割遗产。在分割遗产顺序上，有遗赠扶养协议的，应当首先按照协议办理；其次按照遗嘱继承或者遗赠办理；最后按照法定继承办理。在分割遗产方式上，如果遗嘱中指定遗产分割方式的，应按照遗嘱处理；如果没有遗嘱或者遗嘱未指定的，当事人可以协商确定。《民法典》第一千一百五十六条规定了遗产分割的原则和方法，即：遗产分割应当有利于生产和生活需要，不损害遗产的效用。不宜分割的遗产，可以采取折价、适当补偿或者共有等方法处理。确定遗产分割方案后，遗产管理人有向继承人移交遗产的义务。当遗产无人继承且无人受遗赠时，依据《民法典》第一千一百六十条的规定，无人继承又无人受遗赠的遗产，归国家所有，用于公益事业；死者生前是集体所有制组织成员的，归所在集体所有制组织所有。

6. 实施与管理遗产有关的其他必要行为。遗产管理人负有处理遗产的必要注意义务，其必须为继承人的最大利益处理遗产管理事务，恪尽职守，诚实信用，谨慎有效地实施遗产管理行为。遗产管理人的注意义务是一般性义务，为了避免违反该项注意义务而承担法律责任，遗产管理人应当积极履职。为此，本着“权责利相一致”的原则，立法为遗产管理人的职责设置了一个兜底条款。[①]

五、遗产管理人的民事责任

根据“权责利相一致”的原则，遗产管理人没有依法正当履职的，对其失职行为应设定相应的法律责任，以保障继承人等利害关系人的合法权益。对此，《民法典》第一千一百四十八条规定了遗产管理人的民事责任，即：“遗产管理人应当依法履行职责，因故意或者重大过失造成继承人、受遗赠人、债权人损害的，应当承担民事责任。”

---

① 参见陈甦、谢鸿飞主编：《民法典评注：继承编》，中国法制出版社2020年版，第233页。

1. 遗产管理人应当依法履行职责。遗产管理人在管理遗产过程中，应当按照《民法典》第一千一百四十七条规定的权限实施管理遗产的各项行为，包括清理遗产并制作遗产清单、向继承人报告遗产情况、采取必要措施防止遗产毁损与灭失、处理被继承人的债权债务、按照遗嘱或者依照法律规定分割遗产、实施与管理遗产有关的其他必要行为。同时，遗产管理人在管理遗产时，不得违反法律，也不得违背公序良俗。

2. 遗产管理人的民事责任。根据《民法典》第一千一百四十八条的规定，遗产管理人因故意或者重大过失造成继承人、受遗赠人、债权人损害的，应当承担民事责任。据此，遗产管理人承担民事责任的构成要件如下：

（1）遗产管理人违反了法定职责。例如，未尽到妥善保管义务，造成遗产毁损、遗产价值减少，对继承人、受遗赠人、债权人造成损害；未尽到全面清理遗产且向继承人报告的义务，存在漏报、瞒报，致使遗产被个别继承人转移、处分，从而使得其他继承人、受遗赠人和债权人的利益受到损害；未按照遗产债务的法定清偿顺序进行清偿，或者在遗产不能满足全部债权的情况下，未按照债权比例进行清偿，致使债权人利益受到损害；在遗产不足的情况下，对受遗赠人、遗嘱继承人和法定继承人未按法定顺序分配遗产，造成受遗赠人或部分继承人受到损害；在清偿遗产债务时，没有为继承人中缺乏劳动能力又没有生活来源的继承人保留必要的遗产，致使这类继承人利益受损；在遗产分割时未为胎儿保留继承份额，损害胎儿利益。

（2）遗产管理人对违反法定职责存在故意或者重大过失。遗产管理人只有对未尽到法定职责存在故意或重大过失时才承担责任，仅为一般过失时不承担责任。所谓故意就是明知会侵害他人权益而为之。所谓重大过失就是违反一般正常管理者应尽的谨慎注意义务。①

（3）遗产管理人的行为给继承人、受遗赠人、债权人造成了损害。遗产管理人没有依法履行职责，且因故意或者重大过失造成了继承人、受遗赠人、债权人的损害，就需要承担赔偿损失等民事责任。

---

① 参见黄薇主编：《中华人民共和国民法典释义（下）》，法律出版社2020年版，第2206页。

六、遗产管理人的报酬请求权

遗产管理人管理遗产必须依法履职，耗费大量的时间和精力，根据“权责利相一致”的原则，遗产管理人有付出，就应该得到回报，应当赋予遗产管理人报酬请求权。对此，《民法典》第一千一百四十九条规定：“遗产管理人可以依照法律规定或者按照约定获得报酬。”

根据《民法典》第一千一百四十九条的规定，一是遗产管理人可以获得报酬，也可以不收取报酬。是否获得报酬，需要视具体情况而定。二是如果法律规定遗产管理人有权获得报酬的，遗产管理人可以要求获得报酬。如果当事人之间约定遗产管理人可以获得报酬的，遗产管理人可以根据约定获得报酬。[①] 三是遗产管理人获得报酬的具体数额可以由当事人约定。当然，遗产管理人是人民法院指定的，人民法院也可以酌情确定遗产管理人的报酬。

七、对案例 38 的简要评析

在本案中，根据《民法典》第一千一百四十五条“继承开始后，遗嘱执行人为遗产管理人；没有遗嘱执行人的，继承人应当及时推选遗产管理人；继承人未推选的，由继承人共同担任遗产管理人；没有继承人或者继承人均放弃继承的，由被继承人生前住所地的民政部门或者村民委员会担任遗产管理人”，第一千一百四十六条“对遗产管理人的确定有争议的，利害关系人可以向人民法院申请指定遗产管理人”的规定，徐某生前未婚、未生育子女，没有其他继承人，也没有指定遗产管理人。债权人刘某杰曾因民间借贷起诉

① 《最高人民法院关于向美琼、熊伟浩、熊萍与张凤霞、张旭、张林录、冯树义执行遗嘱代理合同纠纷一案的请示的复函》（〔2002〕民一他字第 14 号）中载明：“张凤霞作为熊毅武指定的遗嘱执行人，在遗嘱人没有明确其执行遗嘱所得报酬的情况下，与继承人熊伟浩、熊萍等人就执行遗嘱相关的事项签订协议，并按照该协议的约定收取遗嘱执行费，不属于《中华人民共和国律师法》第三十四条禁止的律师在同一案件中为双方当事人代理的情况，该协议是否有效，应当依据《中华人民共和国合同法》的规定进行审查。只要协议的签订出于双方当事人的自愿，协议内容是双方当事人真实的意思表示，不违反法律和行政法规的禁止性规定，就应认定为有效。如果熊伟浩、熊萍等人以张凤霞乘人之危，使其在违背真实意思表示的情况下签订协议为由，请求人民法院撤销或者变更该协议，应有明确的诉讼请求并提供相应的证据，否则，人民法院不宜主动对该协议加以变更或者撤销。”

徐某，因徐某死亡而没有民事被告，法院裁定驳回了刘某杰的起诉。此时，刘某杰与徐某就存在着利害关系，完全可以以利害关系人的身份向人民法院申请指定遗产管理人。同时，继承编规定被继承人生前住所地的民政部门担任遗产管理人，刘某杰申请法院指定天津市某区民政部门担任遗产管理人，法院支持了申请人的请求，于法有据。

第二节　继承开始后的通知

一、问题的提出

继承从被继承人死亡时开始。被继承人死亡，继承开始，被继承人身后遗留的除按法律规定或根据性质不得继承之外的个人合法财产，作为其遗产，应当按照法定继承或遗嘱、遗赠扶养协议等确定的方式进行分割。但在现实生活中，家庭的构成方式多样，除了最简单的互相均具有血缘关系的家庭之外，还存在许多因离婚、收养等原因形成的重组家庭或法律拟制家庭，养父母、继父母与养子女、继子女及非婚生子女之间的继承关系，相比一般家庭关系更加复杂。尤其在形成了父母子女关系但互相并不在一处居住或生活的情况下，被继承人死亡后，继承人如何得知其继承权利并依法行使，有赖法律规定给予充分保障。对此，《民法典》第一千一百五十条规定："继承开始后，知道被继承人死亡的继承人应当及时通知其他继承人和遗嘱执行人。继承人中无人知道被继承人死亡或者知道被继承人死亡而不能通知的，由被继承人生前所在单位或者住所地的居民委员会、村民委员会负责通知。"

在研究继承开始后的通知之前，先看一则案例：

案例 39：本案的遗产房屋能否归原告所有？[①]

原告单某 1 向法院起诉请求确认位于乳山市 46 号房屋归其所有，宋某、

---

① 详见山东省威海市中级人民法院（2021）鲁 10 民终 1014 号民事判决书。

单某2、单某3协助其办理过户手续。

单某1、单某2、单某3及单力某系兄弟姐妹关系，宋某系单力某的独生子。单某聚系单某1、单某2、单某3及单力某的父亲，其于1998年10月15日去世，单力某于2014年1月23日去世。单某聚遗留有位于乳山市所有权证号为46号的房屋。2003年9月2日，单某1及单某2、单某3、“单丽某”签订书面材料一份，内容为“单某铸老房五间作价叁仟元正，通过姊妹四人协商做给单某1。款已付清。特此证明。经手人签字：单某1、单某2、单某3、单丽某”。关于上述书面材料，单某2陈述不记得是否签过这个协议，也不记得是不是自己签的字，但是当时兄弟姐妹四人确实协商将房子作价3000元卖给单某1，每人750元，其已收到750元房款。单某3陈述上述书面材料签订的时候兄弟姐妹四人均在场，手印都是我们本人按的。关于单力某的名字，单某3陈述其与单力某从小念书就一直都是用的是“丽”字，一直到单力某住院才知道她是这个“力”，单力某当时陈述是办理身份证的时候不知道怎么用的这个字。关于上述书面材料中的“单某铸”，单某1陈述是根据土话发音写的，被告单某3陈述父亲就是叫“单某jv”，具体哪个字也不是很清楚，文化水平都不高。关于单力某的房款750元，单某1陈述其当时并未给单力某房款，但是在单力某的丈夫住院的时候其将房款给单力某了，当时并未打收据。单某1、单某2、单某3均认可自单某聚去世后，案涉房屋一直由单某1使用。案涉房屋的产权证书一直在单某1处。

生效裁判认为，继承开始后，按照法定继承办理；有遗嘱的，按照遗嘱继承或者遗赠办理；有遗赠扶养协议的，按照协议办理。继承开始后，知道被继承人死亡的继承人应当及时通知其他继承人和遗嘱执行人。被继承人单某聚没有留下遗嘱，因此去世后其遗产应按照法定继承处理。虽然单某1提交的书面材料上的“单丽某”及“单某聚”的名字与实际不一致，但是结合单某1、单某2、单某3的陈述，可以认定在被继承人单某聚去世后，单某1、单某2、单某3及单力某已就单某聚遗留的房产进行协商处理，四人同意案涉房屋归单某1所有，单某1支付房屋差价款。在继承开始后宋某并不是案涉房屋的第一顺序继承人，单某1等兄弟姐妹四人协商处理案涉房屋的时候其尚未成年，单力某现已去世，其是否收到房款已无法查清，单某1与单力某系兄妹关系，单某1手中没有单力某出具的收款收据也符合常理，故对宋某的辩解不予采信。因此对于单某1起诉要求确认房屋归单某1所有，宋某、单某2、单某3协助单某1办理过户的诉讼请求，予以支持。

上述案例，涉及被继承人死亡继承开始时是否及时通知了其他继承人的问题。试问：如何理解通知义务人？通知的对象是哪些？如何理解“及时通知”？没有“及时通知”的法律后果如何？

二、通知义务的主体是继承人、相关单位或者组织

根据《民法典》第一千一百五十条的规定，负有通知义务的主体是知道被继承人死亡的继承人，继承人中无人知道被继承人死亡或者知道被继承人死亡而不能通知的，由被继承人生前所在单位或者住所地的居民委员会、村民委员会负责通知。

1.知道被继承人死亡的继承人负有通知义务。根据《民法典》第一千一百五十条的规定，通知义务人原则上是继承人。这是由于，《民法典》第一千一百二十七条第一款规定：“遗产按照下列顺序继承：（一）第一顺序：配偶、子女、父母；（二）第二顺序：兄弟姐妹、祖父母、外祖父母。”第一千一百三十三条第一款和第二款规定：“自然人可以依照本法规定立遗嘱处分个人财产，并可以指定遗嘱执行人。自然人可以立遗嘱将个人财产指定由法定继承人中的一人或者数人继承。”由该两条规定可见，无论法定继承还是遗嘱继承，继承人与被继承人均存在较亲密的人身关系，尤其是配偶、子女、父母等法定第一顺位继承人，与被继承人共同生活，或日常生活中对被继承人的起居照料较多的家庭成员，对被继承人的生存状态的了解比其他主体更全面、更直接、更及时。在通常情况下，这部分继承人基于对被继承人身体状况的了解，可能在被继承人死亡前就对该事实的发生有一定的准备，当发生被继承人死亡的情况时，这些继承人不仅能够比较及时地获知，其作为被继承人和其他继承人的家庭成员的身份，使其与其他主体相比与其他继承人之间联系更加亲密，能够比较便利地与其他尚不得知被继承人死亡事实的继承人或遗嘱执行人取得联系。由知道被继承人死亡的继承人承担通知义务，相比由其他主体进行通知，一方面符合处理继承这类家庭事务的一般社会习惯，另一方面能够使其他继承人及时得知自己的权利并决定权利的行使与

否，更有利于遗产得到及时妥善的管理。

2. 被继承人生前所在单位或者居民委员会、村民委员会在特定条件下负有通知义务。根据《民法典》第一千一百五十条的规定，在没有继承人知道被继承人死亡的事实，或者虽然有继承人知道但不能通知的情况下，可以由被继承人生前所在单位或住所地的村民委员会、居民委员会履行通知义务。由此可见，相关单位或者组织负有为被继承人死亡通知的义务，但该义务的承担应以“知道”和“能够通知”为前提。相反，如果相关单位或者组织并不知道被继承人死亡，就不能课以其通知其他继承人和遗嘱执行人的义务。

被继承人的“生前住所地”应当包括“经常居住地”，即被继承人生前经常居住地的居民委员会或者村民委员会也负有通知义务。还可以作进一步的目的性扩张解释，被继承人生前“临时居住地”的居民委员会或者村民委员会亦应当负有通知义务。被继承人死亡的通知，既是一项法律义务，也是一项道德义务，对通知义务人的范围作适当的扩大解释，符合继承编规定的立法目的。[①]

三、通知的对象是其他继承人和遗嘱执行人

根据《民法典》第一千一百五十条的规定，继承开始后，知道被继承人死亡的继承人应当及时通知其他继承人和遗嘱执行人。即法律规定必须通知的对象有两种：一是尚不知道被继承人死亡的继承人；二是被继承人在遗嘱中指定的遗嘱执行人。继承开始后，知道被继承人死亡的继承人或被继承人生前所在单位、居民委员会、村民委员会必须向该两类主体发出继承开始的通知，这是其根据本条规定所负的法定义务，应当主动履行。对于其他继承人或遗嘱执行人以外的主体，如受遗赠人等，《民法典》并未明确规定必须向其履行通知继承开始的义务，通知义务主体可以通知，未通知的，亦不构成该条所规定的法定通知义务的违反。

---

① 参见陈甦、谢鸿飞主编：《民法典评注：继承编》，中国法制出版社 2020 年版，第 252 页。

四、通知的要求是“及时通知”

继承开始意味着继承人范围的确定、继承人和受遗赠人能够作出接受与放弃的意思表示等。继承开始的通知直接影响利害关系人权利的行使与放弃。依据《民法典》第一千一百五十条的规定，对通知提出的要求是“及时通知”，对于通知的方式、形式等均未作要求。何谓“及时通知”，应是指“第一时间通知”，或者理解为“立即通知”，即在知道被继承人死亡的事实后，在第一时间、以最快速的方式向其他继承人和遗嘱执行人发出通知。[①] 立法机关认为，“及时通知”就是立刻而不迟延地发出继承开始的通知。[②]

在法定继承中，继承开始后，继承人对其有权继承的遗产享有所有权的期待权利，特别是在存在多个继承人的情况下，根据我国民法理论，继承开始后，遗产分割前，各继承人对遗产是共同共有的关系。法定继承适用于被继承人未设立遗嘱确定其个人合法财产在继承人中分配的情形，此时，遗产的分割应当按照《民法典》继承编第二章关于法定继承的处理规则进行。根据《民法典》第一千一百三十二条的规定，继承人应当协商处理继承问题，确定遗产分割的时间、办法和份额。也即，只有继承人共同就遗产的分割达成一致意见并完成相应的交付、登记等物权转移手续，遗产的继承才算真正完成，继承人才能获得其应得部分遗产的所有权。

同时，继承开始后，继承人是否接受或放弃继承，与遗产分割的实现方法、每个继承人最终获得遗产的多寡均存在不可分割的紧密联系。在有法定继承人放弃继承权利的情况下，如该继承人不能及时得到继承已经开始的通知，不能及时作出放弃继承的意思表示，即便其他继承人在为该继承人保留份额的基础上完成了遗产分割，也不可避免会导致其他继承人在该继承人原本继承范围内的财产权利不能及时实现，以及遗产继承程序复杂化的结果。

在遗嘱继承的情况下，被继承人生前已经通过设立遗嘱的方式，指定了继承其遗产的继承人，对该继承人的通知，与法定继承的一般通知采用相同

---

① 参见陈甦、谢鸿飞主编：《民法典评注：继承编》，中国法制出版社2020年版，第252页。

② 黄薇主编：《中华人民共和国民法典释义（下）》，法律出版社2020年版，第2208页。

的标准，即知道被继承人死亡的继承人，应当向其他继承人履行通知义务。在遗嘱执行人系知道被继承人死亡的继承人以外的人的情况下，遗嘱执行人不能及时获知继承开始的消息，就无法及时履行其作为遗产管理人的职责，遗嘱执行人能否及时履行清理制作遗产清单、报告遗产情况、妥善保管遗产等义务，直接影响到继承人继承权利的最终实现。因此，被继承人死亡，继承开始的，知道被继承人死亡的继承人应当及时通知遗嘱执行人。

五、违反通知义务的法律后果

知道被继承人死亡的继承人负有通知的义务，而非通知的权利。该继承人不能选择是否通知，而是必须向其他继承人和遗嘱执行人履行通知的义务，保证享有继承权的权利人能够及时行使权利。对于确因客观原因导致知道被继承人死亡的继承人、被继承人生前所在单位或村民委员会、居民委员会均无法通知到所有继承人的情况，《继承编解释（一）》第三十条规定："人民法院在审理继承案件时，如果知道有继承人而无法通知的，分割遗产时，要保留其应继承的遗产，并确定该遗产的保管人或者保管单位。"待能够与该继承人取得联系，通知其关于继承的事实时，该继承人得根据法律规定或遗嘱内容实现其继承权。继承人本人死亡的，根据《民法典》关于代位继承或转继承的规定处理。

虽然《民法典》第一千一百五十条仅规定了通知义务人的通知义务，对违反通知义务的法律后果未作规定，但在解释上违反了及时通知义务给其他继承人和遗嘱执行人造成损害的，应当承担损害赔偿的民事责任。

六、对案例 39 的简要评析

在本案中，双方当事人争议的焦点为：案涉房屋是否归单某 1 所有，宋某应否协助单某 1 办理案涉房屋的过户手续。案涉房屋原归单某聚所有，在单某聚去世且未留有遗嘱的情形下，应由单某 1、单某 2、单某 3、单力某按照法定继承处理。根据单某 3、单某 2 的陈述及单力某在世时对房屋权属及占有使用状况并未提出任何异议的事实，可认定虽然单力某并未在书面协议上亲自签字，但单某 1、单某 2、单某 3、单力某已经作为继承人针对案涉房屋的产权归属自愿达成了协议，该协议系继承人之间的财产分割内部协议。

该内部协议约定，单某2、单某3、单力某放弃继承单某聚的房屋，房屋归单某1所有，单某1应分别给付单某2、单某3、单力某现金750元作为补偿。上述情形属于法定继承人之间以房屋折价款的形式进行继承，不违反法律法规的强制性规定，应当认定为合法有效。因此，单某2、单某3、单力某已将其继承的份额转让给单某1，案涉房屋应归单某1所有。宋某作为单力某的法定继承人，应协助单某1办理案涉房屋的产权过户手续。

第三节 遗产的认定

一、问题的提出

根据《民法典》第一千一百二十二条的规定，遗产是自然人死亡时遗留的个人合法财产。依照法律规定或者根据其性质不得继承的遗产，不得继承。被继承人往往是与配偶、家人在一起共同生活，当被继承人死亡时如何确定其遗产，便是必须解决的问题。对此，《民法典》第一千一百五十三条规定："夫妻共同所有的财产，除有约定的外，遗产分割时，应当先将共同所有的财产的一半分出为配偶所有，其余的为被继承人的遗产。遗产在家庭共有财产之中的，遗产分割时，应当先分出他人的财产。"

在研究遗产的认定之前，先看两则案例：

案例40：本案夫妻共同所有财产中的遗产如何分割？①

邢某喜、杨某某夫妇育有五名女儿，即邢某甲、邢某乙、邢某丙、邢某丁及邢某戊。2020年8月20日，被继承人邢某喜因病去世，生前未立遗嘱。2016年4月，邢某甲曾因购房之需，向被继承人邢某喜借款250000元，邢某甲承诺按银行利息计付利息。2017年10月27日，因邢某甲未能按时还款，经催讨，邢某甲出具书面借据一份，并承诺自2017年11月1日起按每月

① 详见陕西省西安市中级人民法院（2021）陕01民终12616号民事判决书。

1~30000元不等还款，至2018年12月31日还清本息，利息按银行利率。签订借据后，邢某甲分多次还款，剩余110000元及约定利息未还。邢某甲辩称被继承人邢某喜名下位于西安市新城区70平方米的房屋一套，已于2019年5月10日转让登记于邢某丙、邢某丁名下。杨某某在西安市工商银行八府庄支行有存款269000元。

生效裁判认为，被继承人邢某喜死亡前未留遗嘱，本案继承适用法定继承原则。被继承人邢某喜生前借给邢某甲250000元，现尚余110000元及利息未还，此笔债权其中一半应为被继承人邢某喜的遗产，杨某某等要求分割继承，依法予以准许；杨某某在西安市工商银行八府庄支行有存款269000元，其中一半亦系被继承人邢某喜的遗产，依法应予分割继承；至于位于西安市新城区70平方米的房屋，已在被继承人生前转让并登记在邢某丙、邢某丁名下，并非被继承人的遗产，不予处理。据此判决：一、被继承人邢某喜的遗产中由被告邢某甲所借的借款11万元及截至2020年10月19日的利息33632.43元中，原告杨某某应占有的份额（含夫妻共同财产）为83785.57元；邢某乙、邢某丙、邢某丁、邢某戊各继承被继承人邢某喜遗产中由被告邢某甲持有的借款中本息的1/6份额（截至2020年10月19日每位为11969.36元）和自2020年10月20日至清偿借款之日按照贷款市场报价利率计算利息中1/6；二、杨某某名下在西安市工商银行八府庄支行有存款269000元，其中一半134500元为被继承人邢某喜的遗产，原告、被告共计六人各继承1/6份额即22416元。

案例41：本案家庭共有财产中的遗产如何分割？[①]

杨某与唐某国系夫妻关系，二人生有唐某2、唐某3、唐某4三名子女。唐某国于2003年去世，去世前未留遗嘱。杨某、唐某国原在房山区良乡镇某巷5号有宅院一处，该处宅院1989年房产所有证记载：本证所列房产经审查属于杨某所有。唐某2、唐某3婚后均搬离该宅院。2000年4月12日，唐某4与张某登记结婚，婚后在涉案宅院共同居住，婚后生育一子唐某1。2012年6月29日，唐某4与张某协议离婚。双方在《离婚协议书》中约定，

① 详见北京市第二中级人民法院（2021）京02民终10093号民事判决书。

唐某1由张某抚养，房产无，存款无，其他财产无，债权无。2011年，杨某（被拆迁人、乙方）与村民委员会签订《某街道中心区拆迁安置协议》，约定甲方为杨某、张某、唐某1、唐某4四人，乙方用认定的合法宅基地房屋面积置换甲方安置回迁楼房为702号两居一套、603号一居1套、901号两居1套、903号两居1套，共293平方米。

生效裁判认为，继承从被继承人死亡时开始。遗产系被继承人死亡时遗留的合法财产。继承开始后，按照法定继承办理；有遗嘱的，按照遗嘱继承或者遗赠办理，有遗赠扶养协议的，按照协议办理。同一顺序继承人继承遗产的份额，一般应当均等。夫妻在婚姻关系存续期间所得的共同所有的财产，除了有约定的以外，如果分割遗产，应当先将共同所有的财产的一半分出为配偶所有，其余的为被继承人的遗产。遗产在家庭共有财产之中的，遗产分割时，应当先分出他人的财产。本案中，涉案宅院的房屋系唐某国、杨某在婚姻关系存续期间所建，系唐某国与杨某的夫妻共同财产。现涉案宅院已经拆迁，相关权益已经转化为腾退安置利益，因唐某国未留有遗嘱，在唐某国去世后，其中1/2的份额应归杨某所有，剩余1/2的份额应作为唐某国的遗产由唐某国的法定继承人杨某、唐某4、唐某2、唐某3各继承1/4的份额。唐某4继承的份额属于其在与张某婚姻关系存续期间取得的遗产，应作为其与张某的夫妻共同财产予以分割。综合考虑宅基地的来源、腾退搬迁政策及涉案宅院内房屋的建设情况等，酌情认定702、603、901、903号的安置房屋，杨某享有5/8的份额，唐某2享有1/8的份额，唐某3享有1/8的份额，唐某4享有1/16的份额、张某享有1/16的份额。结合各方当事人享有的份额，认为回迁安置房屋归杨某、唐某4、唐某2、唐某3使用，由杨某、唐某4、唐某2、唐某3给付张某房屋使用费为宜。关于房屋使用费的数额，参照房屋所在地区的租金情况及张某享有的回迁安置房份额，酌情确定杨某、唐某4、唐某2、唐某3每月给付张某房屋使用费860元。据此判决：位于北京市房山区702、603、901、903号房屋由杨某、唐某4、唐某2、唐某3居住使用，杨某、唐某4、唐某2、唐某3自2021年4月起每月给付张某房屋使用费860元。

上述案例，涉及遗产从夫妻共同财产、家庭共同财产中的分出问题。试问：如何将遗产从夫妻共同财产、家庭共有财产中分出？

二、遗产从夫妻共同财产中分出

《民法典》第一千零六十二条规定了夫妻共同财产，即“夫妻在婚姻关系存续期间所得的下列财产，为夫妻的共同财产，归夫妻共同所有：（一）工资、奖金、劳务报酬；（二）生产、经营、投资的收益；（三）知识产权的收益；（四）继承或者受赠的财产，但是本法第一千零六十三条第三项规定的除外；（五）其他应当归共同所有的财产。夫妻对共同财产，有平等的处理权”。这一规定表明，我国的夫妻共同财产制采用的是婚后所得共同制，即在婚姻关系存续期间，除个人特有财产和夫妻另有约定外，夫妻双方或者一方所得的财产，均归夫妻共同所有，夫妻双方享有平等的占有、使用、收益和处分权利的财产制度。[①] 其中，“其他应当归共同所有的财产”是一条概括性规定，立法意图是为涵盖其他所有应属于夫妻共同财产的范围。为了避免司法实践中滥用该条款，《婚姻家庭编解释（一）》第二十五条对此作出明确规定，即婚姻关系存续期间，下列财产属于《民法典》第一千零六十二条规定的“其他应当归共同所有的财产”：（1）一方以个人财产投资取得的收益；（2）男女双方实际取得或者应当取得的住房补贴、住房公积金；（3）男女双方实际取得或者应当取得的基本养老金、破产安置补偿费。

《民法典》对夫妻共同财产作出了规定，又明确了夫妻个人财产。夫妻个人财产，又称夫妻特有财产、夫妻保留财产，是指夫妻婚后在实行共同财产制的同时，依法律规定或夫妻约定，夫妻各自保留的一定范围的个人所有财产。[②] 特有财产制，就是在夫妻婚后实行夫妻共同财产制时，依法律规定或夫妻约定，夫妻各自保留一定个人所有财产的范围，夫妻对该财产的管理、使用、收益及处分权，以及相应的财产责任，特有财产的效力等相关规定组成的法律制度。特有财产制是对夫妻共同财产制的限制和补充。《婚姻

---

① 黄薇主编：《中华人民共和国民法典婚姻家庭编释义》，法律出版社2020年版，第80页。

② 黄薇主编：《中华人民共和国民法典婚姻家庭编释义》，法律出版社2020年版，第83页。

法》第十八条规定，有下列情形之一的，为夫妻一方的财产：（1）一方的婚前财产；（2）一方因身体受到伤害获得的医疗费、残疾人生活补助费等费用；（3）遗嘱或赠与合同中确定只归夫或妻一方的财产；（4）一方专用的生活用品；（5）其他应当归一方的财产。这是我国借鉴外国立法经验，首次在法律中确立夫妻个人特有财产制，符合世界夫妻财产法的发展趋势。《民法典》第一千零六十三条对夫妻个人财产范围的界定没有太大变化，仅在第（二）项的表述不同，即“（二）一方因受到人身损害获得的赔偿或者补偿”[①]。夫妻个人特有财产是在夫妻共同财产制下，依法属于夫妻个人所有的财产。

同时，《民法典》又规定了夫妻财产约定制。《民法典》第一千零六十五条第一款规定：“男女双方可以约定婚姻关系存续期间所得的财产以及婚前财产归各自所有、共同所有或者部分各自所有、部分共同所有。约定应当采用书面形式。没有约定或者约定不明确的，适用本法第一千零六十二条、第一千零六十三条的规定。”据此，约定财产制是法律对婚姻关系双方当事人就双方之间的财产关系进行约定的意思自治的尊重，约定财产制具有优先于法定财产制适用的效力，只有在当事人未就夫妻财产作出约定，或者所作约定不明确，或者所作约定无效时，才适用夫妻法定财产制。[②] 同时，《民法典》确定的约定财产制有三种：一般共同制、限定共同制（或称部分共同制）和分别财产制。

根据《民法典》第一千一百五十三条第一款“夫妻共同所有的财产，除有约定的外，遗产分割时，应当先将共同所有的财产的一半分出为配偶所有，其余的为被继承人的遗产”的规定，如果自然人在婚姻关系存续期间死亡，在确定遗产范围时，首先应将夫妻共同财产进行分割。如果生前夫妻双方对婚姻关系存续期间所得的财产的所有权归属等进行了书面约定，则自然人死

① 学者认为，该项修改从“身体受到损害”扩张到“人身损害”，将身体之外的人身权受损害一并纳入，这是由于其他人格权与身体权受损害相类似的法益，应作同等处理；将“医疗费、残疾人生活补助费等费用”扩展为“赔偿或补偿”，这是由于费用并不能够涵盖人身权受损所取得的赔偿或补偿的全部形态。参见薛宁兰、谢鸿飞主编：《民法典评注：婚姻家庭编》，中国法制出版社 2020 年版，第 203 页。

② 黄薇主编：《中华人民共和国民法典婚姻家庭编释义》，法律出版社 2020 年版，第 94 页。

亡后，应按照生前双方的约定，对夫妻共有财产进行分割，分割后的个人财产作为其遗产，由继承人继承。如果未采取书面约定的方式，或者约定不明的情形，则按照《民法典》第一千零六十二条、第一千零六十三条的规定确定夫妻共同财产的范围，再将属于夫妻共同财产的一半分出给配偶，剩余的财产作为被继承人的遗产由其继承人继承。

三、遗产从家庭共有财产中分出

家庭共有财产，是指家庭成员在家庭共同生活关系存续期间共同创造、共同所得的共有财产。一般具有以下特点：（1）家庭成员间的家庭共同生活关系存续期间形成的共有财产为家庭共有财产。如果家庭共同生活条件消灭，家庭共有财产也因此失去其存在的基础而随之消灭。（2）家庭共有财产只能产生于具有特殊的人身关系的当事人之间，即只有在具备某种特殊的身份关系的家庭成员间，才可能形成家庭共有财产的关系。（3）家庭共有财产的形成主要是家庭成员在共同生活期间的共同劳动收入，家庭成员交给家庭的财产、家庭成员受赠的财产，以及在此基础上购置和积累起来的财产等。（4）家庭共有财产是以维持家庭成员共同的生活或生产为目的的财产。如果某个家庭成员以其劳动收入购买个人需要的物品，则一般不视为家庭共有财产。（5）对于家庭共有财产，各家庭成员都享有平等的权利。除法律另有规定或家庭成员间另有约定的外，家庭共有财产由家庭成员共享所有权，由家庭成员共同行使占有、使用、收益和处分的权能。对于家庭共有财产的使用、处分或分割应取得全体家庭成员的同意，任何家庭成员都不得随意处分。①

根据《民法典》第一千一百五十三条第二款“遗产在家庭共有财产之中的，遗产分割时，应当先分出他人的财产”的规定，自然人在家庭共同生活关系存续期间死亡，遗产分割时，应当首先把属于被继承人财产以外的其他家庭成员所有的财产分出，余下的才属于遗产的范围，并按照《民法典》的规定进行分割。其实，也可以首先认定哪些是自然人死亡时的个人合法财产

---

① 参见最高人民法院民法典贯彻实施工作领导小组主编：《中华人民共和国民法典婚姻家庭编继承编理解与适用》，人民法院出版社2020年版，第665—666页。

即遗产（其余的家庭共同财产即为被继承人以外的财产，不属于遗产），直接进行分割。两种方法对被继承人遗产的认定，可谓异曲同工。

四、对案例 39、案例 40 的简要评析

在案例 39 中，遗产是自然人死亡时遗留的个人合法财产。夫妻共同所有的财产，除有约定的外，遗产分割时，应当先将共同所有的财产的一半分出为配偶所有，其余的为被继承人的遗产。本案中，邢某喜于 2020 年 8 月 20 日去世，其于 2016 年 4 月给邢某甲的借款及利息的一半与邢某喜配偶杨某某名下存款的一半均属于遗产。法院确认涉案债权及存款属于夫妻共同财产，一半归杨某某所有，剩余款项由六个继承人即杨某某、邢某乙、邢某丙、邢某丁、邢某甲、邢某戊法定继承，并无不妥。邢某甲主张继承的房屋，在邢某喜去世前已转至邢某丙、邢某丁名下，对邢某甲该项主张依法不予支持。

在案例 40 中，继承从被继承人死亡时开始。继承开始后，按照法定继承办理；有遗嘱的，按照遗嘱继承或者遗赠办理；有遗赠扶养协议的，按照协议办理。夫妻在婚姻关系存续期间所得的共同所有的财产，除有约定的外，如果分割遗产，应当先将共同所有的财产的一半分出为配偶所有，其余的为被继承人的遗产。遗产在家庭共有财产之中的，遗产分割时，应当先分出他人的财产。本案中，依据查明的事实，4 号院房屋系唐某国与杨某在婚姻关系存续期间建造，张某虽称其 2002 年出资对院内部分房屋进行翻建，但对此并未提供充分证据予以佐证，且杨某对其该项说法亦不予认可，故法院对张某的前述说法难以采信，一审法院认定 4 号院内房屋应系唐某国与杨某的夫妻共同财产并无不当，不持异议。因 4 号院现已拆迁，相关权益已经转化为拆迁安置利益，故本案应就前述拆迁利益予以分割。经查，唐某国生前未留有遗嘱，故其享有的 1/2 财产份额应按法定继承由杨某、唐某 4、唐某 2、唐某 3 予以继承，剩余 1/2 财产份额归杨某所有。唐某 4 在与张某的婚姻关系存续期间因继承取得的唐某国的遗产份额属于二人的夫妻共同财产，应依法予以分割。法院在结合宅基地来源、腾退搬迁政策及院内房屋建设情况等因素，认定各方对安置房享有的份额并无不当。结合各方享有的财产份额及回迁安置房实际情况，涉案回迁安置房屋应由杨某、唐某 4、唐某 2、唐某 3

居住使用，并由其给付张某房屋使用费，综合考虑房屋所在地区租金情况及张某享有的财产份额，法院认定杨某、唐某 4、唐某 2、唐某 3 每月给付张某房屋使用费 860 元亦属适当。

第四节　遗产分割的原则和方法

一、问题的提出

继承人如果是一个人，无论是法定继承还是遗嘱继承，均没有争议。但是在现实生活中，继承纠纷多数是多个继承人的争论，会出现按照遗嘱继承还是按照法定继承的争议，分割方法的争议，分割数额的争议等。对此，《民法典》第一千一百五十六条规定了遗产分割的原则和方法，即："遗产分割应当有利于生产和生活需要，不损害遗产的效用。不宜分割的遗产，可以采取折价、适当补偿或者共有等方法处理。"

在研究遗产分割的原则和方法之前，先看一则案例：

案例 42：本案的遗产应当如何分割？[①]

徐某 2 与洪某夫妇于 1982 年 9 月 25 日登记结婚，婚后生育一女徐某 1。2019 年 9 月 12 日，洪某因病去世，生前未留遗嘱。洪某父母均在洪某生前去世。洪某与徐某 1 于 2008 年 4 月 9 日与开发商签约购买某 1 号房屋，约定总价 3199715 元。该房屋于 2009 年 6 月 29 日登记在洪某、徐某 1 名下，本案双方认可该房屋价值 965 万元。某 2 号房屋于 2005 年 3 月 22 日登记在洪某名下，本案双方认可该房屋价值 1028 万元。徐某 2 提交的证据显示洪某去世后，可获得幸福人寿保险股份有限公司的 80 万元理赔款，洪某的生前单位给予洪某一次性抚恤金 15 万元，并收到社保转来丧葬费 5000 元，北京市退休人员养老保险个人账户清算金额 60222.7 元。

① 详见北京市第一中级人民法院（2021）京 01 民终 5786 号民事判决书。

生效裁判认为，继承从被继承人死亡时开始。继承开始后，有遗嘱的按照遗嘱继承办理，没有遗嘱或遗赠扶养协议的按照法定继承办理。法定继承开始后，由第一顺序的继承人继承，包括被继承人的配偶、子女、父母。本案中，洪某生前没有遗嘱，故对其遗产应按照法定继承办理。徐某2、徐某1系洪某第一顺序的继承人，享有法定继承权。同一顺序继承人继承遗产的份额，一般应当均等。对被继承人尽了主要扶养义务或者与被继承人共同生活的继承人，分配遗产时，可以多分。有扶养能力和有扶养条件的继承人，不尽扶养义务的，分配遗产时，应当不分或者少分。根据本案查明事实，徐某2在洪某患病期间尽了主要扶养义务且与洪某共同生活，徐某1有扶养能力和有扶养条件，但在2014年之后对洪某未尽到赡养义务，故法院在分配洪某遗产时，对徐某2多分，继承遗产比例酌定为70%，对徐某1少分，继承遗产比例酌定为30%。夫妻在婚姻关系存续期间所得的共同所有的财产，除有约定的外，如果分割遗产，应当先将共同所有的财产的一半分出为配偶所有，其余的为被继承人的遗产。遗产是公民死亡时遗留的个人合法财产。遗产分割应当有利于生产和生活需要，不损害遗产的效用。不宜分割的遗产，可以采取折价、适当补偿或者共有等方法处理。本案中，某1号房屋登记在洪某、徐某1名下，徐某2虽主张该房屋系其与洪某借徐某1名义出资购买，属于其与洪某的夫妻共同财产，但其提交的证据不足以证明其主张，故法院对其主张不予采纳，并进而认定该房屋一半的产权份额属于徐某1所有，其余一半为徐某2与洪某的夫妻共同财产，而其余一半中的一半为徐某2所有，剩余一半为洪某的遗产，根据双方诉辩意见，该房屋所有权判归徐某1所有，徐某1向徐某2支付其中洪某遗产价值70%的补偿款。某2号房屋系徐某2与洪某的夫妻共同财产，故其中一半的产权份额为徐某2所有，其余一半为洪某的遗产，根据双方诉辩意见，该房屋所有权判归徐某2所有，徐某2向徐某1支付其中洪某遗产价值30%的补偿款。徐某2主张某3号房屋系其个人财产，但未充分举证证明，法院对其主张不予采纳，进而认定该房屋系其与洪某的夫妻共同财产，故其中一半的产权份额为徐某2所有，其余一半为洪某的遗产，鉴于该房屋已被徐某2出售，故徐某2向徐某1支付相应比例的分割款。双方认可徐某2和洪某名下夫妻共有的股票、基金、有价证券、理财、银行存款价值400万元，法院对此不持异议，并根据双方诉辩意见，将上述财产判归徐某2所有，徐某2向徐某1支付其中洪某遗产价值30%的补偿款。洪某的北京市退休人员养老保险个人账户清算金额60222.7元属于其生前取得的财产，应属于徐某2与洪某的夫妻共同财产，故其中一半为徐某2所有，其余一半为洪某的遗产，根据双方诉辩意见，该款项判归徐某2所有，徐某2向徐某1支付其中洪某遗产价值30%的补偿款。洪某的抚恤金15万元和丧葬费5000元不属于遗产，双方均同意平均分割，法院不持异议。双方认可洪某在幸福人寿保险股份有限公司理赔款80万元均属于洪某的个人遗产，法院不持异议，故徐某2应继承取得其中的56万元，徐某1应继承取得其中的24万元。

上述案例，涉及遗产分割原则和方法。试问：遗产分割应当遵循哪些原则？遗产分割的方法有哪些？

二、遗产分割遵循的原则[①]

遗产分割是各共同继承人按其应继份额进行分配，以消灭遗产的共同所有关系为目的的一种法律行为。遗产分割发生在多个继承人共同继承的场合，遗产分割的效果是各共同继承人的共同共有关系的消灭，遗产上的权利义务分别归属于各个继承人，各继承人之间的连带债务责任，也因遗产的分割而终止。

1. 均等分割原则。均等分割原则是遗产分割的一般性原则，方法简便易行，符合公平原则。对此，《民法典》第一千一百三十条第一款规定：“同一顺序继承人继承遗产的份额，一般应当均等。”

均等分割原则由于在现实生活中的复杂多样，其显得并不公平，为了实现遗产分割的实质性公平，《民法典》第一千一百三十条第二款至第五款，列举了非均等分割遗产的情形：一是对生活有特殊困难又缺乏劳动能力的继承人，分配遗产时，应当予以照顾；二是对被继承人尽了主要扶养义务或者与被继承人共同生活的继承人，分配遗产时，可以多分；三是有扶养能力和有扶养条件的继承人，不尽扶养义务的，分配遗产时，应当不分或者少分；

① 该部分可详见本书第二章的相关部分，不再多作阐述。

四是继承人经协商同意的，也可以不均等。以上四种情形可以制约均等分割的条件，照顾生活有困难且缺乏劳动能力的继承人，实现利益平衡。分割遗产对尽了主要扶养义务的继承人予以倾斜，对有能力扶养被继承人却不尽义务的继承人少分或不分，体现了权利义务相一致的原则。

2. 权利义务相一致的原则。权利义务相一致原则是贯穿《民法典》始终的基本内容。由此决定，在进行遗产分割时，必须考虑各共同继承人对被继承人生前所尽义务的多少。在其他条件大体相同的情况下，应按照继承人对被继承人所尽扶养义务的多少来进行分割。尽义务多的应当多分，尽义务少的应当少分。

3. 照顾缺乏劳动能力又缺乏生活来源，生活有特殊困难的继承人的原则。《民法典》第一千一百三十条第二款规定："对生活有特殊困难又缺乏劳动能力的继承人，分配遗产时，应当予以照顾。"生活有特殊困难的继承人，主要是指无生活来源的未成年人、老人、病残者。他们不仅没有生活来源，同时又缺乏劳动能力，导致生活困难，以致难以维持基本的正常生活条件。对于这种继承人，在分割遗产时应当给予适当的照顾。但是，对于那些生活上虽有特殊困难，而这种困难不是由于缺乏劳动能力而又缺乏其他生活来源造成的，而是由于主观上好逸恶劳或者从事赌博、吸毒等违法活动造成的，则不得以其生活困难为由在分割遗产时获得照顾。

4. 物尽其用原则。物尽其用原则是指在遗产分割时，应当从有利于生产和生活的需要出发，注意充分发挥遗产的实际效用。遗嘱中可以确定遗产的分割方法。如果遗嘱已确定，则应按照确定的分割方法分割遗产。遗嘱中未确定遗产分割方法的，则应按物尽其用原则进行分割，即应当依照有利于生产和生活需要、不损害遗产的效用的原则进行。《民法典》第一千一百五十六条第一款规定："遗产分割应当有利于生产和生活需要，不损害遗产的效用。"这一规定表明，遗产分割的恰当与否，关系遗产效力的发挥，不仅涉及继承人的利益，对于社会生产和公共利益的维护同样具有一定意义。物尽其用是遗产分割必须遵循的原则。按照物尽其用原则分割遗产，有利于发挥遗产的实际效用，有利于满足继承人的生产和生活需要，从而促进整个社会财富的增加。

5. 胎儿继承权保护原则。《民法典》第一千一百五十五条规定："遗产分割时，应当保留胎儿的继承份额。胎儿娩出时是死体的，保留的份额按照法定继承办理。”该条规定是在《继承法》第二十八条的基础上修改而来，将“胎儿出生时”修改为“胎儿娩出时”，与《民法典》第十六条的表述相一致，也更为精准规范。根据该条及《民法典》第十六条的规定，遗产分割时，无论是法定继承还是遗嘱继承的情形，在分割遗产时，都应当为胎儿保留其应继承的份额。保留份额的继承分两种情况：一种情况是，胎儿娩出时是死体的，其已取得的民事权利能力溯及地消灭，视为自始不存在，为其保留的份额按照法定继承办理。即当胎儿娩出时是死体的时候，将保留的份额按照法定继承的法定规则进行分配。另一种情况是，胎儿出生时是活体的，就由其依法继承。如胎儿出生后死亡的，即胎儿娩出时是活体，之后死亡的，为胎儿保留的继承份额成为他的遗产，应由他的法定继承人依法定继承的方式继承。在此需要说明的是，如果胎儿是多胞胎的，则应按胎儿的数量保留继承份额。对此，《继承编解释（一）》第三十一条规定：“应当为胎儿保留的遗产份额没有保留的，应从继承人所继承的遗产中扣回。为胎儿保留的遗产份额，如胎儿出生后死亡的，由其继承人继承；如胎儿娩出时是死体的，由被继承人的继承人继承。”

三、遗产分割的方式

遗产分割的方式，是对遗产进行分割除根据上述原则外，还应按照遗产的性质、种类、使用价值等不同情况，采用不同方式进行分割。关于遗产分割的方式，如果遗嘱中已经指定了分割方式，则应按遗嘱指定的方式分割遗产；遗嘱中没有指定遗产分割方式的，由继承人具体协商遗产的分割方式；继承人协商不成的，可以通过调解确定遗产分割的方式；调解不成的，则通过诉讼程序，由人民法院确定遗产的分割方式。我国《民法典》第一千一百五十六条第二款规定：“不宜分割的遗产，可以采取折价、适当补偿或者共有等办法处理。”根据这一规定，遗产分割的方式主要有以下几种：

1. 实物分割。遗产分割在不违反分割原则的情况下，可以采取实物分割的方式。适用实物分割的遗产，可以是可分物也可以是不可分物。对可分物，可以作总体的实物分割。如对粮食，可划分出每个继承人应继承的数量。但对不可分物，则不能作总体的分割，只能作个体的分割，如电视机、冰箱等。对不可分物不能作实物分割的，应当采取折价补偿的办法。

2. 变价分割。对不宜实物分割的遗产，可以将其变卖，换取价金，再由各继承人按照自己应得的遗产份额的比例，对价金进行分割，各自取得与应得遗产份额相对应的价金。

3. 补偿分割。对不宜分割的遗产，如果继承人中有人愿意取得该遗产，则由该继承人取得该遗产的所有权。取得遗产所有权的继承人按照其他继承人应继份的比例，分别补偿给其他继承人相应的价金。

4. 保留共有的分割。遗产不宜实物分割，继承人又都愿意取得遗产，或继承人愿意继续保持遗产共有状况的，则可将其作为共同所有的财产，由各继承人按各自应得的遗产份额，确定该项财产所应享有的权利与应分担的义务。

四、对案例 41 的简要评析

在家庭关系中，成年子女对父母负有赡养、扶助和保护的义务，孝敬父母，赡养老人是中华民族的传统美德。继承人应当本着互谅互让、和睦团结的精神，协商处理继承问题。根据《民法典》第一千一百三十条第三款、第四款的规定：对被继承人尽了主要扶养义务或者与被继承人共同生活的继承人，分配遗产时，可以多分。有扶养能力和有扶养条件的继承人，不尽扶养义务的，分配遗产时，应当不分或者少分。尽“主要扶养义务”是指继承人对被继承人在生活方面承担了主要劳务，如做饭、照顾、护理等，或主要负担其生活费用，给予经济扶持。继承人与被继承人长期生活在一起，相互照顾体贴，对被继承人特别是老年人起到了精神慰藉的作用，理应多分遗产。

本案中，徐某 1 作为洪某的女儿，自 2014 年前往美国后一直未回洪某的身边予以陪伴照顾，虽然其陈述有客观原因，但不符合常理。孝敬父母、赡养老人是子女应尽的义务，不否认徐某 1 所做的努力，但与尽到扶养义务还有差距。徐某 2 作为与洪某共同生活的配偶，在洪某患病期间承担了陪伴、照顾、护理的义务，显然对洪某也起到精神慰藉的作用，理应多分遗产。法院综合本案证据情况，酌定徐某 2 继承遗产比例为 70%，徐某 1 继承遗产比例为 30%，具有事实及法律依据。

第五节 遗赠扶养协议

一、问题的提出

遗赠扶养协议作为自然人生前对其死亡后遗产的一种处置方式，是一种独具特色的遗产转移方式，是对我国民间长期存在的遗赠扶养协议实践经验的总结和肯定。遗赠扶养协议制度是具有中国特色的一种法律制度，是在我国农村“五保”制度基础上形成和发展起来的。[①]《民法典》第一千一百五十八条规定：“自然人可以与继承人以外的组织或者个人签订遗赠扶养协议。按照协议，该组织或者个人承担该自然人生养死葬的义务，享有受遗赠的权利。”

在研究遗赠扶养协议之前，先看一则案例：

案例 43：本案遗赠扶养协议的效力如何？[②]

叶某喜、徐某系夫妻关系。村民叶某柱（1956 年 8 月 6 日出生）系叶某喜的叔叔，生前一直未婚，且无子女。1999 年 4 月 8 日，叶某喜、徐某与叶某柱签订一份《遗赠扶养协议书》。协议书阐明，叶某柱一直未婚，无子女。自 1995 年起至今叶某柱就和叶某喜、徐某夫妇生活在一起。叶某柱为了防老，将自己的财产（经扶贫所建的两间小瓦厢）遗赠给叶某喜。协议约定：扶养人叶某喜、徐某照顾遗赠人的平时生活，并承担遗赠人的生活医疗等费用。遗赠人的后事由扶养人料理，扶养人尽义务后，遗赠人的财产由扶养人继承。2000 年 4 月 3 日，盱眙县公证处依法对该遗赠扶养协议进行了公证，并出具公证书。2010 年 12 月 31 日，叶某柱患病经医治无效去世，后叶某喜、

---

① 参见黄薇主编：《中华人民共和国民法典释义（下）》，法律出版社 2020 年版，第 2221 页。

② 详见江苏省淮安市中级人民法院（2021）苏 08 民终 658 号民事判决书。

徐某将其安葬。

2020年6月，梁某村委会依照《盱眙县2019年农村宅基地零散退出工作实施方案》的规定，开展所在村农民宅基地零散退出工作。在工作中，梁某村委会认为叶某柱系“五保户”，将叶某柱的宅基地、房屋及附属物列为村集体财产进行了评估和公示。经评估，叶某柱的房屋价值21519元、附属物价值1299元、宅基地价值12852元，合计35670元。后梁某村委会组织相关人员对叶某柱的房屋进行了拆迁。因叶某喜、徐某要求梁某村委会给付宅基地补偿款，引起本案诉讼。

生效裁判认为：本案系房屋拆迁安置补偿合同纠纷，但争议的焦点是叶某喜、徐某与被拆迁房屋的物权人叶某柱签订的遗赠扶养协议是否具有法律效力问题。叶某柱生前与叶某喜、徐某自愿签订遗赠扶养协议，并经盱眙县公证处予以公证。协议约定，在扶养人（叶某喜、徐某）料理遗赠人叶某柱的后事后，遗赠人的财产由扶养人继承，未违反相关法律规定，且系双方真实意思表示，具有法律效力。梁某村委会辩称叶某柱生前系“五保户”，“五保户”的财产归集体所有。集体组织对“五保户”实行“五保”时，双方有扶养协议的，按协议处理；没有扶养协议，死者有遗嘱继承人或法定继承人要求继承的，按遗嘱继承或法定继承处理。本案中，叶某柱与梁某村委会没有签订扶养协议，而与叶某喜、徐某签订了遗赠扶养协议，故叶某喜、徐某有权继承叶某柱的财产补偿款35670元，故对于梁某村委会的这一辩解，法院不予采信。

上述案例，涉及遗赠扶养协议的效力认定问题。试问：如何理解遗赠扶养协议的法律意义？遗赠扶养协议的主要内容有哪些？如何认定遗赠扶养协议的效力？

二、遗赠扶养协议的法律意义

遗赠扶养协议是自然人（遗赠人、受扶养人）与继承人以外的组织或者个人（扶养人）签订的，由扶养人负责受扶养人的生养死葬，并享有受遗赠权利的协议。扶养人必须是继承人以外的组织或者个人，这是由于：赡养老人是中华民族的传统美德，如果允许一部分继承人与另一部分继承人及被继承人签订遗赠扶养协议，一部分继承人放弃继承而不承担赡养义务，另一部分继承人赡养被继承人而继承遗产，这有悖于法律规定的赡养义务，也不符合中华民族的传统美德。[①] 遗赠扶养协议具有以下法律特征：

1. 遗赠扶养协议是双方法律行为。遗赠扶养协议属于合同，与一般的合同不同的是，其带有遗赠的性质又不同于遗赠，扶养人取得遗产需以履行扶养义务为前提。遗赠扶养协议是一种双方法律行为，只有在遗赠人与扶养人意思表示一致时方可成立。而遗赠是单方法律行为，遗赠人设立遗嘱时，只要其作出处分自己死后财产的意思表示符合法律规定的形式和实质要件，该遗赠就发生法律效力，无须任何人的同意。即使受遗赠人拒绝接受遗赠，也并不影响该项遗赠的有效成立。

2. 遗赠扶养协议是双务、有偿法律行为。遗赠扶养协议的双方当事人互享权利、互负义务。扶养人承担对遗赠人生养死葬的义务并享有接受遗赠财产的权利；被扶养人享有接受扶养的权利，同时负有将遗产遗赠给扶养人的义务。遗赠扶养协议的有偿性表现在扶养人接受遗赠财产，以对被扶养人进行扶养为代价。当然，这种有偿性并不需要扶养人付出的代价与取得的遗产在价值上相一致，只要是扶养人与遗赠人的真实意思表示即可。

3. 遗赠扶养协议是诺成性法律行为。遗赠扶养协议虽为双务的法律行为，但双方履行义务的时间并不相同。自遗赠扶养协议订立之日起，被扶养人即可要求扶养人履行义务；而在被扶养人死亡之前，扶养人不得要求被扶养人履行转移其财产的义务。然而，双方履行义务时间上的不一致，并不影响遗赠扶养协议的性质。遗赠扶养协议自双方意思表示一致时即成立生效，其仍属于诺成性法律行为。

三、遗赠扶养协议的主要内容

按照遗赠扶养协议，作为扶养人的组织或者个人承担受扶养人生养死葬的义务，享有受遗赠的权利。根据《民法典》合同编的一般原理，遗赠扶养协议应当包括以下主要内容：

1. 遗赠扶养协议的主体。协议书应当载明受扶养人的姓名、身份证号码、

---

① 黄薇主编：《中华人民共和国民法典释义（下）》，法律出版社 2020 年版，第 2222 页。

住所地等基本信息；应当载明扶养人的姓名、身份证号码、住所地等或者组织的名称、住所地等基本信息。组织既可以是法人，也可以是非法人组织。当然，应当是具备承担养老职能的组织。

2. 扶养人的义务。与之对应的是受扶养人的权利。扶养的主要义务包括两个方面：一是“生养”。在受扶养人生存期间，扶养人需要承担对受扶养人生活上的照料和扶助义务，特别是在受扶养人生病时应当提供照护，在协议中应当尽量写明照料的标准和水平。二是“死葬”。在受扶养人死亡后，扶养人应当负责受扶养人的丧事，包括按照受扶养人的意愿办理死葬事宜。

3. 受扶养人的义务。与之对应的是扶养人的权利。扶养人的权利主要是根据协议取得受扶养人所赠与的遗产。这就要求双方当事人在协议中写明受扶养人拟将哪些遗产赠与扶养人。同时，还应当约定受扶养人生存期间不得擅自处分协议书中所涉及的财产。

4. 遗赠扶养协议的终止。双方当事人可以在协议中约定，如果一方违反约定，另一方有权要求解除遗赠扶养协议，并要求对方承担相应的补偿责任。《继承编解释（一）》第四十条规定：继承人以外的组织或者个人与自然人签订遗赠扶养协议后，无正当理由不履行，导致协议解除的，不能享有受遗赠的权利，其支付的供养费用一般不予补偿；遗赠人无正当理由不履行，导致协议解除的，则应当偿还继承人以外的组织或者个人已支付的供养费用。

5. 争议解决条款。双方当事人可以在协议中明确约定，一旦发生纠纷，可以通过哪些途径解决争议，是选择仲裁方式还是选择诉讼方式，便于日后解决纠纷。

四、遗赠扶养协议的效力

遗赠扶养协议的成立，须遵循合同成立的一般要件，即通过要约与承诺的方式订立协议。一个有效成立的遗赠扶养协议须具备民事法律行为有效的全部要件。根据《民法典》第一百四十三条“具备下列条件的民事法律行为有效：（一）行为人具有相应的民事行为能力；（二）意思表示真实；（三）不违反法律、行政法规的强制性规定，不违背公序良俗”的规定，遗赠扶养协议同样存在有效、无效、可撤销三种效力形态。只有完全民事行为能力人才能与他人订立遗赠扶养协议，限制民事行为能力人和无民事行为能力人订立的遗赠扶养协议没有法律效力。因欺诈、胁迫、重大误解以及利用被扶养人处于危困状态、缺乏判断能力等情形订立的遗赠扶养协议，则属于可撤销的遗赠扶养协议。当然，遗赠扶养协议违背了法律、行政法规的效力性强制性规定以及违背公序良俗，应当属于无效的遗赠扶养协议。

一般而言，合同效力具有相对性。但是，遗赠扶养协议不仅对签订遗赠扶养协议的双方具有法律约束力，还对受扶养人的继承人、其他受遗赠人有约束力。受扶养人的继承人不得根据法定继承排斥扶养人的受遗赠权。受扶养人的遗嘱不能与遗赠扶养协议的内容相抵触，如果相抵触的，应当执行遗赠扶养协议的内容。因此说，遗赠扶养协议的效力优先于遗嘱和法定继承。

当然，遗赠扶养协议订立后，遗赠人与其子女、扶养人与其父母之间的权利义务关系并不因此而解除。父母与子女是最近的直系血亲，他们之间具有法定的权利义务关系，一般可以因一方死亡而自然消灭，或因收养关系的成立而解除。遗赠扶养协议并不发生收养关系的法律效力，扶养人虽与遗赠人订立遗赠扶养协议，但其对于自己未离世的父母，仍负有赡养的义务，享有互相继承遗产的权利。遗赠人如果尚有子女，虽然其子女可能不具备赡养的能力，但其子女对遗赠人的赡养义务不因遗赠扶养协议的签订而免除。同时，其子女对遗赠扶养协议中遗赠人指定财产以外的财产也仍享有继承权。

依据相关法律规定，继承开始后，按照法定继承办理；有遗嘱的，按照遗嘱继承或者遗赠办理；有遗赠扶养协议的，按照协议办理。由此可见，在遗产继承的方式中，遗赠扶养协议的效力最高。如法院在审理一起法定继承纠纷案件中认为，《处理意见》从标题和形式上看虽然未注明为遗赠扶养协议，但根据其实质内容来看，双方权利、义务约定明确，应认定本质上是一份遗赠扶养协议，且该协议主体适格、意思表示真实、内容合法，应为有效。居委会在签订《处理意见》后的 16 年里对独居的曹大爷日常生活进行了扶助、妥善安排了住处并有专人看护、为其垫付了医疗费用、在其年迈时送其至养老院且支付费用、在其去世后承担了丧葬费用，以上种种都表明，居委会已经尽到了扶养的义务，保障了曹大爷的生养死葬。这种生活上的照料和精神上的关爱，是无法用金钱衡量的。法律无法还原居委会对曹大爷照顾的具体情形，但曹大爷活到 94 岁高龄才去世本身也说明了一切。由于遗赠扶养协议的效力优于遗嘱继承和法定继承，因此居委会有权按照协议约定享有受遗赠的权利。由此，法院判决，《处理意见》有效，曹大爷留下的房屋、现金、股权、存款本息归居委会所有。[①]

五、对案例 42 的简要评析

在本案中，自然人可以与继承人以外的组织或者个人签订遗赠扶养协议。按照协议，该组织或者个人承担该自然人生养死葬的义务，享有受遗赠的权利。集体组织对“五保户”实行“五保”时，双方有扶养协议的，按协议处理；没有扶养协议，死者有遗嘱继承人或法定继承人要求继承的，按遗嘱继承或法定继承处理。本案中，叶某柱没有与梁某村委会签订扶养协议，而是与叶某喜、徐某签订了遗赠扶养协议并经盱眙县公证处依法予以公证，足以认定遗赠扶养协议系叶某柱生前真实意思表示，故叶某喜、徐某有权继承叶某柱生前房屋的财产补偿款。

叶某柱生前一直居住在涉案房屋中，至本案诉讼前，多年来未有他人对涉案房屋主张权利，故梁某村委会主张涉案房屋权属存在争议亦不能成立。叶某柱于 1999 年与叶某喜、徐某签订遗赠扶养协议，至 2010 年叶某柱去世，在该 11 年期间内，叶某柱没有要求解除与叶某喜、徐某签订的遗赠扶养协议，也没有要求变更扶养义务人，说明叶某柱生前认可叶某喜、徐某对其生活的照料，将涉案房屋遗赠给叶某喜、徐某是叶某柱的真实意愿，故梁某村委会认为叶某喜、徐某未履行遗赠扶养协议的义务，不予采信。

第六节　被继承人的债务清偿

一、问题的提出

遗产既包括财产权利，也包括财产义务，即债务。因此，当被继承人

---

① 苟连静、王晨曦：《老人家产遗赠居委会　失联子女“冒出”争继承》，载《人民法院报》2021 年 9 月 27 日第 3 版。

死亡后，如果遗留下债务，在继承人表示接受遗产时，同时也要承担清偿被继承人的债务的责任。当然，如果继承人放弃继承，则对债务人不再负责清偿。《民法典》多个条文规定了被继承人税款、债务清偿的原则，如第一千一百五十九条规定："分割遗产，应当清偿被继承人依法应当缴纳的税款和债务；但是，应当为缺乏劳动能力又没有生活来源的继承人保留必要的遗产。"第一千一百六十一条规定："继承人以所得遗产实际价值为限清偿被继承人依法应当缴纳的税款和债务。超过遗产实际价值部分，继承人自愿偿还的不在此限。继承人放弃继承的，对被继承人依法应当缴纳的税款和债务可以不负清偿责任。"第一千一百六十二条规定："执行遗赠不得妨碍清偿遗赠人依法应当缴纳的税款和债务。"第一千一百六十三条规定："既有法定继承又有遗嘱继承、遗赠的，由法定继承人清偿被继承人依法应当缴纳的税款和债务；超过法定继承遗产实际价值部分，由遗嘱继承人和受遗赠人按比例以所得遗产清偿。"

在研究被继承人的债务清偿之前，先看一则案例：

案例 44：继承人债务清偿原则不能突破①

2018 年 12 月 4 日，杨某涛向原告周某出具欠条一份，内容为"周某从 1994 年在杨某涛处盖酒楼至今没有开工资，杨某涛答应给付 10 万元。欠款人：杨某涛，2018 年 12 月 4 日"。2020 年 11 月 13 日，杨某涛因病逝世，被告系杨某涛的女儿，杨某涛死后无住房公积金、丧葬费无剩余、养老保险账户无余额。鹤某楼海鲜酒府工商信息显示，该酒府于 2005 年 11 月 29 日成立，位于鞍山市某区，企业类型为个人独资企业，股东为杨某涛，注册资金为 40 万元，出资额 40 万元未实缴，持股比例 100%，食品卫生许可证有效期至 2012 年 5 月 26 日，2013 年至 2019 年企业年度报告中，企业经营状态为歇业。

生效裁判认为，本案立案时，案由为追索劳动报酬纠纷，结合庭审查明的事实，本案立案时案由有误，案由应为被继承人债务清偿纠纷。依法继承遗产应当清偿被继承人的债务，清偿债务以被继承人的遗产实际价值为限。

---

① 详见辽宁省鞍山市中级人民法院（2021）辽 03 民终 2736 号民事判决书。

杨某涛生前向原告出具欠条，答应给付原告10万元工资款，双方形成合意，杨某涛未能履行债务，因其已经死亡，原告有权向继承杨某涛遗产的继承人主张权利。本案中，原告除主张杨某涛死亡后鹤某楼海鲜酒府为杨某涛遗产外，未提供其他证据证明被告继承杨某涛其他遗产。综上，杨某涛死亡后并未留有遗产，被告未实际继承杨某涛遗产，原告亦未提供其他证据证明被告实际继承杨某涛遗产的情况。因此，原告要求被告在遗产继承范围内承担偿还原告债务的主张，无事实依据，不予支持。

上述案例，涉及被继承人的债务清偿问题。试问：如何理解遗产分割时的义务？被继承人税款、债务清偿的原则有哪些？如何理解适用遗赠与遗产税款、债务清偿？如何理解遗产债务的清偿主体？

二、遗产分割时的义务

遗产是被继承人财产权利和财产义务的统一体。根据权利义务相一致的原则，继承人接受继承，应当同时接受被继承人的财产权利和财产义务，不能仅继承财产权利，而不继承财产义务。这就是所谓的概括继承原则或总体继承原则。分割遗产时，清偿被继承人依法应当缴纳的税款和债务，实际上就是继承人履行财产义务的行为。

被继承人的债务的范围。被继承人债务，是指被继承人生前个人依法应当缴纳的税款和用于个人生活所欠下的债务。被继承人的债务主要包括这样几类：（1）被继承人依照我国税收法规的规定应当缴纳的税款；（2）被继承人因合同之债欠下的债务；（3）被继承人因侵权行为而承担的损害赔偿的债务；（4）被继承人因不当得利而承担的返还不当得利的债务；（5）被继承人因无因管理而承担的补偿管理人必要费用的债务；（6）其他属于被继承人个人的债务，如合伙债务中属于被继承人应当承担的债务，被继承人承担的保证债务等。

值得注意的是，《民法典》第一千一百五十九条所规定的“但书”条款，即“但是，应当为缺乏劳动能力又没有生活来源的继承人保留必要的遗产”，体现了继承编一贯的立法思想。《民法典》第一千一百三十条第二款规定：“对生活有特殊困难又缺乏劳动能力的继承人，分配遗产时，应当予以照顾。”

《民法典》第一千一百四十一条规定："遗嘱应当为缺乏劳动能力又没有生活来源的继承人保留必要的遗产份额。"即在法定继承的遗产分配中，应对生活有困难又缺乏劳动能力的继承人予以照顾；在遗嘱继承中，明确遗嘱应当保留缺乏劳动力能力又没有生活来源的继承人必要的遗产份额。上述规定均是贯彻养老育幼原则的具体体现。在清偿遗产债务时，也应当坚持这一原则。因此，在清偿遗产债务时，即使遗产的实际价值不足以清偿债务，也应当为需要特殊照顾的缺乏劳动能力又没有生活来源的继承人保留适当的遗产，以满足其基本生活需要。

三、被继承人税款、债务清偿的原则

《民法典》第一千一百六十一条规定："继承人以所得遗产实际价值为限清偿被继承人依法应当缴纳的税款和债务。超过遗产实际价值部分，继承人自愿偿还的不在此限。继承人放弃继承的，对被继承人依法应当缴纳的税款和债务可以不负清偿责任。"该条规定了限定继承原则。

限定继承原则，是民法上公平原则在继承法中的具体体现。所谓限定继承，是指继承人清偿被继承人的遗产债务只以遗产的实际价值为限，超过遗产实际价值的部分，继承人不负清偿责任。也就是说，继承人对被继承人的遗产债务承担的是以继承的遗产实际价值为限的有限清偿责任，而非无限清偿责任。依据该原则，继承人接受遗产后，对于被继承人生前依法应当缴纳的税款和个人所欠债务，仅在其接受的遗产的实际价值范围内，承担清偿义务。对于超出遗产实际价值的债务，可以不负清偿责任。当然，对于继承人自愿偿还超过所得遗产实际价值部分的被继承人生前应缴纳的税款和个人所负的债务的，属于继承人权利自治的范畴，法律对此并不进行干预。[①]

---

① 最高人民法院在审理再审申请人周某与被申请人徐某被继承人债务清偿纠纷案中认为，继承遗产应当清偿被继承人依法应当缴纳的税款和债务，缴纳税款和清偿债务以他的遗产实际价值为限。超过遗产实际价值保护，继承人自愿偿还的不在此限。据此，继承人以其继承遗产的实际价值为限对被继承人的债务各自承担有限清偿责任。超过遗产实际价值部分，继承人自愿偿还的不在此限。在被继承人遗产尚未分割的情况下，认定继承人应对被继承人的债务承担连带责任，并判令继承人承担不当得利返还责任，没有事实和法律根据。详见最高人民法院（2018）最高法民申 4528 号民事裁定书。

被继承人债务的清偿顺序和方法。司法实践中一般采取以下两种方法：（1）先清偿债务后分割遗产。先清偿债务后分割遗产是一种总体清偿方式。按照这种清偿方式，共同继承人首先从遗产中清算出遗产债务，并将清算出的相当于遗产债务数额的遗产交付给债权人，然后，根据各继承人应继承的份额分配剩余遗产。（2）先分割遗产后清偿债务。先分割遗产后清债务是一种分别清偿方式。按照这种清偿方式，共同继承人首先根据他们应当继承的遗产份额分割遗产，同时分摊遗产债务。然后，各继承人根据自己分摊的债务数额向债权人清偿。实践中，如果遗产已被分割而未清偿债务的，则应当按照下列原则处理：如果有法定继承又有遗嘱继承和遗赠的，首先由法定继承人用其所有遗产清偿债务。不足清偿时，剩余的债务由遗嘱继承人和受遗赠人按比例用所得遗产偿还；如果只有遗嘱继承和遗赠的，由遗嘱继承人和受遗赠人按比例用所得遗产偿还。清偿被继承人债务的程序和方法一般是：继承开始以后，各个继承人在遗产分割之前，应首先用被继承人遗留下来的财产来清偿被继承人遗留的债务，清偿后剩余的财产，才作为实际存在的遗产按照遗嘱或法定继承来进行分割。也可以在继承开始以后，各个继承人先根据遗嘱或者法律规定对遗产进行分割，然后按照各自所继承到的遗产份额的多少，按比例分别承担清偿被继承人债务的责任。当有两个或两个以上的继承人同时继承遗产时，从原则上讲，应当依照每个继承人各自所得的遗产份额，按照比例分担清偿被继承人债务的责任。通俗地讲，就是继承遗产多的人多分担债务，继承遗产少的人少分担债务。当然，这种分担必须以遗产的实际价值为限。有时，被继承人遗留的都是实物或不动产，各继承人要求保留这些实物作为纪念或使用这些不动产的，也可由各人先继承实物或不动产，然后按照实物或不动产价值的比例分担承担清偿被继承人债务的责任。

适用限定继承原则时，应当注意的是：一是要明确区分继承开始前的债务与继承开始后所产生的债务。继承开始是区分被继承人债务和继承人债务的分界点，遗产债务是被继承人生前所欠的债务，不应当包括继承人的债务。继承人应负责偿还的债务和缴纳的税款只限于被继承人生前所欠债务和税款的范围，不包括被继承人死后继承人所欠的债务和应该缴纳的税款，且应以其继承的遗产为限。在继承开始以后，遗产分割完毕以前，与遗产有关的管理费用、继承费用不属于遗产债务。虽然继承开始后产生的债务是在继承人实际取得遗产以前发生，但是在被继承人死后、继承人已依当然继承主义取得遗产所有权后产生的，因此应当由继承人清偿，而不受其继承遗产的限制。二是明确区分继承开始时遗产的实际价值与分割遗产时遗产的实际价值。本条所规定的“遗产实际价值”，是指遗产在被继承人死亡时的实际价值，而非遗产分割时的实际价值。由于生活中往往存在被继承人死亡后很长一段时间不进行遗产分割的情形。例如，父母一方去世后，遗产未进行分割，而是在另一方去世后再一并进行分割。这时就可能存在继承人在遗产分割前已实际占有全部或部分遗产，并由于对遗产的使用而导致其价值的减少，即分割遗产时遗产的实际价值与继承开始时遗产的实际价值已发生变化。在这种情况下，在清偿债务时，继承人应承担的债务或债务份额仍应按继承开始时遗产的实际价值确定，并且该继承人不得以放弃继承为理由拒绝对债务的承担。即在继承人放弃继承时，如果遗产因在分割前已被该继承人实际占有并消耗掉部分价值而不足以清偿债务，则应由该继承人补偿其消耗的部分价值。[①]

当然，根据权利义务相一致的原则，继承人表示接受继承，是财产权利与财产义务的一并接受，不能仅继承财产权利，而不继承财产义务。接受继承的继承人既享有继承被继承人遗产的权利，同时应依法承担被继承人生前依法应缴纳税款和个人所负债务的清偿责任。这是概括继承原则的要求，也是权利义务相一致原则的体现。如果继承人放弃继承，放弃继承的继承人不应承担遗产债务，即不应承担被继承人生前依法应缴纳的税款和所负的个人债务。

四、遗赠与遗产税款、债务清偿

《民法典》第一千一百六十二条规定：“执行遗赠不得妨碍清偿遗赠人依法应当缴纳的税款和债务。”据此，遗赠是遗嘱人利用遗嘱的方式将其财产于其死后赠给国家、集体或者法定继承人以外的组织、个人的法律行为。

---

① 参见最高人民法院民法典贯彻实施工作领导小组主编：《中华人民共和国民法典婚姻家庭编继承编理解与适用》，人民法院出版社 2020 年版，第 699—700 页。

遗赠是单方民事法律行为，遗赠的内容往往只包括财产利益，而不包括财产义务。基于遗赠的上述特点，如遗赠人有依法应缴纳的税款和债务，遗赠的财产应是全部遗产权利和义务相抵后剩余的财产利益。本条对遗赠与遗产债务清偿的顺序作出了规定，即“执行遗赠不得妨碍清偿遗赠人依法应当缴纳的税款和债务”。这一规定，可以防止遗赠人通过遗赠逃避其对债权人的债务，有效保护债权人的合法权益。按照上述规定，在遗赠和清偿债务的顺序上，清偿债务优先于执行遗赠。只有在清偿债务之后，还有剩余遗产时，遗赠才能得到执行。如果遗产已不足清偿债务，则遗赠就不能执行。

受遗赠人在遗产分割前死亡的，受遗赠人的继承人是否有权享有接受遗赠财产的权利。对此，取决于受遗赠人生前对于遗赠的表示。《民法典》第一千一百二十四条第二款规定，受遗赠人应当在知道受遗赠后60日内，作出接受或者放弃受遗赠的表示；到期没有表示的，视为放弃受遗赠。因此，只有受遗赠人对于遗赠明确表示接受才能享有接受遗赠的权利，放弃受遗赠的不再享有权利，没有表示的视为放弃受遗赠，不再享有权利。根据《继承编解释（一）》第三十八条，继承开始后，受遗赠人表示接受遗赠，并于遗产分割前死亡的，其接受遗赠的权利转移给他的继承人。因此，在受遗赠人对于遗赠财产表示接受的情况下，其继承人享有接受遗赠财产的权利；而如果受遗赠人生前放弃受遗赠或者对于遗赠没有表示的，则因受遗赠人不享有权利，受遗赠人的继承人也不再享有接受遗赠财产的权利。

五、遗产债务的清偿主体

《民法典》第一千一百六十三条规定：“既有法定继承又有遗嘱继承、遗赠的，由法定继承人清偿被继承人依法应当缴纳的税款和债务；超过法定继承遗产实际价值部分，由遗嘱继承人和受遗赠人按比例以所得遗产清偿。”据此，被继承人债务的清偿应遵循以下原则：

1. 限定继承的原则。继承人对被继承人遗留的债务，只在被继承人的遗产实际价值范围内负责偿还，债务超过遗产的实际价值部分，继承人不负清偿债务的责任，但继承人自愿偿还的不受限制。

2. 先由法定继承人清偿的原则。如果几个继承人中既有法定继承人，又有遗嘱继承人和受遗赠人时，一般地说，应先用遗产清偿债务，然后按照遗嘱和法律规定对遗产进行分割并执行遗赠。如果遗产已被分割而未清偿债务，首先由法定继承人用继承到的遗产清偿债务。若其所得遗产不足以清偿，剩余的债务由遗嘱继承人和受遗赠人按比例用所得遗产偿还。如果只有遗嘱继承和遗赠，应当由遗嘱继承人和受遗赠人按比例用所得遗产偿还。

3. 保留特定继承人遗产份额的原则。《民法典》第一千一百五十九条规定："……但是，应当为缺乏劳动能力又没有生活来源的继承人保留必要的遗产。"这是贯彻我国养老育幼原则的具体体现。在清偿被继承人债务时，即使遗产的实际价值不足以清偿债务，也应当为需要特殊照顾的缺乏劳动能力又没有生活来源的继承人保留适当的遗产，以满足其基本生活需要。

4. 清偿债务优于执行遗赠的原则。《民法典》第一千一百六十二条规定："执行遗赠不得妨碍清偿遗赠人依法应当缴纳的税款和债务。"按照这一规定，在遗赠和清偿债务的顺序上，清偿债务优先于执行遗赠。只有在清偿债务后，还有剩余遗产时，遗赠才能得到执行。如果遗产已不足以清偿债务，则遗赠就不能执行。

六、对案例 43 的简要评析

在本案中，《民法典》第一千一百六十一条规定："继承人以所得遗产实际价值为限清偿被继承人依法应当缴纳的税款和债务。超过遗产实际价值部分，继承人自愿偿还的不在此限。继承人放弃继承的，对被继承人依法应当缴纳的税款和债务可以不负清偿责任。"原告周某认可被继承人杨某涛除案涉酒店外，再无其他遗产，工商信息显示该酒店出资额 40 万元未实缴。因此说，因周某无证据证明杨某涛留有遗产及杨某涛的继承人继承了相关遗产的事实，其诉讼请求不能得到支持。

同时，在继承诉讼中往往需要追加继承人、受遗赠人参加诉讼。对此，《继承编解释（一）》第四十四条规定，继承诉讼开始后，如继承人、受遗赠人中有既不愿参加诉讼，又不表示放弃实体权利的，应当追加为共同原告；

继承人已书面表示放弃继承、受遗赠人在知道受遗赠后60日内表示放弃受遗赠或者到期没有表示的，不再列为当事人。由此可见，继承诉讼属于必要的共同诉讼，人民法院可以依职权追加共同原告，当事人也可以申请人民法院追加。

附录

中华人民共和国民法典（节录）

（2020 年 5 月 28 日第十三届全国人民代表大会第三次会议通过　2020 年 5 月 28 日中华人民共和国主席令第 45 号公布　自 2021 年 1 月 1 日起施行）

第一编　总　则

第一章　基本规定

第一条　为了保护民事主体的合法权益，调整民事关系，维护社会和经济秩序，适应中国特色社会主义发展要求，弘扬社会主义核心价值观，根据宪法，制定本法。

第二条　民法调整平等主体的自然人、法人和非法人组织之间的人身关系和财产关系。

第三条　民事主体的人身权利、财产权利以及其他合法权益受法律保护，任何组织或者个人不得侵犯。

第四条　民事主体在民事活动中的法律地位一律平等。

第五条　民事主体从事民事活动，应当遵循自愿原则，按照自己的意思设立、变更、终止民事法律关系。

第六条　民事主体从事民事活动，应当遵循公平原则，合理确定各方的权利和义务。

第七条　民事主体从事民事活动，应当遵循诚信原则，秉持诚实，恪守承诺。

第八条　民事主体从事民事活动，不得违反法律，不得违背公序良俗。

第九条 民事主体从事民事活动，应当有利于节约资源、保护生态环境。

第十条 处理民事纠纷，应当依照法律；法律没有规定的，可以适用习惯，但是不得违背公序良俗。

第十一条 其他法律对民事关系有特别规定的，依照其规定。

第十二条 中华人民共和国领域内的民事活动，适用中华人民共和国法律。法律另有规定的，依照其规定。

第二章 自然人

第一节 民事权利能力和民事行为能力

第十三条 自然人从出生时起到死亡时止，具有民事权利能力，依法享有民事权利，承担民事义务。

第十四条 自然人的民事权利能力一律平等。

第十五条 自然人的出生时间和死亡时间，以出生证明、死亡证明记载的时间为准；没有出生证明、死亡证明的，以户籍登记或者其他有效身份登记记载的时间为准。有其他证据足以推翻以上记载时间的，以该证据证明的时间为准。

第十六条 涉及遗产继承、接受赠与等胎儿利益保护的，胎儿视为具有民事权利能力。但是，胎儿娩出时为死体的，其民事权利能力自始不存在。

第十七条 十八周岁以上的自然人为成年人。不满十八周岁的自然人为未成年人。

第十八条 成年人为完全民事行为能力人，可以独立实施民事法律行为。

十六周岁以上的未成年人，以自己的劳动收入为主要生活来源的，视为完全民事行为能力人。

第十九条 八周岁以上的未成年人为限制民事行为能力人，实施民事法律行为由其法定代理人代理或者经其法定代理人同意、追认；但是，可以独立实施纯获利益的民事法律行为或者与其年龄、智力相适应的民事法律行为。

第二十条 不满八周岁的未成年人为无民事行为能力人，由其法定代理人代理实施民事法律行为。

第二十一条　不能辨认自己行为的成年人为无民事行为能力人，由其法定代理人代理实施民事法律行为。

八周岁以上的未成年人不能辨认自己行为的，适用前款规定。

第二十二条　不能完全辨认自己行为的成年人为限制民事行为能力人，实施民事法律行为由其法定代理人代理或者经其法定代理人同意、追认；但是，可以独立实施纯获利益的民事法律行为或者与其智力、精神健康状况相适应的民事法律行为。

第二十三条　无民事行为能力人、限制民事行为能力人的监护人是其法定代理人。

第二十四条　不能辨认或者不能完全辨认自己行为的成年人，其利害关系人或者有关组织，可以向人民法院申请认定该成年人为无民事行为能力人或者限制民事行为能力人。

被人民法院认定为无民事行为能力人或者限制民事行为能力人的，经本人、利害关系人或者有关组织申请，人民法院可以根据其智力、精神健康恢复的状况，认定该成年人恢复为限制民事行为能力人或者完全民事行为能力人。

本条规定的有关组织包括：居民委员会、村民委员会、学校、医疗机构、妇女联合会、残疾人联合会、依法设立的老年人组织、民政部门等。

第二十五条　自然人以户籍登记或者其他有效身份登记记载的居所为住所；经常居所与住所不一致的，经常居所视为住所。

第二节　监护

第二十六条　父母对未成年子女负有抚养、教育和保护的义务。

成年子女对父母负有赡养、扶助和保护的义务。

第二十七条　父母是未成年子女的监护人。

未成年人的父母已经死亡或者没有监护能力的，由下列有监护能力的人按顺序担任监护人：

（一）祖父母、外祖父母；

（二）兄、姐；

（三）其他愿意担任监护人的个人或者组织，但是须经未成年人住所地的居民委员会、村民委员会或者民政部门同意。

第二十八条 无民事行为能力或者限制民事行为能力的成年人，由下列有监护能力的人按顺序担任监护人：

（一）配偶；

（二）父母、子女；

（三）其他近亲属；

（四）其他愿意担任监护人的个人或者组织，但是须经被监护人住所地的居民委员会、村民委员会或者民政部门同意。

第二十九条 被监护人的父母担任监护人的，可以通过遗嘱指定监护人。

第三十条 依法具有监护资格的人之间可以协议确定监护人。协议确定监护人应当尊重被监护人的真实意愿。

第三十一条 对监护人的确定有争议的，由被监护人住所地的居民委员会、村民委员会或者民政部门指定监护人，有关当事人对指定不服的，可以向人民法院申请指定监护人；有关当事人也可以直接向人民法院申请指定监护人。

居民委员会、村民委员会、民政部门或者人民法院应当尊重被监护人的真实意愿，按照最有利于被监护人的原则在依法具有监护资格的人中指定监护人。

依据本条第一款规定指定监护人前，被监护人的人身权利、财产权利以及其他合法权益处于无人保护状态的，由被监护人住所地的居民委员会、村民委员会、法律规定的有关组织或者民政部门担任临时监护人。

监护人被指定后，不得擅自变更；擅自变更的，不免除被指定的监护人的责任。

第三十二条 没有依法具有监护资格的人的，监护人由民政部门担任，也可以由具备履行监护职责条件的被监护人住所地的居民委员会、村民委员会担任。

第三十三条 具有完全民事行为能力的成年人，可以与其近亲属、其他愿意担任监护人的个人或者组织事先协商，以书面形式确定自己的监护人，在自己丧失或者部分丧失民事行为能力时，由该监护人履行监护职责。

第三十四条 监护人的职责是代理被监护人实施民事法律行为，保护被监护人的人身权利、财产权利以及其他合法权益等。

监护人依法履行监护职责产生的权利，受法律保护。

监护人不履行监护职责或者侵害被监护人合法权益的，应当承担法律责任。

因发生突发事件等紧急情况，监护人暂时无法履行监护职责，被监护人的生活处于无人照料状态的，被监护人住所地的居民委员会、村民委员会或者民政部门应当为被监护人安排必要的临时生活照料措施。

第三十五条　监护人应当按照最有利于被监护人的原则履行监护职责。监护人除为维护被监护人利益外，不得处分被监护人的财产。

未成年人的监护人履行监护职责，在作出与被监护人利益有关的决定时，应当根据被监护人的年龄和智力状况，尊重被监护人的真实意愿。

成年人的监护人履行监护职责，应当最大程度地尊重被监护人的真实意愿，保障并协助被监护人实施与其智力、精神健康状况相适应的民事法律行为。对被监护人有能力独立处理的事务，监护人不得干涉。

第三十六条　监护人有下列情形之一的，人民法院根据有关个人或者组织的申请，撤销其监护人资格，安排必要的临时监护措施，并按照最有利于被监护人的原则依法指定监护人：

（一）实施严重损害被监护人身心健康的行为；

（二）怠于履行监护职责，或者无法履行监护职责且拒绝将监护职责部分或者全部委托给他人，导致被监护人处于危困状态；

（三）实施严重侵害被监护人合法权益的其他行为。

本条规定的有关个人、组织包括：其他依法具有监护资格的人，居民委员会、村民委员会、学校、医疗机构、妇女联合会、残疾人联合会、未成年人保护组织、依法设立的老年人组织、民政部门等。

前款规定的个人和民政部门以外的组织未及时向人民法院申请撤销监护人资格的，民政部门应当向人民法院申请。

第三十七条　依法负担被监护人抚养费、赡养费、扶养费的父母、子女、配偶等，被人民法院撤销监护人资格后，应当继续履行负担的义务。

第三十八条　被监护人的父母或者子女被人民法院撤销监护人资格后，除对被监护人实施故意犯罪的外，确有悔改表现的，经其申请，人民法院可以在尊重被监护人真实意愿的前提下，视情况恢复其监护人资格，人民法院指定的监护人与被监护人的监护关系同时终止。

第三十九条 有下列情形之一的，监护关系终止：

（一）被监护人取得或者恢复完全民事行为能力；

（二）监护人丧失监护能力；

（三）被监护人或者监护人死亡；

（四）人民法院认定监护关系终止的其他情形。

监护关系终止后，被监护人仍然需要监护的，应当依法另行确定监护人。

第三节 宣告失踪和宣告死亡

第四十条 自然人下落不明满二年的，利害关系人可以向人民法院申请宣告该自然人为失踪人。

第四十一条 自然人下落不明的时间自其失去音讯之日起计算。战争期间下落不明的，下落不明的时间自战争结束之日或者有关机关确定的下落不明之日起计算。

第四十二条 失踪人的财产由其配偶、成年子女、父母或者其他愿意担任财产代管人的人代管。

代管有争议，没有前款规定的人，或者前款规定的人无代管能力的，由人民法院指定的人代管。

第四十三条 财产代管人应当妥善管理失踪人的财产，维护其财产权益。

失踪人所欠税款、债务和应付的其他费用，由财产代管人从失踪人的财产中支付。

财产代管人因故意或者重大过失造成失踪人财产损失的，应当承担赔偿责任。

第四十四条 财产代管人不履行代管职责、侵害失踪人财产权益或者丧失代管能力的，失踪人的利害关系人可以向人民法院申请变更财产代管人。

财产代管人有正当理由的，可以向人民法院申请变更财产代管人。

人民法院变更财产代管人的，变更后的财产代管人有权请求原财产代管人及时移交有关财产并报告财产代管情况。

第四十五条 失踪人重新出现，经本人或者利害关系人申请，人民法院应当撤销失踪宣告。

失踪人重新出现，有权请求财产代管人及时移交有关财产并报告财产代管情况。

第四十六条　自然人有下列情形之一的，利害关系人可以向人民法院申请宣告该自然人死亡：

（一）下落不明满四年；

（二）因意外事件，下落不明满二年。

因意外事件下落不明，经有关机关证明该自然人不可能生存的，申请宣告死亡不受二年时间的限制。

第四十七条　对同一自然人，有的利害关系人申请宣告死亡，有的利害关系人申请宣告失踪，符合本法规定的宣告死亡条件的，人民法院应当宣告死亡。

第四十八条　被宣告死亡的人，人民法院宣告死亡的判决作出之日视为其死亡的日期；因意外事件下落不明宣告死亡的，意外事件发生之日视为其死亡的日期。

第四十九条　自然人被宣告死亡但是并未死亡的，不影响该自然人在被宣告死亡期间实施的民事法律行为的效力。

第五十条　被宣告死亡的人重新出现，经本人或者利害关系人申请，人民法院应当撤销死亡宣告。

第五十一条　被宣告死亡的人的婚姻关系，自死亡宣告之日起消除。死亡宣告被撤销的，婚姻关系自撤销死亡宣告之日起自行恢复。但是，其配偶再婚或者向婚姻登记机关书面声明不愿意恢复的除外。

第五十二条　被宣告死亡的人在被宣告死亡期间，其子女被他人依法收养的，在死亡宣告被撤销后，不得以未经本人同意为由主张收养行为无效。

第五十三条　被撤销死亡宣告的人有权请求依照本法第六编取得其财产的民事主体返还财产；无法返还的，应当给予适当补偿。

利害关系人隐瞒真实情况，致使他人被宣告死亡而取得其财产的，除应当返还财产外，还应当对由此造成的损失承担赔偿责任。

第四节　个体工商户和农村承包经营户

第五十四条　自然人从事工商业经营，经依法登记，为个体工商户。个体工商户可以起字号。

第五十五条 农村集体经济组织的成员，依法取得农村土地承包经营权，从事家庭承包经营的，为农村承包经营户。

第五十六条 个体工商户的债务，个人经营的，以个人财产承担；家庭经营的，以家庭财产承担；无法区分的，以家庭财产承担。

农村承包经营户的债务，以从事农村土地承包经营的农户财产承担；事实上由农户部分成员经营的，以该部分成员的财产承担。

第三章 法人

第一节 一般规定

第五十七条 法人是具有民事权利能力和民事行为能力，依法独立享有民事权利和承担民事义务的组织。

第五十八条 法人应当依法成立。

法人应当有自己的名称、组织机构、住所、财产或者经费。法人成立的具体条件和程序，依照法律、行政法规的规定。

设立法人，法律、行政法规规定须经有关机关批准的，依照其规定。

第五十九条 法人的民事权利能力和民事行为能力，从法人成立时产生，到法人终止时消灭。

第六十条 法人以其全部财产独立承担民事责任。

第六十一条 依照法律或者法人章程的规定，代表法人从事民事活动的负责人，为法人的法定代表人。

法定代表人以法人名义从事的民事活动，其法律后果由法人承受。

法人章程或者法人权力机构对法定代表人代表权的限制，不得对抗善意相对人。

第六十二条 法定代表人因执行职务造成他人损害的，由法人承担民事责任。

法人承担民事责任后，依照法律或者法人章程的规定，可以向有过错的法定代表人追偿。

第六十三条 法人以其主要办事机构所在地为住所。依法需要办理法人登记的，应当将主要办事机构所在地登记为住所。

第六十四条 法人存续期间登记事项发生变化的，应当依法向登记机关申请变更登记。

第六十五条 法人的实际情况与登记的事项不一致的，不得对抗善意相对人。

第六十六条 登记机关应当依法及时公示法人登记的有关信息。

第六十七条 法人合并的，其权利和义务由合并后的法人享有和承担。

法人分立的，其权利和义务由分立后的法人享有连带债权，承担连带债务，但是债权人和债务人另有约定的除外。

第六十八条 有下列原因之一并依法完成清算、注销登记的，法人终止：

（一）法人解散；

（二）法人被宣告破产；

（三）法律规定的其他原因。

法人终止，法律、行政法规规定须经有关机关批准的，依照其规定。

第六十九条 有下列情形之一的，法人解散：

（一）法人章程规定的存续期间届满或者法人章程规定的其他解散事由出现；

（二）法人的权力机构决议解散；

（三）因法人合并或者分立需要解散；

（四）法人依法被吊销营业执照、登记证书，被责令关闭或者被撤销；

（五）法律规定的其他情形。

第七十条 法人解散的，除合并或者分立的情形外，清算义务人应当及时组成清算组进行清算。

法人的董事、理事等执行机构或者决策机构的成员为清算义务人。法律、行政法规另有规定的，依照其规定。

清算义务人未及时履行清算义务，造成损害的，应当承担民事责任；主管机关或者利害关系人可以申请人民法院指定有关人员组成清算组进行清算。

第七十一条 法人的清算程序和清算组职权，依照有关法律的规定；没有规定的，参照适用公司法律的有关规定。

第七十二条 清算期间法人存续，但是不得从事与清算无关的活动。

法人清算后的剩余财产，按照法人章程的规定或者法人权力机构的决议处理。法律另有规定的，依照其规定。

清算结束并完成法人注销登记时，法人终止；依法不需要办理法人登记的，清算结束时，法人终止。

第七十三条 法人被宣告破产的，依法进行破产清算并完成法人注销登记时，法人终止。

第七十四条 法人可以依法设立分支机构。法律、行政法规规定分支机构应当登记的，依照其规定。

分支机构以自己的名义从事民事活动，产生的民事责任由法人承担；也可以先以该分支机构管理的财产承担，不足以承担的，由法人承担。

第七十五条 设立人为设立法人从事的民事活动，其法律后果由法人承受；法人未成立的，其法律后果由设立人承受，设立人为二人以上的，享有连带债权，承担连带债务。

设立人为设立法人以自己的名义从事民事活动产生的民事责任，第三人有权选择请求法人或者设立人承担。

第二节 营利法人

第七十六条 以取得利润并分配给股东等出资人为目的成立的法人，为营利法人。

营利法人包括有限责任公司、股份有限公司和其他企业法人等。

第七十七条 营利法人经依法登记成立。

第七十八条 依法设立的营利法人，由登记机关发给营利法人营业执照。营业执照签发日期为营利法人的成立日期。

第七十九条 设立营利法人应当依法制定法人章程。

第八十条 营利法人应当设权力机构。

权力机构行使修改法人章程，选举或者更换执行机构、监督机构成员，以及法人章程规定的其他职权。

第八十一条 营利法人应当设执行机构。

执行机构行使召集权力机构会议，决定法人的经营计划和投资方案，决定法人内部管理机构的设置，以及法人章程规定的其他职权。

执行机构为董事会或者执行董事的，董事长、执行董事或者经理按照法人章程的规定担任法定代表人；未设董事会或者执行董事的，法人章程规定的主要负责人为其执行机构和法定代表人。

第八十二条　营利法人设监事会或者监事等监督机构的，监督机构依法行使检查法人财务，监督执行机构成员、高级管理人员执行法人职务的行为，以及法人章程规定的其他职权。

第八十三条　营利法人的出资人不得滥用出资人权利损害法人或者其他出资人的利益；滥用出资人权利造成法人或者其他出资人损失的，应当依法承担民事责任。

营利法人的出资人不得滥用法人独立地位和出资人有限责任损害法人债权人的利益；滥用法人独立地位和出资人有限责任，逃避债务，严重损害法人债权人的利益的，应当对法人债务承担连带责任。

第八十四条　营利法人的控股出资人、实际控制人、董事、监事、高级管理人员不得利用其关联关系损害法人的利益；利用关联关系造成法人损失的，应当承担赔偿责任。

第八十五条　营利法人的权力机构、执行机构作出决议的会议召集程序、表决方式违反法律、行政法规、法人章程，或者决议内容违反法人章程的，营利法人的出资人可以请求人民法院撤销该决议。但是，营利法人依据该决议与善意相对人形成的民事法律关系不受影响。

第八十六条　营利法人从事经营活动，应当遵守商业道德，维护交易安全，接受政府和社会的监督，承担社会责任。

第三节　非营利法人

第八十七条　为公益目的或者其他非营利目的成立，不向出资人、设立人或者会员分配所取得利润的法人，为非营利法人。

非营利法人包括事业单位、社会团体、基金会、社会服务机构等。

第八十八条　具备法人条件，为适应经济社会发展需要，提供公益服务设立的事业单位，经依法登记成立，取得事业单位法人资格；依法不需要办理法人登记的，从成立之日起，具有事业单位法人资格。

第八十九条　事业单位法人设理事会的，除法律另有规定外，理事会为其决策机构。事业单位法人的法定代表人依照法律、行政法规或者法人章程的规定产生。

第九十条 具备法人条件，基于会员共同意愿，为公益目的或者会员共同利益等非营利目的设立的社会团体，经依法登记成立，取得社会团体法人资格；依法不需要办理法人登记的，从成立之日起，具有社会团体法人资格。

第九十一条 设立社会团体法人应当依法制定法人章程。

社会团体法人应当设会员大会或者会员代表大会等权力机构。

社会团体法人应当设理事会等执行机构。理事长或者会长等负责人按照法人章程的规定担任法定代表人。

第九十二条 具备法人条件，为公益目的以捐助财产设立的基金会、社会服务机构等，经依法登记成立，取得捐助法人资格。

依法设立的宗教活动场所，具备法人条件的，可以申请法人登记，取得捐助法人资格。法律、行政法规对宗教活动场所有规定的，依照其规定。

第九十三条 设立捐助法人应当依法制定法人章程。

捐助法人应当设理事会、民主管理组织等决策机构，并设执行机构。理事长等负责人按照法人章程的规定担任法定代表人。

捐助法人应当设监事会等监督机构。

第九十四条 捐助人有权向捐助法人查询捐助财产的使用、管理情况，并提出意见和建议，捐助法人应当及时、如实答复。

捐助法人的决策机构、执行机构或者法定代表人作出决定的程序违反法律、行政法规、法人章程，或者决定内容违反法人章程的，捐助人等利害关系人或者主管机关可以请求人民法院撤销该决定。但是，捐助法人依据该决定与善意相对人形成的民事法律关系不受影响。

第九十五条 为公益目的成立的非营利法人终止时，不得向出资人、设立人或者会员分配剩余财产。剩余财产应当按照法人章程的规定或者权力机构的决议用于公益目的；无法按照法人章程的规定或者权力机构的决议处理的，由主管机关主持转给宗旨相同或者相近的法人，并向社会公告。

第四节 特别法人

第九十六条 本节规定的机关法人、农村集体经济组织法人、城镇农村的合作经济组织法人、基层群众性自治组织法人，为特别法人。

第九十七条 有独立经费的机关和承担行政职能的法定机构从成立之日

起，具有机关法人资格，可以从事为履行职能所需要的民事活动。

第九十八条　机关法人被撤销的，法人终止，其民事权利和义务由继任的机关法人享有和承担；没有继任的机关法人的，由作出撤销决定的机关法人享有和承担。

第九十九条　农村集体经济组织依法取得法人资格。

法律、行政法规对农村集体经济组织有规定的，依照其规定。

第一百条　城镇农村的合作经济组织依法取得法人资格。

法律、行政法规对城镇农村的合作经济组织有规定的，依照其规定。

第一百零一条　居民委员会、村民委员会具有基层群众性自治组织法人资格，可以从事为履行职能所需要的民事活动。

未设立村集体经济组织的，村民委员会可以依法代行村集体经济组织的职能。

第四章　非法人组织

第一百零二条　非法人组织是不具有法人资格，但是能够依法以自己的名义从事民事活动的组织。

非法人组织包括个人独资企业、合伙企业、不具有法人资格的专业服务机构等。

第一百零三条　非法人组织应当依照法律的规定登记。

设立非法人组织，法律、行政法规规定须经有关机关批准的，依照其规定。

第一百零四条　非法人组织的财产不足以清偿债务的，其出资人或者设立人承担无限责任。法律另有规定的，依照其规定。

第一百零五条　非法人组织可以确定一人或者数人代表该组织从事民事活动。

第一百零六条　有下列情形之一的，非法人组织解散：

（一）章程规定的存续期间届满或者章程规定的其他解散事由出现；

（二）出资人或者设立人决定解散；

（三）法律规定的其他情形。

第一百零七条　非法人组织解散的，应当依法进行清算。

第一百零八条 非法人组织除适用本章规定外，参照适用本编第三章第一节的有关规定。

第五章 民事权利

第一百零九条 自然人的人身自由、人格尊严受法律保护。

第一百一十条 自然人享有生命权、身体权、健康权、姓名权、肖像权、名誉权、荣誉权、隐私权、婚姻自主权等权利。

法人、非法人组织享有名称权、名誉权和荣誉权。

第一百一十一条 自然人的个人信息受法律保护。任何组织或者个人需要获取他人个人信息的，应当依法取得并确保信息安全，不得非法收集、使用、加工、传输他人个人信息，不得非法买卖、提供或者公开他人个人信息。

第一百一十二条 自然人因婚姻家庭关系等产生的人身权利受法律保护。

第一百一十三条 民事主体的财产权利受法律平等保护。

第一百一十四条 民事主体依法享有物权。

物权是权利人依法对特定的物享有直接支配和排他的权利，包括所有权、用益物权和担保物权。

第一百一十五条 物包括不动产和动产。法律规定权利作为物权客体的，依照其规定。

第一百一十六条 物权的种类和内容，由法律规定。

第一百一十七条 为了公共利益的需要，依照法律规定的权限和程序征收、征用不动产或者动产的，应当给予公平、合理的补偿。

第一百一十八条 民事主体依法享有债权。

债权是因合同、侵权行为、无因管理、不当得利以及法律的其他规定，权利人请求特定义务人为或者不为一定行为的权利。

第一百一十九条 依法成立的合同，对当事人具有法律约束力。

第一百二十条 民事权益受到侵害的，被侵权人有权请求侵权人承担侵权责任。

第一百二十一条 没有法定的或者约定的义务，为避免他人利益受损失而进行管理的人，有权请求受益人偿还由此支出的必要费用。

第一百二十二条 因他人没有法律根据，取得不当利益，受损失的人有权请求其返还不当利益。

第一百二十三条　民事主体依法享有知识产权。

知识产权是权利人依法就下列客体享有的专有的权利：

（一）作品；

（二）发明、实用新型、外观设计；

（三）商标；

（四）地理标志；

（五）商业秘密；

（六）集成电路布图设计；

（七）植物新品种；

（八）法律规定的其他客体。

第一百二十四条　自然人依法享有继承权。

自然人合法的私有财产，可以依法继承。

第一百二十五条　民事主体依法享有股权和其他投资性权利。

第一百二十六条　民事主体享有法律规定的其他民事权利和利益。

第一百二十七条　法律对数据、网络虚拟财产的保护有规定的，依照其规定。

第一百二十八条　法律对未成年人、老年人、残疾人、妇女、消费者等的民事权利保护有特别规定的，依照其规定。

第一百二十九条　民事权利可以依据民事法律行为、事实行为、法律规定的事件或者法律规定的其他方式取得。

第一百三十条　民事主体按照自己的意愿依法行使民事权利，不受干涉。

第一百三十一条　民事主体行使权利时，应当履行法律规定的和当事人约定的义务。

第一百三十二条　民事主体不得滥用民事权利损害国家利益、社会公共利益或者他人合法权益。

第六章　民事法律行为

第一节　一般规定

第一百三十三条　民事法律行为是民事主体通过意思表示设立、变更、终止民事法律关系的行为。

第一百三十四条 民事法律行为可以基于双方或者多方的意思表示一致成立，也可以基于单方的意思表示成立。

法人、非法人组织依照法律或者章程规定的议事方式和表决程序作出决议的，该决议行为成立。

第一百三十五条 民事法律行为可以采用书面形式、口头形式或者其他形式；法律、行政法规规定或者当事人约定采用特定形式的，应当采用特定形式。

第一百三十六条 民事法律行为自成立时生效，但是法律另有规定或者当事人另有约定的除外。

行为人非依法律规定或者未经对方同意，不得擅自变更或者解除民事法律行为。

第二节 意思表示

第一百三十七条 以对话方式作出的意思表示，相对人知道其内容时生效。

以非对话方式作出的意思表示，到达相对人时生效。以非对话方式作出的采用数据电文形式的意思表示，相对人指定特定系统接收数据电文的，该数据电文进入该特定系统时生效；未指定特定系统的，相对人知道或者应当知道该数据电文进入其系统时生效。当事人对采用数据电文形式的意思表示的生效时间另有约定的，按照其约定。

第一百三十八条 无相对人的意思表示，表示完成时生效。法律另有规定的，依照其规定。

第一百三十九条 以公告方式作出的意思表示，公告发布时生效。

第一百四十条 行为人可以明示或者默示作出意思表示。

沉默只有在有法律规定、当事人约定或者符合当事人之间的交易习惯时，才可以视为意思表示。

第一百四十一条 行为人可以撤回意思表示。撤回意思表示的通知应当在意思表示到达相对人前或者与意思表示同时到达相对人。

第一百四十二条 有相对人的意思表示的解释，应当按照所使用的词句，结合相关条款、行为的性质和目的、习惯以及诚信原则，确定意思表示的含义。

无相对人的意思表示的解释，不能完全拘泥于所使用的词句，而应当结合相关条款、行为的性质和目的、习惯以及诚信原则，确定行为人的真实意思。

第三节　民事法律行为的效力

第一百四十三条　具备下列条件的民事法律行为有效：

（一）行为人具有相应的民事行为能力；

（二）意思表示真实；

（三）不违反法律、行政法规的强制性规定，不违背公序良俗。

第一百四十四条　无民事行为能力人实施的民事法律行为无效。

第一百四十五条　限制民事行为能力人实施的纯获利益的民事法律行为或者与其年龄、智力、精神健康状况相适应的民事法律行为有效；实施的其他民事法律行为经法定代理人同意或者追认后有效。

相对人可以催告法定代理人自收到通知之日起三十日内予以追认。法定代理人未作表示的，视为拒绝追认。民事法律行为被追认前，善意相对人有撤销的权利。撤销应当以通知的方式作出。

第一百四十六条　行为人与相对人以虚假的意思表示实施的民事法律行为无效。

以虚假的意思表示隐藏的民事法律行为的效力，依照有关法律规定处理。

第一百四十七条　基于重大误解实施的民事法律行为，行为人有权请求人民法院或者仲裁机构予以撤销。

第一百四十八条　一方以欺诈手段，使对方在违背真实意思的情况下实施的民事法律行为，受欺诈方有权请求人民法院或者仲裁机构予以撤销。

第一百四十九条　第三人实施欺诈行为，使一方在违背真实意思的情况下实施的民事法律行为，对方知道或者应当知道该欺诈行为的，受欺诈方有权请求人民法院或者仲裁机构予以撤销。

第一百五十条　一方或者第三人以胁迫手段，使对方在违背真实意思的情况下实施的民事法律行为，受胁迫方有权请求人民法院或者仲裁机构予以撤销。

第一百五十一条　一方利用对方处于危困状态、缺乏判断能力等情形，致使民事法律行为成立时显失公平的，受损害方有权请求人民法院或者仲裁机构予以撤销。

第一百五十二条 有下列情形之一的，撤销权消灭：

（一）当事人自知道或者应当知道撤销事由之日起一年内、重大误解的当事人自知道或者应当知道撤销事由之日起九十日内没有行使撤销权；

（二）当事人受胁迫，自胁迫行为终止之日起一年内没有行使撤销权；

（三）当事人知道撤销事由后明确表示或者以自己的行为表明放弃撤销权。

当事人自民事法律行为发生之日起五年内没有行使撤销权的，撤销权消灭。

第一百五十三条 违反法律、行政法规的强制性规定的民事法律行为无效。但是，该强制性规定不导致该民事法律行为无效的除外。

违背公序良俗的民事法律行为无效。

第一百五十四条 行为人与相对人恶意串通，损害他人合法权益的民事法律行为无效。

第一百五十五条 无效的或者被撤销的民事法律行为自始没有法律约束力。

第一百五十六条 民事法律行为部分无效，不影响其他部分效力的，其他部分仍然有效。

第一百五十七条 民事法律行为无效、被撤销或者确定不发生效力后，行为人因该行为取得的财产，应当予以返还；不能返还或者没有必要返还的，应当折价补偿。有过错的一方应当赔偿对方由此所受到的损失；各方都有过错的，应当各自承担相应的责任。法律另有规定的，依照其规定。

第四节　民事法律行为的附条件和附期限

第一百五十八条 民事法律行为可以附条件，但是根据其性质不得附条件的除外。附生效条件的民事法律行为，自条件成就时生效。附解除条件的民事法律行为，自条件成就时失效。

第一百五十九条 附条件的民事法律行为，当事人为自己的利益不正当地阻止条件成就的，视为条件已经成就；不正当地促成条件成就的，视为条件不成就。

第一百六十条 民事法律行为可以附期限，但是根据其性质不得附期限的除外。附生效期限的民事法律行为，自期限届至时生效。附终止期限的民事法律行为，自期限届满时失效。

第七章　代理

第一节　一般规定

第一百六十一条　民事主体可以通过代理人实施民事法律行为。

依照法律规定、当事人约定或者民事法律行为的性质，应当由本人亲自实施的民事法律行为，不得代理。

第一百六十二条　代理人在代理权限内，以被代理人名义实施的民事法律行为，对被代理人发生效力。

第一百六十三条　代理包括委托代理和法定代理。

委托代理人按照被代理人的委托行使代理权。法定代理人依照法律的规定行使代理权。

第一百六十四条　代理人不履行或者不完全履行职责，造成被代理人损害的，应当承担民事责任。

代理人和相对人恶意串通，损害被代理人合法权益的，代理人和相对人应当承担连带责任。

第二节　委托代理

第一百六十五条　委托代理授权采用书面形式的，授权委托书应当载明代理人的姓名或者名称、代理事项、权限和期限，并由被代理人签名或者盖章。

第一百六十六条　数人为同一代理事项的代理人的，应当共同行使代理权，但是当事人另有约定的除外。

第一百六十七条　代理人知道或者应当知道代理事项违法仍然实施代理行为，或者被代理人知道或者应当知道代理人的代理行为违法未作反对表示的，被代理人和代理人应当承担连带责任。

第一百六十八条　代理人不得以被代理人的名义与自己实施民事法律行为，但是被代理人同意或者追认的除外。

代理人不得以被代理人的名义与自己同时代理的其他人实施民事法律行为，但是被代理的双方同意或者追认的除外。

第一百六十九条　代理人需要转委托第三人代理的，应当取得被代理人的同意或者追认。

转委托代理经被代理人同意或者追认的，被代理人可以就代理事务直接指示转委托的第三人，代理人仅就第三人的选任以及对第三人的指示承担责任。

转委托代理未经被代理人同意或者追认的，代理人应当对转委托的第三人的行为承担责任；但是，在紧急情况下代理人为了维护被代理人的利益需要转委托第三人代理的除外。

第一百七十条 执行法人或者非法人组织工作任务的人员，就其职权范围内的事项，以法人或者非法人组织的名义实施的民事法律行为，对法人或者非法人组织发生效力。

法人或者非法人组织对执行其工作任务的人员职权范围的限制，不得对抗善意相对人。

第一百七十一条 行为人没有代理权、超越代理权或者代理权终止后，仍然实施代理行为，未经被代理人追认的，对被代理人不发生效力。

相对人可以催告被代理人自收到通知之日起三十日内予以追认。被代理人未作表示的，视为拒绝追认。行为人实施的行为被追认前，善意相对人有撤销的权利。撤销应当以通知的方式作出。

行为人实施的行为未被追认的，善意相对人有权请求行为人履行债务或者就其受到的损害请求行为人赔偿。但是，赔偿的范围不得超过被代理人追认时相对人所能获得的利益。

相对人知道或者应当知道行为人无权代理的，相对人和行为人按照各自的过错承担责任。

第一百七十二条 行为人没有代理权、超越代理权或者代理权终止后，仍然实施代理行为，相对人有理由相信行为人有代理权的，代理行为有效。

第三节 代理终止

第一百七十三条 有下列情形之一的，委托代理终止：

（一）代理期限届满或者代理事务完成；

（二）被代理人取消委托或者代理人辞去委托；

（三）代理人丧失民事行为能力；

（四）代理人或者被代理人死亡；

（五）作为代理人或者被代理人的法人、非法人组织终止。

第一百七十四条　被代理人死亡后，有下列情形之一的，委托代理人实施的代理行为有效：

（一）代理人不知道且不应当知道被代理人死亡；

（二）被代理人的继承人予以承认；

（三）授权中明确代理权在代理事务完成时终止；

（四）被代理人死亡前已经实施，为了被代理人的继承人的利益继续代理。

作为被代理人的法人、非法人组织终止的，参照适用前款规定。

第一百七十五条　有下列情形之一的，法定代理终止：

（一）被代理人取得或者恢复完全民事行为能力；

（二）代理人丧失民事行为能力；

（三）代理人或者被代理人死亡；

（四）法律规定的其他情形。

第八章　民事责任

第一百七十六条　民事主体依照法律规定或者按照当事人约定，履行民事义务，承担民事责任。

第一百七十七条　二人以上依法承担按份责任，能够确定责任大小的，各自承担相应的责任；难以确定责任大小的，平均承担责任。

第一百七十八条　二人以上依法承担连带责任的，权利人有权请求部分或者全部连带责任人承担责任。

连带责任人的责任份额根据各自责任大小确定；难以确定责任大小的，平均承担责任。实际承担责任超过自己责任份额的连带责任人，有权向其他连带责任人追偿。

连带责任，由法律规定或者当事人约定。

第一百七十九条　承担民事责任的方式主要有：

（一）停止侵害；

（二）排除妨碍；

（三）消除危险；

（四）返还财产；

（五）恢复原状；

（六）修理、重作、更换；

（七）继续履行；

（八）赔偿损失；

（九）支付违约金；

（十）消除影响、恢复名誉；

（十一）赔礼道歉。

法律规定惩罚性赔偿的，依照其规定。

本条规定的承担民事责任的方式，可以单独适用，也可以合并适用。

第一百八十条 因不可抗力不能履行民事义务的，不承担民事责任。法律另有规定的，依照其规定。

不可抗力是不能预见、不能避免且不能克服的客观情况。

第一百八十一条 因正当防卫造成损害的，不承担民事责任。

正当防卫超过必要的限度，造成不应有的损害的，正当防卫人应当承担适当的民事责任。

第一百八十二条 因紧急避险造成损害的，由引起险情发生的人承担民事责任。

危险由自然原因引起的，紧急避险人不承担民事责任，可以给予适当补偿。

紧急避险采取措施不当或者超过必要的限度，造成不应有的损害的，紧急避险人应当承担适当的民事责任。

第一百八十三条 因保护他人民事权益使自己受到损害的，由侵权人承担民事责任，受益人可以给予适当补偿。没有侵权人、侵权人逃逸或者无力承担民事责任，受害人请求补偿的，受益人应当给予适当补偿。

第一百八十四条 因自愿实施紧急救助行为造成受助人损害的，救助人不承担民事责任。

第一百八十五条 侵害英雄烈士等的姓名、肖像、名誉、荣誉，损害社会公共利益的，应当承担民事责任。

第一百八十六条 因当事人一方的违约行为，损害对方人身权益、财产权益的，受损害方有权选择请求其承担违约责任或者侵权责任。

第一百八十七条 民事主体因同一行为应当承担民事责任、行政责任和刑事责任的，承担行政责任或者刑事责任不影响承担民事责任；民事主体的财产不足以支付的，优先用于承担民事责任。

第九章　诉讼时效

第一百八十八条　向人民法院请求保护民事权利的诉讼时效期间为三年。法律另有规定的，依照其规定。

诉讼时效期间自权利人知道或者应当知道权利受到损害以及义务人之日起计算。法律另有规定的，依照其规定。但是，自权利受到损害之日起超过二十年的，人民法院不予保护，有特殊情况的，人民法院可以根据权利人的申请决定延长。

第一百八十九条　当事人约定同一债务分期履行的，诉讼时效期间自最后一期履行期限届满之日起计算。

第一百九十条　无民事行为能力人或者限制民事行为能力人对其法定代理人的请求权的诉讼时效期间，自该法定代理终止之日起计算。

第一百九十一条　未成年人遭受性侵害的损害赔偿请求权的诉讼时效期间，自受害人年满十八周岁之日起计算。

第一百九十二条　诉讼时效期间届满的，义务人可以提出不履行义务的抗辩。

诉讼时效期间届满后，义务人同意履行的，不得以诉讼时效期间届满为由抗辩；义务人已经自愿履行的，不得请求返还。

第一百九十三条　人民法院不得主动适用诉讼时效的规定。

第一百九十四条　在诉讼时效期间的最后六个月内，因下列障碍，不能行使请求权的，诉讼时效中止：

（一）不可抗力；

（二）无民事行为能力人或者限制民事行为能力人没有法定代理人，或者法定代理人死亡、丧失民事行为能力、丧失代理权；

（三）继承开始后未确定继承人或者遗产管理人；

（四）权利人被义务人或者其他人控制；

（五）其他导致权利人不能行使请求权的障碍。

自中止时效的原因消除之日起满六个月，诉讼时效期间届满。

第一百九十五条 有下列情形之一的，诉讼时效中断，从中断、有关程序终结时起，诉讼时效期间重新计算：

（一）权利人向义务人提出履行请求；

（二）义务人同意履行义务；

（三）权利人提起诉讼或者申请仲裁；

（四）与提起诉讼或者申请仲裁具有同等效力的其他情形。

第一百九十六条 下列请求权不适用诉讼时效的规定：

（一）请求停止侵害、排除妨碍、消除危险；

（二）不动产物权和登记的动产物权的权利人请求返还财产；

（三）请求支付抚养费、赡养费或者扶养费；

（四）依法不适用诉讼时效的其他请求权。

第一百九十七条 诉讼时效的期间、计算方法以及中止、中断的事由由法律规定，当事人约定无效。

当事人对诉讼时效利益的预先放弃无效。

第一百九十八条 法律对仲裁时效有规定的，依照其规定；没有规定的，适用诉讼时效的规定。

第一百九十九条 法律规定或者当事人约定的撤销权、解除权等权利的存续期间，除法律另有规定外，自权利人知道或者应当知道权利产生之日起计算，不适用有关诉讼时效中止、中断和延长的规定。存续期间届满，撤销权、解除权等权利消灭。

第十章 期间计算

第二百条 民法所称的期间按照公历年、月、日、小时计算。

第二百零一条 按照年、月、日计算期间的，开始的当日不计入，自下一日开始计算。

按照小时计算期间的，自法律规定或者当事人约定的时间开始计算。

第二百零二条 按照年、月计算期间的，到期月的对应日为期间的最后一日；没有对应日的，月末日为期间的最后一日。

第二百零三条 期间的最后一日是法定休假日的，以法定休假日结束的次日为期间的最后一日。

期间的最后一日的截止时间为二十四时；有业务时间的，停止业务活动的时间为截止时间。

第二百零四条　期间的计算方法依照本法的规定，但是法律另有规定或者当事人另有约定的除外。

……

第五编　婚姻家庭

第一章　一般规定

第一千零四十条　本编调整因婚姻家庭产生的民事关系。

第一千零四十一条　婚姻家庭受国家保护。

实行婚姻自由、一夫一妻、男女平等的婚姻制度。

保护妇女、未成年人、老年人、残疾人的合法权益。

第一千零四十二条　禁止包办、买卖婚姻和其他干涉婚姻自由的行为。禁止借婚姻索取财物。

禁止重婚。禁止有配偶者与他人同居。

禁止家庭暴力。禁止家庭成员间的虐待和遗弃。

第一千零四十三条　家庭应当树立优良家风，弘扬家庭美德，重视家庭文明建设。

夫妻应当互相忠实，互相尊重，互相关爱；家庭成员应当敬老爱幼，互相帮助，维护平等、和睦、文明的婚姻家庭关系。

第一千零四十四条　收养应当遵循最有利于被收养人的原则，保障被收养人和收养人的合法权益。

禁止借收养名义买卖未成年人。

第一千零四十五条　亲属包括配偶、血亲和姻亲。

配偶、父母、子女、兄弟姐妹、祖父母、外祖父母、孙子女、外孙子女为近亲属。

配偶、父母、子女和其他共同生活的近亲属为家庭成员。

第二章 结婚

第一千零四十六条 结婚应当男女双方完全自愿，禁止任何一方对另一方加以强迫，禁止任何组织或者个人加以干涉。

第一千零四十七条 结婚年龄，男不得早于二十二周岁，女不得早于二十周岁。

第一千零四十八条 直系血亲或者三代以内的旁系血亲禁止结婚。

第一千零四十九条 要求结婚的男女双方应当亲自到婚姻登记机关申请结婚登记。符合本法规定的，予以登记，发给结婚证。完成结婚登记，即确立婚姻关系。未办理结婚登记的，应当补办登记。

第一千零五十条 登记结婚后，按照男女双方约定，女方可以成为男方家庭的成员，男方可以成为女方家庭的成员。

第一千零五十一条 有下列情形之一的，婚姻无效：

（一）重婚；

（二）有禁止结婚的亲属关系；

（三）未到法定婚龄。

第一千零五十二条 因胁迫结婚的，受胁迫的一方可以向人民法院请求撤销婚姻。

请求撤销婚姻的，应当自胁迫行为终止之日起一年内提出。

被非法限制人身自由的当事人请求撤销婚姻的，应当自恢复人身自由之日起一年内提出。

第一千零五十三条 一方患有重大疾病的，应当在结婚登记前如实告知另一方；不如实告知的，另一方可以向人民法院请求撤销婚姻。

请求撤销婚姻的，应当自知道或者应当知道撤销事由之日起一年内提出。

第一千零五十四条 无效的或者被撤销的婚姻自始没有法律约束力，当事人不具有夫妻的权利和义务。同居期间所得的财产，由当事人协议处理；协议不成的，由人民法院根据照顾无过错方的原则判决。对重婚导致的无效婚姻的财产处理，不得侵害合法婚姻当事人的财产权益。当事人所生的子女，适用本法关于父母子女的规定。

婚姻无效或者被撤销的，无过错方有权请求损害赔偿。

第三章　家庭关系

第一节　夫妻关系

第一千零五十五条　夫妻在婚姻家庭中地位平等。

第一千零五十六条　夫妻双方都有各自使用自己姓名的权利。

第一千零五十七条　夫妻双方都有参加生产、工作、学习和社会活动的自由，一方不得对另一方加以限制或者干涉。

第一千零五十八条　夫妻双方平等享有对未成年子女抚养、教育和保护的权利，共同承担对未成年子女抚养、教育和保护的义务。

第一千零五十九条　夫妻有相互扶养的义务。

需要扶养的一方，在另一方不履行扶养义务时，有要求其给付扶养费的权利。

第一千零六十条　夫妻一方因家庭日常生活需要而实施的民事法律行为，对夫妻双方发生效力，但是夫妻一方与相对人另有约定的除外。

夫妻之间对一方可以实施的民事法律行为范围的限制，不得对抗善意相对人。

第一千零六十一条　夫妻有相互继承遗产的权利。

第一千零六十二条　夫妻在婚姻关系存续期间所得的下列财产，为夫妻的共同财产，归夫妻共同所有：

（一）工资、奖金、劳务报酬；

（二）生产、经营、投资的收益；

（三）知识产权的收益；

（四）继承或者受赠的财产，但是本法第一千零六十三条第三项规定的除外；

（五）其他应当归共同所有的财产。

夫妻对共同财产，有平等的处理权。

第一千零六十三条　下列财产为夫妻一方的个人财产：

（一）一方的婚前财产；

（二）一方因受到人身损害获得的赔偿或者补偿；

（三）遗嘱或者赠与合同中确定只归一方的财产；

（四）一方专用的生活用品；

（五）其他应当归一方的财产。

第一千零六十四条 夫妻双方共同签名或者夫妻一方事后追认等共同意思表示所负的债务，以及夫妻一方在婚姻关系存续期间以个人名义为家庭日常生活需要所负的债务，属于夫妻共同债务。

夫妻一方在婚姻关系存续期间以个人名义超出家庭日常生活需要所负的债务，不属于夫妻共同债务；但是，债权人能够证明该债务用于夫妻共同生活、共同生产经营或者基于夫妻双方共同意思表示的除外。

第一千零六十五条 男女双方可以约定婚姻关系存续期间所得的财产以及婚前财产归各自所有、共同所有或者部分各自所有、部分共同所有。约定应当采用书面形式。没有约定或者约定不明确的，适用本法第一千零六十二条、第一千零六十三条的规定。

夫妻对婚姻关系存续期间所得的财产以及婚前财产的约定，对双方具有法律约束力。

夫妻对婚姻关系存续期间所得的财产约定归各自所有，夫或者妻一方对外所负的债务，相对人知道该约定的，以夫或者妻一方的个人财产清偿。

第一千零六十六条 婚姻关系存续期间，有下列情形之一的，夫妻一方可以向人民法院请求分割共同财产：

（一）一方有隐藏、转移、变卖、毁损、挥霍夫妻共同财产或者伪造夫妻共同债务等严重损害夫妻共同财产利益的行为；

（二）一方负有法定扶养义务的人患重大疾病需要医治，另一方不同意支付相关医疗费用。

第二节 父母子女关系和其他近亲属关系

第一千零六十七条 父母不履行抚养义务的，未成年子女或者不能独立生活的成年子女，有要求父母给付抚养费的权利。

成年子女不履行赡养义务的，缺乏劳动能力或者生活困难的父母，有要求成年子女给付赡养费的权利。

第一千零六十八条 父母有教育、保护未成年子女的权利和义务。未成年子女造成他人损害的，父母应当依法承担民事责任。

第一千零六十九条 子女应当尊重父母的婚姻权利，不得干涉父母离婚、再婚以及婚后的生活。子女对父母的赡养义务，不因父母的婚姻关系变化而终止。

第一千零七十条　父母和子女有相互继承遗产的权利。

第一千零七十一条　非婚生子女享有与婚生子女同等的权利，任何组织或者个人不得加以危害和歧视。

不直接抚养非婚生子女的生父或者生母，应当负担未成年子女或者不能独立生活的成年子女的抚养费。

第一千零七十二条　继父母与继子女间，不得虐待或者歧视。

继父或者继母和受其抚养教育的继子女间的权利义务关系，适用本法关于父母子女关系的规定。

第一千零七十三条　对亲子关系有异议且有正当理由的，父或者母可以向人民法院提起诉讼，请求确认或者否认亲子关系。

对亲子关系有异议且有正当理由的，成年子女可以向人民法院提起诉讼，请求确认亲子关系。

第一千零七十四条　有负担能力的祖父母、外祖父母，对于父母已经死亡或者父母无力抚养的未成年孙子女、外孙子女，有抚养的义务。

有负担能力的孙子女、外孙子女，对于子女已经死亡或者子女无力赡养的祖父母、外祖父母，有赡养的义务。

第一千零七十五条　有负担能力的兄、姐，对于父母已经死亡或者父母无力抚养的未成年弟、妹，有扶养的义务。

由兄、姐扶养长大的有负担能力的弟、妹，对于缺乏劳动能力又缺乏生活来源的兄、姐，有扶养的义务。

第四章　离婚

第一千零七十六条　夫妻双方自愿离婚的，应当签订书面离婚协议，并亲自到婚姻登记机关申请离婚登记。

离婚协议应当载明双方自愿离婚的意思表示和对子女抚养、财产以及债务处理等事项协商一致的意见。

第一千零七十七条　自婚姻登记机关收到离婚登记申请之日起三十日内，任何一方不愿意离婚的，可以向婚姻登记机关撤回离婚登记申请。

前款规定期限届满后三十日内，双方应当亲自到婚姻登记机关申请发给离婚证；未申请的，视为撤回离婚登记申请。

第一千零七十八条 婚姻登记机关查明双方确实是自愿离婚，并已经对子女抚养、财产以及债务处理等事项协商一致的，予以登记，发给离婚证。

第一千零七十九条 夫妻一方要求离婚的，可以由有关组织进行调解或者直接向人民法院提起离婚诉讼。

人民法院审理离婚案件，应当进行调解；如果感情确已破裂，调解无效的，应当准予离婚。

有下列情形之一，调解无效的，应当准予离婚：

（一）重婚或者与他人同居；

（二）实施家庭暴力或者虐待、遗弃家庭成员；

（三）有赌博、吸毒等恶习屡教不改；

（四）因感情不和分居满二年；

（五）其他导致夫妻感情破裂的情形。

一方被宣告失踪，另一方提起离婚诉讼的，应当准予离婚。

经人民法院判决不准离婚后，双方又分居满一年，一方再次提起离婚诉讼的，应当准予离婚。

第一千零八十条 完成离婚登记，或者离婚判决书、调解书生效，即解除婚姻关系。

第一千零八十一条 现役军人的配偶要求离婚，应当征得军人同意，但是军人一方有重大过错的除外。

第一千零八十二条 女方在怀孕期间、分娩后一年内或者终止妊娠后六个月内，男方不得提出离婚；但是，女方提出离婚或者人民法院认为确有必要受理男方离婚请求的除外。

第一千零八十三条 离婚后，男女双方自愿恢复婚姻关系的，应当到婚姻登记机关重新进行结婚登记。

第一千零八十四条 父母与子女间的关系，不因父母离婚而消除。离婚后，子女无论由父或者母直接抚养，仍是父母双方的子女。

离婚后，父母对于子女仍有抚养、教育、保护的权利和义务。

离婚后，不满两周岁的子女，以由母亲直接抚养为原则。已满两周岁的子女，父母双方对抚养问题协议不成的，由人民法院根据双方的具体情况，按照最有利于未成年子女的原则判决。子女已满八周岁的，应当尊重其真实意愿。

第一千零八十五条　离婚后，子女由一方直接抚养的，另一方应当负担部分或者全部抚养费。负担费用的多少和期限的长短，由双方协议；协议不成的，由人民法院判决。

前款规定的协议或者判决，不妨碍子女在必要时向父母任何一方提出超过协议或者判决原定数额的合理要求。

第一千零八十六条　离婚后，不直接抚养子女的父或者母，有探望子女的权利，另一方有协助的义务。

行使探望权利的方式、时间由当事人协议；协议不成的，由人民法院判决。

父或者母探望子女，不利于子女身心健康的，由人民法院依法中止探望；中止的事由消失后，应当恢复探望。

第一千零八十七条　离婚时，夫妻的共同财产由双方协议处理；协议不成的，由人民法院根据财产的具体情况，按照照顾子女、女方和无过错方权益的原则判决。

对夫或者妻在家庭土地承包经营中享有的权益等，应当依法予以保护。

第一千零八十八条　夫妻一方因抚育子女、照料老年人、协助另一方工作等负担较多义务的，离婚时有权向另一方请求补偿，另一方应当给予补偿。具体办法由双方协议；协议不成的，由人民法院判决。

第一千零八十九条　离婚时，夫妻共同债务应当共同偿还。共同财产不足清偿或者财产归各自所有的，由双方协议清偿；协议不成的，由人民法院判决。

第一千零九十条　离婚时，如果一方生活困难，有负担能力的另一方应当给予适当帮助。具体办法由双方协议；协议不成的，由人民法院判决。

第一千零九十一条　有下列情形之一，导致离婚的，无过错方有权请求损害赔偿：

（一）重婚；

（二）与他人同居；

（三）实施家庭暴力；

（四）虐待、遗弃家庭成员；

（五）有其他重大过错。

第一千零九十二条 夫妻一方隐藏、转移、变卖、毁损、挥霍夫妻共同财产，或者伪造夫妻共同债务企图侵占另一方财产的，在离婚分割夫妻共同财产时，对该方可以少分或者不分。离婚后，另一方发现有上述行为的，可以向人民法院提起诉讼，请求再次分割夫妻共同财产。

第五章　收养

第一节　收养关系的成立

第一千零九十三条 下列未成年人，可以被收养：

（一）丧失父母的孤儿；

（二）查找不到生父母的未成年人；

（三）生父母有特殊困难无力抚养的子女。

第一千零九十四条 下列个人、组织可以作送养人：

（一）孤儿的监护人；

（二）儿童福利机构；

（三）有特殊困难无力抚养子女的生父母。

第一千零九十五条 未成年人的父母均不具备完全民事行为能力且可能严重危害该未成年人的，该未成年人的监护人可以将其送养。

第一千零九十六条 监护人送养孤儿的，应当征得有抚养义务的人同意。有抚养义务的人不同意送养、监护人不愿意继续履行监护职责的，应当依照本法第一编的规定另行确定监护人。

第一千零九十七条 生父母送养子女，应当双方共同送养。生父母一方不明或者查找不到的，可以单方送养。

第一千零九十八条 收养人应当同时具备下列条件：

（一）无子女或者只有一名子女；

（二）有抚养、教育和保护被收养人的能力；

（三）未患有在医学上认为不应当收养子女的疾病；

（四）无不利于被收养人健康成长的违法犯罪记录；

（五）年满三十周岁。

第一千零九十九条　收养三代以内旁系同辈血亲的子女，可以不受本法第一千零九十三条第三项、第一千零九十四条第三项和第一千一百零二条规定的限制。

华侨收养三代以内旁系同辈血亲的子女，还可以不受本法第一千零九十八条第一项规定的限制。

第一千一百条　无子女的收养人可以收养两名子女；有子女的收养人只能收养一名子女。

收养孤儿、残疾未成年人或者儿童福利机构抚养的查找不到生父母的未成年人，可以不受前款和本法第一千零九十八条第一项规定的限制。

第一千一百零一条　有配偶者收养子女，应当夫妻共同收养。

第一千一百零二条　无配偶者收养异性子女的，收养人与被收养人的年龄应当相差四十周岁以上。

第一千一百零三条　继父或者继母经继子女的生父母同意，可以收养继子女，并可以不受本法第一千零九十三条第三项、第一千零九十四条第三项、第一千零九十八条和第一千一百条第一款规定的限制。

第一千一百零四条　收养人收养与送养人送养，应当双方自愿。收养八周岁以上未成年人的，应当征得被收养人的同意。

第一千一百零五条　收养应当向县级以上人民政府民政部门登记。收养关系自登记之日起成立。

收养查找不到生父母的未成年人的，办理登记的民政部门应当在登记前予以公告。

收养关系当事人愿意签订收养协议的，可以签订收养协议。

收养关系当事人各方或者一方要求办理收养公证的，应当办理收养公证。

县级以上人民政府民政部门应当依法进行收养评估。

第一千一百零六条　收养关系成立后，公安机关应当按照国家有关规定为被收养人办理户口登记。

第一千一百零七条　孤儿或者生父母无力抚养的子女，可以由生父母的亲属、朋友抚养；抚养人与被抚养人的关系不适用本章规定。

第一千一百零八条　配偶一方死亡，另一方送养未成年子女的，死亡一方的父母有优先抚养的权利。

第一千一百零九条 外国人依法可以在中华人民共和国收养子女。

外国人在中华人民共和国收养子女，应当经其所在国主管机关依照该国法律审查同意。收养人应当提供由其所在国有权机构出具的有关其年龄、婚姻、职业、财产、健康、有无受过刑事处罚等状况的证明材料，并与送养人签订书面协议，亲自向省、自治区、直辖市人民政府民政部门登记。

前款规定的证明材料应当经收养人所在国外交机关或者外交机关授权的机构认证，并经中华人民共和国驻该国使领馆认证，但是国家另有规定的除外。

第一千一百一十条 收养人、送养人要求保守收养秘密的，其他人应当尊重其意愿，不得泄露。

第二节 收养的效力

第一千一百一十一条 自收养关系成立之日起，养父母与养子女间的权利义务关系，适用本法关于父母子女关系的规定；养子女与养父母的近亲属间的权利义务关系，适用本法关于子女与父母的近亲属关系的规定。

养子女与生父母以及其他近亲属间的权利义务关系，因收养关系的成立而消除。

第一千一百一十二条 养子女可以随养父或者养母的姓氏，经当事人协商一致，也可以保留原姓氏。

第一千一百一十三条 有本法第一编关于民事法律行为无效规定情形或者违反本编规定的收养行为无效。

无效的收养行为自始没有法律约束力。

第三节 收养关系的解除

第一千一百一十四条 收养人在被收养人成年以前，不得解除收养关系，但是收养人、送养人双方协议解除的除外。养子女八周岁以上的，应当征得本人同意。

收养人不履行抚养义务，有虐待、遗弃等侵害未成年养子女合法权益行为的，送养人有权要求解除养父母与养子女间的收养关系。送养人、收养人不能达成解除收养关系协议的，可以向人民法院提起诉讼。

第一千一百一十五条 养父母与成年养子女关系恶化、无法共同生活的，可以协议解除收养关系。不能达成协议的，可以向人民法院提起诉讼。

第一千一百一十六条　当事人协议解除收养关系的，应当到民政部门办理解除收养关系登记。

第一千一百一十七条　收养关系解除后，养子女与养父母以及其他近亲属间的权利义务关系即行消除，与生父母以及其他近亲属间的权利义务关系自行恢复。但是，成年养子女与生父母以及其他近亲属间的权利义务关系是否恢复，可以协商确定。

第一千一百一十八条　收养关系解除后，经养父母抚养的成年养子女，对缺乏劳动能力又缺乏生活来源的养父母，应当给付生活费。因养子女成年后虐待、遗弃养父母而解除收养关系的，养父母可以要求养子女补偿收养期间支出的抚养费。

生父母要求解除收养关系的，养父母可以要求生父母适当补偿收养期间支出的抚养费；但是，因养父母虐待、遗弃养子女而解除收养关系的除外。

第六编　继承

第一章　一般规定

第一千一百一十九条　本编调整因继承产生的民事关系。

第一千一百二十条　国家保护自然人的继承权。

第一千一百二十一条　继承从被继承人死亡时开始。

相互有继承关系的数人在同一事件中死亡，难以确定死亡时间的，推定没有其他继承人的人先死亡。都有其他继承人，辈份不同的，推定长辈先死亡；辈份相同的，推定同时死亡，相互不发生继承。

第一千一百二十二条　遗产是自然人死亡时遗留的个人合法财产。

依照法律规定或者根据其性质不得继承的遗产，不得继承。

第一千一百二十三条　继承开始后，按照法定继承办理；有遗嘱的，按照遗嘱继承或者遗赠办理；有遗赠扶养协议的，按照协议办理。

第一千一百二十四条　继承开始后，继承人放弃继承的，应当在遗产处理前，以书面形式作出放弃继承的表示；没有表示的，视为接受继承。

受遗赠人应当在知道受遗赠后六十日内，作出接受或者放弃受遗赠的表示；到期没有表示的，视为放弃受遗赠。

第一千一百二十五条 继承人有下列行为之一的，丧失继承权：

（一）故意杀害被继承人；

（二）为争夺遗产而杀害其他继承人；

（三）遗弃被继承人，或者虐待被继承人情节严重；

（四）伪造、篡改、隐匿或者销毁遗嘱，情节严重；

（五）以欺诈、胁迫手段迫使或者妨碍被继承人设立、变更或者撤回遗嘱，情节严重。

继承人有前款第三项至第五项行为，确有悔改表现，被继承人表示宽恕或者事后在遗嘱中将其列为继承人的，该继承人不丧失继承权。

受遗赠人有本条第一款规定行为的，丧失受遗赠权。

第二章 法定继承

第一千一百二十六条 继承权男女平等。

第一千一百二十七条 遗产按照下列顺序继承：

（一）第一顺序：配偶、子女、父母；

（二）第二顺序：兄弟姐妹、祖父母、外祖父母。

继承开始后，由第一顺序继承人继承，第二顺序继承人不继承；没有第一顺序继承人继承的，由第二顺序继承人继承。

本编所称子女，包括婚生子女、非婚生子女、养子女和有扶养关系的继子女。

本编所称父母，包括生父母、养父母和有扶养关系的继父母。

本编所称兄弟姐妹，包括同父母的兄弟姐妹、同父异母或者同母异父的兄弟姐妹、养兄弟姐妹、有扶养关系的继兄弟姐妹。

第一千一百二十八条 被继承人的子女先于被继承人死亡的，由被继承人的子女的直系晚辈血亲代位继承。

被继承人的兄弟姐妹先于被继承人死亡的，由被继承人的兄弟姐妹的子女代位继承。

代位继承人一般只能继承被代位继承人有权继承的遗产份额。

第一千一百二十九条 丧偶儿媳对公婆，丧偶女婿对岳父母，尽了主要赡养义务的，作为第一顺序继承人。

第一千一百三十条 同一顺序继承人继承遗产的份额，一般应当均等。

对生活有特殊困难又缺乏劳动能力的继承人，分配遗产时，应当予以照顾。

对被继承人尽了主要扶养义务或者与被继承人共同生活的继承人，分配遗产时，可以多分。

有扶养能力和有扶养条件的继承人，不尽扶养义务的，分配遗产时，应当不分或者少分。

继承人协商同意的，也可以不均等。

第一千一百三十一条 对继承人以外的依靠被继承人扶养的人，或者继承人以外的对被继承人扶养较多的人，可以分给适当的遗产。

第一千一百三十二条 继承人应当本着互谅互让、和睦团结的精神，协商处理继承问题。遗产分割的时间、办法和份额，由继承人协商确定；协商不成的，可以由人民调解委员会调解或者向人民法院提起诉讼。

第三章 遗嘱继承和遗赠

第一千一百三十三条 自然人可以依照本法规定立遗嘱处分个人财产，并可以指定遗嘱执行人。

自然人可以立遗嘱将个人财产指定由法定继承人中的一人或者数人继承。

自然人可以立遗嘱将个人财产赠与国家、集体或者法定继承人以外的组织、个人。

自然人可以依法设立遗嘱信托。

第一千一百三十四条 自书遗嘱由遗嘱人亲笔书写，签名，注明年、月、日。

第一千一百三十五条 代书遗嘱应当有两个以上见证人在场见证，由其中一人代书，并由遗嘱人、代书人和其他见证人签名，注明年、月、日。

第一千一百三十六条 打印遗嘱应当有两个以上见证人在场见证。遗嘱人和见证人应当在遗嘱每一页签名，注明年、月、日。

第一千一百三十七条 以录音录像形式立的遗嘱，应当有两个以上见证人在场见证。遗嘱人和见证人应当在录音录像中记录其姓名或者肖像，以及年、月、日。

第一千一百三十八条 遗嘱人在危急情况下，可以立口头遗嘱。口头遗嘱应当有两个以上见证人在场见证。危急情况消除后，遗嘱人能够以书面或者录音录像形式立遗嘱的，所立的口头遗嘱无效。

第一千一百三十九条 公证遗嘱由遗嘱人经公证机构办理。

第一千一百四十条 下列人员不能作为遗嘱见证人：

（一）无民事行为能力人、限制民事行为能力人以及其他不具有见证能力的人；

（二）继承人、受遗赠人；

（三）与继承人、受遗赠人有利害关系的人。

第一千一百四十一条 遗嘱应当为缺乏劳动能力又没有生活来源的继承人保留必要的遗产份额。

第一千一百四十二条 遗嘱人可以撤回、变更自己所立的遗嘱。

立遗嘱后，遗嘱人实施与遗嘱内容相反的民事法律行为的，视为对遗嘱相关内容的撤回。

立有数份遗嘱，内容相抵触的，以最后的遗嘱为准。

第一千一百四十三条 无民事行为能力人或者限制民事行为能力人所立的遗嘱无效。

遗嘱必须表示遗嘱人的真实意思，受欺诈、胁迫所立的遗嘱无效。

伪造的遗嘱无效。

遗嘱被篡改的，篡改的内容无效。

第一千一百四十四条 遗嘱继承或者遗赠附有义务的，继承人或者受遗赠人应当履行义务。没有正当理由不履行义务的，经利害关系人或者有关组织请求，人民法院可以取消其接受附义务部分遗产的权利。

第四章 遗产的处理

第一千一百四十五条 继承开始后，遗嘱执行人为遗产管理人；没有遗嘱执行人的，继承人应当及时推选遗产管理人；继承人未推选的，由继承人共同担任遗产管理人；没有继承人或者继承人均放弃继承的，由被继承人生前住所地的民政部门或者村民委员会担任遗产管理人。

第一千一百四十六条　对遗产管理人的确定有争议的，利害关系人可以向人民法院申请指定遗产管理人。

第一千一百四十七条　遗产管理人应当履行下列职责：

（一）清理遗产并制作遗产清单；

（二）向继承人报告遗产情况；

（三）采取必要措施防止遗产毁损、灭失；

（四）处理被继承人的债权债务；

（五）按照遗嘱或者依照法律规定分割遗产；

（六）实施与管理遗产有关的其他必要行为。

第一千一百四十八条　遗产管理人应当依法履行职责，因故意或者重大过失造成继承人、受遗赠人、债权人损害的，应当承担民事责任。

第一千一百四十九条　遗产管理人可以依照法律规定或者按照约定获得报酬。

第一千一百五十条　继承开始后，知道被继承人死亡的继承人应当及时通知其他继承人和遗嘱执行人。继承人中无人知道被继承人死亡或者知道被继承人死亡而不能通知的，由被继承人生前所在单位或者住所地的居民委员会、村民委员会负责通知。

第一千一百五十一条　存有遗产的人，应当妥善保管遗产，任何组织或者个人不得侵吞或者争抢。

第一千一百五十二条　继承开始后，继承人于遗产分割前死亡，并没有放弃继承的，该继承人应当继承的遗产转给其继承人，但是遗嘱另有安排的除外。

第一千一百五十三条　夫妻共同所有的财产，除有约定的外，遗产分割时，应当先将共同所有的财产的一半分出为配偶所有，其余的为被继承人的遗产。

遗产在家庭共有财产之中的，遗产分割时，应当先分出他人的财产。

第一千一百五十四条　有下列情形之一的，遗产中的有关部分按照法定继承办理：

（一）遗嘱继承人放弃继承或者受遗赠人放弃受遗赠；

（二）遗嘱继承人丧失继承权或者受遗赠人丧失受遗赠权；

（三）遗嘱继承人、受遗赠人先于遗嘱人死亡或者终止；

（四）遗嘱无效部分所涉及的遗产；

（五）遗嘱未处分的遗产。

第一千一百五十五条 遗产分割时，应当保留胎儿的继承份额。胎儿娩出时是死体的，保留的份额按照法定继承办理。

第一千一百五十六条 遗产分割应当有利于生产和生活需要，不损害遗产的效用。

不宜分割的遗产，可以采取折价、适当补偿或者共有等方法处理。

第一千一百五十七条 夫妻一方死亡后另一方再婚的，有权处分所继承的财产，任何组织或者个人不得干涉。

第一千一百五十八条 自然人可以与继承人以外的组织或者个人签订遗赠扶养协议。按照协议，该组织或者个人承担该自然人生养死葬的义务，享有受遗赠的权利。

第一千一百五十九条 分割遗产，应当清偿被继承人依法应当缴纳的税款和债务；但是，应当为缺乏劳动能力又没有生活来源的继承人保留必要的遗产。

第一千一百六十条 无人继承又无人受遗赠的遗产，归国家所有，用于公益事业；死者生前是集体所有制组织成员的，归所在集体所有制组织所有。

第一千一百六十一条 继承人以所得遗产实际价值为限清偿被继承人依法应当缴纳的税款和债务。超过遗产实际价值部分，继承人自愿偿还的不在此限。

继承人放弃继承的，对被继承人依法应当缴纳的税款和债务可以不负清偿责任。

第一千一百六十二条 执行遗赠不得妨碍清偿遗赠人依法应当缴纳的税款和债务。

第一千一百六十三条 既有法定继承又有遗嘱继承、遗赠的，由法定继承人清偿被继承人依法应当缴纳的税款和债务；超过法定继承遗产实际价值部分，由遗嘱继承人和受遗赠人按比例以所得遗产清偿。

……

最高人民法院关于适用《中华人民共和国民法典》继承编的解释（一）

（法释〔2020〕23号　2020年12月25日最高人民法院审判委员会第1825次会议通过　自2021年1月1日起施行）

为正确审理继承纠纷案件，根据《中华人民共和国民法典》等相关法律规定，结合审判实践，制定本解释。

一、一般规定

第一条　继承从被继承人生理死亡或者被宣告死亡时开始。

宣告死亡的，根据民法典第四十八条规定确定的死亡日期，为继承开始的时间。

第二条　承包人死亡时尚未取得承包收益的，可以将死者生前对承包所投入的资金和所付出的劳动及其增值和孳息，由发包单位或者接续承包合同的人合理折价、补偿。其价额作为遗产。

第三条　被继承人生前与他人订有遗赠扶养协议，同时又立有遗嘱的，继承开始后，如果遗赠扶养协议与遗嘱没有抵触，遗产分别按协议和遗嘱处理；如果有抵触，按协议处理，与协议抵触的遗嘱全部或者部分无效。

第四条　遗嘱继承人依遗嘱取得遗产后，仍有权依照民法典第一千一百三十条的规定取得遗嘱未处分的遗产。

第五条　在遗产继承中，继承人之间因是否丧失继承权发生纠纷，向人民法院提起诉讼的，由人民法院依据民法典第一千一百二十五条的规定，判决确认其是否丧失继承权。

第六条 继承人是否符合民法典第一千一百二十五条第一款第三项规定的“虐待被继承人情节严重”，可以从实施虐待行为的时间、手段、后果和社会影响等方面认定。

虐待被继承人情节严重的，不论是否追究刑事责任，均可确认其丧失继承权。

第七条 继承人故意杀害被继承人的，不论是既遂还是未遂，均应当确认其丧失继承权。

第八条 继承人有民法典第一千一百二十五条第一款第一项或者第二项所列之行为，而被继承人以遗嘱将遗产指定由该继承人继承的，可以确认遗嘱无效，并确认该继承人丧失继承权。

第九条 继承人伪造、篡改、隐匿或者销毁遗嘱，侵害了缺乏劳动能力又无生活来源的继承人的利益，并造成其生活困难的，应当认定为民法典第一千一百二十五条第一款第四项规定的“情节严重”。

二、法定继承

第十条 被收养人对养父母尽了赡养义务，同时又对生父母扶养较多的，除可以依照民法典第一千一百二十七条的规定继承养父母的遗产外，还可以依照民法典第一千一百三十一条的规定分得生父母适当的遗产。

第十一条 继子女继承了继父母遗产的，不影响其继承生父母的遗产。

继父母继承了继子女遗产的，不影响其继承生子女的遗产。

第十二条 养子女与生子女之间、养子女与养子女之间，系养兄弟姐妹，可以互为第二顺序继承人。

被收养人与其亲兄弟姐妹之间的权利义务关系，因收养关系的成立而消除，不能互为第二顺序继承人。

第十三条 继兄弟姐妹之间的继承权，因继兄弟姐妹之间的扶养关系而发生。没有扶养关系的，不能互为第二顺序继承人。

继兄弟姐妹之间相互继承了遗产的，不影响其继承亲兄弟姐妹的遗产。

第十四条 被继承人的孙子女、外孙子女、曾孙子女、外曾孙子女都可以代位继承，代位继承人不受辈数的限制。

第十五条　被继承人的养子女、已形成扶养关系的继子女的生子女可以代位继承；被继承人亲生子女的养子女可以代位继承；被继承人养子女的养子女可以代位继承；与被继承人已形成扶养关系的继子女的养子女也可以代位继承。

第十六条　代位继承人缺乏劳动能力又没有生活来源，或者对被继承人尽过主要赡养义务的，分配遗产时，可以多分。

第十七条　继承人丧失继承权的，其晚辈直系血亲不得代位继承。如该代位继承人缺乏劳动能力又没有生活来源，或者对被继承人尽赡养义务较多的，可以适当分给遗产。

第十八条　丧偶儿媳对公婆、丧偶女婿对岳父母，无论其是否再婚，依照民法典第一千一百二十九条规定作为第一顺序继承人时，不影响其子女代位继承。

第十九条　对被继承人生活提供了主要经济来源，或者在劳务等方面给予了主要扶助的，应当认定其尽了主要赡养义务或主要扶养义务。

第二十条　依照民法典第一千一百三十一条规定可以分给适当遗产的人，分给他们遗产时，按具体情况可以多于或者少于继承人。

第二十一条　依照民法典第一千一百三十一条规定可以分给适当遗产的人，在其依法取得被继承人遗产的权利受到侵犯时，本人有权以独立的诉讼主体资格向人民法院提起诉讼。

第二十二条　继承人有扶养能力和扶养条件，愿意尽扶养义务，但被继承人因有固定收入和劳动能力，明确表示不要求其扶养的，分配遗产时，一般不应因此而影响其继承份额。

第二十三条　有扶养能力和扶养条件的继承人虽然与被继承人共同生活，但对需要扶养的被继承人不尽扶养义务，分配遗产时，可以少分或者不分。

三、遗嘱继承和遗赠

第二十四条　继承人、受遗赠人的债权人、债务人，共同经营的合伙人，也应当视为与继承人、受遗赠人有利害关系，不能作为遗嘱的见证人。

第二十五条　遗嘱人未保留缺乏劳动能力又没有生活来源的继承人的遗

产份额，遗产处理时，应当为该继承人留下必要的遗产，所剩余的部分，才可参照遗嘱确定的分配原则处理。

继承人是否缺乏劳动能力又没有生活来源，应当按遗嘱生效时该继承人的具体情况确定。

第二十六条 遗嘱人以遗嘱处分了国家、集体或者他人财产的，应当认定该部分遗嘱无效。

第二十七条 自然人在遗书中涉及死后个人财产处分的内容，确为死者的真实意思表示，有本人签名并注明了年、月、日，又无相反证据的，可以按自书遗嘱对待。

第二十八条 遗嘱人立遗嘱时必须具有完全民事行为能力。无民事行为能力人或者限制民事行为能力人所立的遗嘱，即使其本人后来具有完全民事行为能力，仍属无效遗嘱。遗嘱人立遗嘱时具有完全民事行为能力，后来成为无民事行为能力人或者限制民事行为能力人的，不影响遗嘱的效力。

第二十九条 附义务的遗嘱继承或者遗赠，如义务能够履行，而继承人、受遗赠人无正当理由不履行，经受益人或者其他继承人请求，人民法院可以取消其接受附义务部分遗产的权利，由提出请求的继承人或者受益人负责按遗嘱人的意愿履行义务，接受遗产。

四、遗产的处理

第三十条 人民法院在审理继承案件时，如果知道有继承人而无法通知的，分割遗产时，要保留其应继承的遗产，并确定该遗产的保管人或者保管单位。

第三十一条 应当为胎儿保留的遗产份额没有保留的，应从继承人所继承的遗产中扣回。

为胎儿保留的遗产份额，如胎儿出生后死亡的，由其继承人继承；如胎儿娩出时是死体的，由被继承人的继承人继承。

第三十二条 继承人因放弃继承权，致其不能履行法定义务的，放弃继承权的行为无效。

第三十三条 继承人放弃继承应当以书面形式向遗产管理人或者其他继承人表示。

第三十四条 在诉讼中，继承人向人民法院以口头方式表示放弃继承的，要制作笔录，由放弃继承的人签名。

第三十五条 继承人放弃继承的意思表示，应当在继承开始后、遗产分割前作出。遗产分割后表示放弃的不再是继承权，而是所有权。

第三十六条 遗产处理前或者在诉讼进行中，继承人对放弃继承反悔的，由人民法院根据其提出的具体理由，决定是否承认。遗产处理后，继承人对放弃继承反悔的，不予承认。

第三十七条 放弃继承的效力，追溯到继承开始的时间。

第三十八条 继承开始后，受遗赠人表示接受遗赠，并于遗产分割前死亡的，其接受遗赠的权利转移给他的继承人。

第三十九条 由国家或者集体组织供给生活费用的烈属和享受社会救济的自然人，其遗产仍应准许合法继承人继承。

第四十条 继承人以外的组织或者个人与自然人签订遗赠扶养协议后，无正当理由不履行，导致协议解除的，不能享有受遗赠的权利，其支付的供养费用一般不予补偿；遗赠人无正当理由不履行，导致协议解除的，则应当偿还继承人以外的组织或者个人已支付的供养费用。

第四十一条 遗产因无人继承又无人受遗赠归国家或者集体所有制组织所有时，按照民法典第一千一百三十一条规定可以分给适当遗产的人提出取得遗产的诉讼请求，人民法院应当视情况适当分给遗产。

第四十二条 人民法院在分割遗产中的房屋、生产资料和特定职业所需要的财产时，应当依据有利于发挥其使用效益和继承人的实际需要，兼顾各继承人的利益进行处理。

第四十三条 人民法院对故意隐匿、侵吞或者争抢遗产的继承人，可以酌情减少其应继承的遗产。

第四十四条 继承诉讼开始后，如继承人、受遗赠人中有既不愿参加诉讼，又不表示放弃实体权利的，应当追加为共同原告；继承人已书面表示放弃继承、受遗赠人在知道受遗赠后六十日内表示放弃受遗赠或者到期没有表示的，不再列为当事人。

五、附则

第四十五条 本解释自2021年1月1日起施行。

扫描下方二维码获取民法典全文及新旧条文对照

图书在版编目(CIP)数据

民法典·继承判解研究与适用 / 何志著. —北京：中国法制出版社，2022.10

（民法典判解研究与适用丛书）

ISBN 978-7-5216-2689-6

Ⅰ. ①民… Ⅱ. ①何… Ⅲ. ①继承法—法律解释—中国 ②继承法—法律适用—中国 Ⅳ. ①D923.05

中国版本图书馆CIP数据核字（2022）第090971号

责任编辑：周琼妮 熊林林　　封面设计：杨泽江

民法典·继承判解研究与适用

MINFADIAN · JICHENG PANJIE YANJIU YU SHIYONG

著者 / 何 志

经销 / 新华书店

印刷 / 三河市国英印务有限公司

开本 / 710毫米×1000毫米 16开　　印张 / 16.75 字数 / 258千

版次 / 2022年10月第1版　　2022年10月第1次印刷

中国法制出版社出版

书号ISBN 978-7-5216-2689-6　　定价：68.00元

北京市西城区西便门西里甲16号西便门办公区

邮政编码：100053　　传真：010-63141600

网址：http://www.zgfzs.com　　编辑部电话：010-63141807

市场营销部电话：010-63141612　　印务部电话：010-63141606